本书得到了国家社会科学基金重点项目（批准号：18AGL006）和国家自然科学基金（批准号：71272231）资助

企业对利益相关者压力的认知及其反应

基于注意力的视角

卫武 赵鹤 赵璇 著

中国社会科学出版社

图书在版编目（CIP）数据

企业对利益相关者压力的认知及其反应：基于注意力的视角/卫武，赵鹤，赵璇著．—北京：中国社会科学出版社，2018.10
ISBN 978-7-5203-3164-7

Ⅰ.①企⋯　Ⅱ.①卫⋯②赵⋯③赵⋯　Ⅲ.①企业管理—组织管理—研究　Ⅳ.①F272.9

中国版本图书馆 CIP 数据核字（2018）第 214962 号

出 版 人	赵剑英
责任编辑	卢小生
责任校对	周晓东
责任印制	王　超

出　　版	中国社会科学出版社
社　　址	北京鼓楼西大街甲 158 号
邮　　编	100720
网　　址	http：//www.csspw.cn
发 行 部	010-84083685
门 市 部	010-84029450
经　　销	新华书店及其他书店
印　　刷	北京明恒达印务有限公司
装　　订	廊坊市广阳区广增装订厂
版　　次	2018 年 10 月第 1 版
印　　次	2018 年 10 月第 1 次印刷
开　　本	710×1000　1/16
印　　张	14.75
插　　页	2
字　　数	226 千字
定　　价	66.00 元

凡购买中国社会科学出版社图书，如有质量问题请与本社营销中心联系调换
电话：010-84083683
版权所有　侵权必究

前　言

当今企业要面对诸多风险，这些风险来自宏观经济、市场需求及市场竞争等。除此之外，企业还需要去应对各种利益相关者的需求，比如，不同类型的消费者的需求、同类型企业竞争者的竞争压力、投资者投资回报的要求以及员工对企业薪资等要求。所以，在这种高度不确定的环境中，企业管理者不得不将自己的大量精力投入在注意外部环境刺激上，从而形成自己的注意力，以用于掌握利益相关者的反应。然而，对于企业管理者来说，通过何种方式为国内的利益相关者营造较好的环境？如何提高其在利益相关者压力下组织的反应能力？具体来说，在社会嵌入和组织认知视角下，企业特征是如何影响企业对利益相关者的反应？在不同企业的冗余资源的条件下，利益相关者压力是如何通过影响管理者注意力而进一步影响机会认知和威胁认知的？不同的企业逻辑、战略事项认知以及利益相关者注意力配置水平的影响是如何导致不同程度的企业社会责任履行的情况？这是企业管理者在管理中需要解决的问题。

目前，利益相关者压力和组织注意力是战略管理领域两个备受关注的议题，企业的利益相关者压力和组织注意力研究作为理论界和实务界共同关注的重要议题，其最大的价值在于可以显著提高企业应对外部环境的反应能力。但是，有关利益相关者压力与组织注意力的影响研究由于缺乏对注意力结构维度的实证研究，目前还没有形成较为成熟的理论，对于两者的研究在我国还处于起步阶段，相关研究的论文以及专著十分少见。因此，本书详细介绍了在注意力视角下企业对利益相关者压力的认知及其反应。

本书共分为六章。第一章为绪论。首先概括性地介绍了本书研究的背景，即企业发展离不开利益相关者的参与和支持，企业不应仅仅关注其自身利益最大化的单一目标，而是应该关注企业自身的存在和发展与其他利益团体和谐共存的问题。所以，企业应该给予利益相关者越来越多的支持和关注。接着在该背景下提出了需要研究的问题、研究的理论与实践意义、本书的技术路线和研究框架。最后提出了本书的创新点。

第二章为理论文献回顾与相关概念界定。本章分别对组织注意力理论和利益相关者理论进行文献综述。首先，在组织注意力理论中，对注意力概念进行界定，在此基础上总结了注意力的多层次性以及注意力的影响因素，介绍了注意力的特点、注意力的配置以及注意力对企业行为与反应的影响等内容。其次，在利益相关者压力理论中，系统地回顾了利益相关者压力的概念、类型及其特征，企业对利益相关者压力的适应性及其反应的相关研究。最后，进行研究评述。在国内外学者相关研究的基础上，对组织注意力理论和利益相关者理论的研究不足与未来展望进行了评述。

第三章为注意力的结构维度及其测量研究。本章在国内外相关研究成果基础上，设计了一份调查问卷，对数据进行收集与分析，并对结构维度的信度和效度进行实证检验。最后讨论了组织注意力的结构维度的构成及内涵、组织注意力的形成过程及内在作用机理等内容。

第四章为企业的可见性和脆弱性对利益相关者压力反应的影响。本章主要进行了两个研究。研究一是基于社会嵌入视角的企业利益相关者压力反应，研究二是基于组织认知视角的企业利益相关者压力反应，并在本章最后进行总体讨论，进而提出了理论与实践意义以及未来研究展望等。

第五章为注意力对利益相关者压力的机会与威胁认知。本章提出了管理者注意力中介利益相关者压力和机会/威胁认知模型，并且提出了企业的冗余资源以及管理者的层级和领域经验的调节作用模型，通过数据分析，对假设进行验证。最后提出了理论与实践意义，并对未来研究进行展望。

第六章为企业逻辑对利益相关者压力的机会与威胁认知。本章采用多重案例研究方法，提出了理论背景与框架。通过企业逻辑的划分和识别、战略事项界定、利益相关者注意力配置以及企业社会责任提出了相关的理论命题并得以验证。最后对命题的结果进行了讨论，提出了理论贡献、管理启示以及研究不足与未来展望。

本书着重通过理论对提出的各种研究假设进行验证，以期尽量体现出学术研究的严谨性。本书的适用对象是已经了解一些企业战略管理相关理论的国内外研究人员和一些企业管理者，希望本书的出版能够起到一些抛砖引玉的作用。

综上所述，中国的企业具体应该怎样控制好繁杂多变的利益相关者压力，在面对利益相关者压力时如何进行回应，这是一个亟待解决的问题，即企业基于社会嵌入视角和组织认知视角如何应对企业利益相关者的反应，组织注意力和企业逻辑如何影响利益相关者压力认知。相信本书所提出的一些视角和观点在相关理论上已有所延伸，并且能够更好地应用于我国企业的管理实践。

目 录

第一章　绪论 …………………………………………………………… 1

　　第一节　研究背景 ………………………………………………… 1
　　第二节　问题的提出 ……………………………………………… 2
　　第三节　理论和实践意义 ………………………………………… 6
　　第四节　可能的创新之处 ………………………………………… 8
　　第五节　技术路线和结构安排 …………………………………… 9

第二章　理论文献回顾与相关概念界定 ……………………………… 12

　　第一节　组织注意力理论 ………………………………………… 12
　　第二节　利益相关者压力理论 …………………………………… 22
　　第三节　研究评述 ………………………………………………… 28

第三章　注意力的结构维度及其测量研究 …………………………… 31

　　第一节　理论描述与研究假设 …………………………………… 31
　　第二节　研究设计与方法 ………………………………………… 33
　　第三节　讨论与建议 ……………………………………………… 43

第四章　企业的可见性和脆弱性对利益相关者压力反应的影响 … 47

　　第一节　研究一：基于社会嵌入视角的企业利益相关者
　　　　　　压力反应 ………………………………………………… 49
　　第二节　研究二：基于组织认知视角的企业利益相关者
　　　　　　压力反应 ………………………………………………… 62

第三节 讨论及其管理意义 …………………………………… 84

第五章 注意力对利益相关者压力的机会与威胁认知 ………… 92
第一节 利益相关者压力的机会和威胁认知 …………………… 92
第二节 管理者注意力的中介作用 ……………………………… 93
第三节 注意力的结构观和感知观 ……………………………… 95
第四节 冗余资源的调节作用 …………………………………… 98
第五节 有调节的中介作用 ……………………………………… 101
第六节 研究方法设计 …………………………………………… 102
第七节 数据分析与结果 ………………………………………… 105
第八节 讨论及其管理意义 ……………………………………… 113

第六章 企业逻辑对利益相关者压力的机会与威胁认知 ……… 119
第一节 理论背景与框架 ………………………………………… 119
第二节 研究方法与研究设计 …………………………………… 128
第三节 基于主导逻辑的利益相关者注意力模型 ……………… 134
第四节 结论与讨论 ……………………………………………… 152

附录1 企业逻辑类型识别调研问卷 …………………………… 159

附录2 访谈提纲 …………………………………………………… 163

附录3 访谈内容要点提取 ………………………………………… 167

参考文献 …………………………………………………………… 198

后　记 ……………………………………………………………… 227

第一章 绪论

第一节 研究背景

企业是契约的集合体,是一个社会组织,也是追求经济利益最大化的经济组织。从企业外部来说,主要有消费者、供应商、渠道商、金融机构、媒体、行业协会、政府等;从企业内部来说,主要有投资者、经营管理者、员工等,他们构成了企业的利益相关者。利益相关者与企业的经营活动相互影响,两者是相互的且是动态的。企业的发展离不开利益相关者的支持和参与,以股东价值最大化为目标的管理观念已不适应不断变化的环境的需要,企业经营目标必须转移到利益相关者导向上来,尽管企业所拥有的资源和能力有限,导致企业不能同时满足所有利益相关者的要求,但是,以利益相关者为导向,有利于企业创造良好的经营环境。实际上,在经济生活中,企业处于各种不同的利益相关者的包围之中,同时也会面临着来自各种不同的利益相关者的利益要求,这些利益要求对企业来说既是动力也是压力。与企业相关各种群体,包括投资者、顾客、供应商、渠道商、监管机构以及竞争对手等,这些群体具有不同的利益要求,从而对企业形成了不同的利益相关者压力。所以,随着企业和利益相关者关系的改变,企业应给予利益相关者越来越多的支持和关注。

1963 年,斯坦福研究院最早提出利益相关者概念。美国学者安索夫(Ansoff)于 1965 年最早将"利益相关者"一词引入管理学界和经济学界。1984 年,弗里曼在 *Strategic Management:A Stakeholder*

*Approach*一书中系统地提出了利益相关者的概念以及相关理论。弗里曼指出："利益相关者是指任何可以影响公司目标完成或受其影响的团体或个人，包括雇员、顾客、供应商、股东、银行、政府，以及能够帮助或损害公司的其他团体。"虽然早期对利益相关者的界定还十分狭隘，但这个概念引发了有关战略管理即公司如何制定正确的发展方向的新思维。管理者不再只是仅仅关注企业自身利润最大化的单一目标，而且关注企业自身的存在和发展与其他利益团体和谐共存的问题，更关注在与利益相关者和谐共存的过程中如何趋利避害，实现"双赢"或"共赢"的目标。所以，管理者是否广泛地关注利益相关者已被证明对企业竞争优势（Kacperczyk, 2009）和企业公民（Margolis and Walsh, 2003）是至关重要的。但是，自利益相关者理论诞生以来，随着与其他企业理论的争论和融合，其理论的发展更加成熟，为我们了解和认识企业提供了有力的工具。按照利益相关者理论的观点，企业生存与发展的基本条件是为社会提供最大化的经济利益，同时提高经济生产效率，但企业在追求利润最大化的同时也会损害其他人的权益，这不符合经济效率原则，理论和实际情况总会出现差距。所以，企业在追求最大化经济利益的同时，还需要公平地对待各种不同的利益相关者，尽量满足不同的利益相关者的要求。但是，在企业实际的生产经营和管理实践层面，由于企业拥有的资源和能力有限，不能满足所有的利益相关者要求，从而与利益相关者的要求构成矛盾，但从现实情况来看，企业实际上是无法同时和同程度地满足所有各种不同的利益相关者要求的。所以，企业如何在实际管理运作中，根据具体的管理情境，平衡不同的利益相关者要求是利益相关者理论能否真正指导企业经营的核心问题和挑战。

第二节　问题的提出

企业不是生活在真空之中，而是处于激烈竞争、瞬息万变的环境之中，尤其是经济全球化、科技革命以及知识经济的到来，不可避免地面临着各种环境刺激。在这种高度的不确定和动荡的环境中,管理者不得不超负荷注意(关注)这些刺激,需要花费大量时间和精力扫描组织环境,以感知存在风险或威胁的刺激,促使企业对那些它们感到值得注意(关注)的刺激做出反应,实现对刺激因素的关注、编码、解释和聚焦,从而形成了注意力(Durand, 2003; Ocasio, 1997; Bouquet et al., 2009; Ocasio and Joseph, 2005)。

但是,随着企业逐渐地嵌入利益相关者环境之中,利益相关者压力作为一个不断刺激组织的源泉,采取引导、抗议、抵制、罢工、示威、胁迫、诉讼、压制、谈判、游说和制裁等方式,对企业施加各种直接或间接的负面或正面影响(Rowley and Moldoveanu, 2003; Eesley and Lenox, 2006; Kassinis and Vafeas, 2006; Pajunen, 2006; Yang and Callahan, 2007)。例如,政府颁布更严格的法律和法规,对违反的企业给予处罚或罚款,直至取消或审批许可证;消费者对不能提供安全适用、售后服务以及环境友好型产品的企业,排斥或抵制购买其产品;当社会公众的诉求无法加以表达时,通过民事诉讼、全民公决和操纵舆论迫使企业聆听其呼声;投资者对那些存在高风险项目的企业,通过分散投资,规避市场风险,以寻求利润最大化,甚至撤出资本,抛售股票或不愿提供贷款以表达不满;员工对不能善待自己的企业,利用工会组织罢工充分表达对企业的发言权,或拒绝成为企业的雇员,导致企业出现招工难;媒体曝光、揭露或报道不利于企业的负面新闻,转变公众和社会对企业的态度,提出自己或公众对企业的权益要求;竞争者为了处于市场领先地位,采取广告、促销、降价和产品开发等手段,以最大限度地压制企业,促使企业进行竞争性模仿等。

正如2010年以来爆发的谷歌退出中国(政府)、360与腾讯之争(竞争者)、国美股权之争(投资者)、富士康员工跳楼(员工)、网络团购大战(消费者)等一系列企业与利益相关者冲突事件,都无疑显示中国企业正承受着越来越大的利益相关者压力,让它们不得不全面反思与各种利益相关者之间的关系。例如,2010年3月,谷歌公司副总裁大卫·德拉蒙德发表声明,指责中国政府,宣布停止谷歌中国搜索服务，由中国内地转至中国香港。纵观谷歌从进入到退出中国整个事件进程，除政府之外，谷歌不断遭遇各种利益相关者施加的压力。李开复加盟导致微软起诉后庭外和解，对政府有关搜索服务"过滤审查"进行妥协，涉嫌没有ICP牌照非法经营，推出谷歌拼音输入法与搜狗产生争端，推出免费音乐下载与百度抗衡，被央视曝光涉及传播淫秽内容，李开复从谷歌中国辞职创业，图书馆计划遭遇作协起诉，广告代理商要求补偿经济损失，等等。因此，企业为了生存必须考虑对来自利益相关者的压力做出反应，以维护它们的公众形象、声誉和名声。国外一些著名公司，像可口可乐、强生、沃尔玛、麦当劳、雀巢、诺基亚、安利、宝洁等都已经与利益相关者开展了卓有成效的互动，以减轻利益相关者施加的压力。目前，国内部分企业也开始尝试积极响应各种利益相关者压力，取得了很大的成绩，如蒙牛、海尔、联想、TCL、三九、移动、新希望等。例如，雀巢公司在英国《新国际主义者》发表了题为"婴儿食品的悲剧"报告，引发了抵制雀巢产品的世界性运动时，采取了对抗的方式将该文作者告上法庭，被告因没有足够的证据支持而败诉，却失去了媒体和公众的信任，导致抵制运动的全面爆发，这才意识到对抗性的法律手段并不能解决所有问题，最后通过聘请公共专家、听取社会批评、成立听证委员会、加强营养知识的宣传力度等方式才逐步挽回信誉。相对于当前丰田、三菱、奔驰等汽车制造商重蹈雀巢的覆辙，在有质量缺陷的产品召回上态度犹豫，还将中国市场排除在外，同样招致了消费者、媒体和政府的更大压力。

　　事实上，一些企业的管理者注意力实践活动也表明，企业的经营在面对大量信息的环境时要求管理者做出最理性决策，这种大量的信息将导致其感到注意力的缺乏（Simon, 1947；Johnston and Dark, 1986；Sproull, 1984）。虽然利益相关者压力站在注意力角度理解可以说是一种环境刺激，但是，企业的管理者注意力资源是有限的，只能有限地扫描和解释环境的刺激因素。利益相关者环境对任何有限理性的管理者来说太复杂，难以完全和准确地感知，只能选择性地注意一些利益相关者压力，而忽视另一些利益相关者压力（Murillo‐Luna et al., 2008; Choi and Shepherd, 2005; Fineman and Clarke, 1996)。因为并不是所有利益相关者的压力都可能明确地传达给管理者,这种压力能否引起组织反应,要看压力能否被管理者所注意到(Henriques and Sadorsky, 1999; Delmas and Toffel, 2004; Bosse et al., 2009)。例如,如果一些激进团体或竞争者的压力威胁到企业的生存能力,那么管理者就应该花费大量时间、精力和注意力感知这些威胁。然而,不同的利益相关者在管理者心目中的特征存在显著的差异(Mitchell et al., 1997; Agle et al., 1999; Kaler, 2006),这种差异将导致管理者对利益相关者压力的威胁或机会程度的认知也会存在差异,决定着不同特征的企业是否能够有效地监测来自利益相关者压力的威胁或机会(Randel et al., 2009; Gonzalez - Benito and Gonzalez - Benito, 2010)。如果管理者认识到利益相关者的这种内在异质性,就可能使企业更有效地应对不同特征的利益相关者压力。

在这样的背景下,组织对利益相关者压力的反应越来越多地取决于管理者"注意力"这一稀缺资源,未来的行为反应也将主要取决于管理者注意力的存量水平,注意力已不仅仅是一种对信息的认知,而更多地表现为对客观刺激的解释,一种不仅能够驾驭利益相关者而且能够对利益相关者压力进行认知的工具(Ocasio, 1997; Kacperczyk, 2009; Gebauer, 2009; Yadav et al., 2007)。但是,注意力资源的投入不再是管理者直接投向某一特定的利益相关者,而是企业将所拥有的注意力资源分配给不同的利益相关者,每个利益相关者获得注意力资源的多少将决定企业响应利益相关者压力的有效性(Beekun and Badawi, 2005; Reynolds et al., 2006; Bouquet and Birkinshaw 2008, and Bouquet et al. 2009; Hoffman and Ocasio, 2001)。然而,一些企业的注意力配置过程还处于模糊状态,如果它们没有将注意力分配给最重要的利益相关者,采取选择性的行动做出反应,就会遇到巨大的困境。一个最为经典的例子就是通用汽车公司 2008 年的破产,这并不是它比其他汽车企业具有较少的人力、物力和财力,而是某种程度上在于它既面对消费者、竞争者和供应商所带来市场上的产能过剩和成本压力,也面对来自员工、工会以及监管机构所导致的高工资和高福利压力，虽然消费者、竞争者和供应商的影响力并不比员工、工会以及监管机构的小，甚至更大，却没有引起通用汽车公司足够的注意，其症结是没有形成自己特点的注意力对不同利益相关者压力的认知及其反应机制。

企业是在利益相关者环境中为实现特定目标而组成的相对稳定的认知压力群体。如果用注意力的眼光来看待企业，企业常被看成是一个对注意力进行分配和整合的结构化系统——其成长中的关键投资和价值基本来源都是注意力（Ocasio, 2001; Durand, 2003），它考虑管理者在注意力上的局限性及其差异性，强调情境性因素对管理者注意力的结构性影响。此外，其非实体性、复杂性和多层次性，增加了注意力形成机制考察的难度，但传统的注意力基础观（ABV）把企业看作是形成注意力的"黑匣子"，研究内外部环境的刺激因素进入"黑匣子"，作为结果的组织反映走出"黑匣子"的过程。实际上，注意力呈现了组织和团队内成员及其所属群体的认知互动与交换关系，并突出了个体、团队和组织在注意力形成过程中的意义（Kaplan and Henderson, 2005）。根据以上分析，注意力为利益相关者压力理论发展提供了有价值的视角，既是一个理论贡献，也是一个方法贡献。本书拟从注意力这一新视角来探索企业对利益相关者压力的认知及其反应机制，详细地剖析利益相关者压力、注意力与组织反应之间的关系，并进一步分析这种关系背后的内在作用过程及其对我国企业的实践意义。

第三节 理论和实践意义

利益相关者压力和注意力是战略管理领域的两个重要研究课题，作为一种新型的管理理念和方法，最大的价值在于可以显著提高企业应对外部环境的反应能力。但是，有关利益相关者压力与注意力对组织反应的影响研究在我国还处于起步阶段，由于缺乏对注意力的结构维度的实证研究，目前还没有形成成熟的理论。另外，在当前利益相关者要求和期望日益提高的情况下，我国企业管理者对利益相关者压力特征的认知存在明显的差异。例如，一些企业对利益相关者压力的可控性不断加强，另一些利益相关者要求立即引起企业关注的周期缩短，等等。企业只是通过建立利益相关者压力的反应模式以提升市场地位的做法越来越不具有现实性，即使企业以此获得了竞争优势，这种优势也会随着没有注意到利益相关者压力特征的变化而逐渐消失。这给我们提出三个启示：

一是基于注意力视角下利益相关者压力与组织反应之间的关系值得研究，这有助于使企业面对巨大的利益相关者压力时，可以通过优化注意力的形成机制，有效地监测来自利益相关者压力的挑战，准确地预测利益相关者的压力来源，做到"知己知彼，百战不殆"，制定与实施有效的行动与反应策略。

二是利益相关者特征的认知对相关研究成果在不同利益相关者压力下的组织反应模式理论和实践也具有参考意义，我们必须结合中国企业所面临利益相关者压力的实际情况，进行相关的理论探索和实证研究，以发现不同的利益相关者对企业施加压力的规律与趋势，进一步识别利益相关者对企业的重要程度或压力水平，避免对多个利益相关者的要求进行反应而导致资源分散，降低组织对利益相关者压力的反应成本，从疲于应付的状态中解脱出来。

三是需要通过对企业管理者的注意力对利益相关者压力的认知及其反应机制进行探索性研究来给予我国企业以指导，以利于组织更客观地认识到利益相关者压力对企业的影响过程，从而更全面地审视复杂的利益相关者环境，争取响应利益相关者压力的主动权，使企业有能力应对利益相关者环境的压力。

总之，本书对于我国企业处理好国内的利益相关者环境，提高其在不同利益相关者压力下组织的反应能力，谋求企业的长期生存发展在理论与实践上都有很重要的意义，这将开辟我国企业战略管理研究的一个新领域。从理论上说，在现有的利益相关者压力的研究中，很少基于注意力角度分析企业如何对利益相关者压力进行认知及其反应的，这不仅是一个崭新的视角，而且还弥补了现有注意力及其利益相关者压力研究的不足，进一步从利益相关者压力的视角丰富和拓展了注意力理论体系，为企业构建对利益相关者压力的反应机制提供更系统、更完善的理论框架，其研究成果可以从注意力角度填补相关的理论研究领域的空白。从实践来看，本书可以促使我国企业发现在不同利益相关压力下组织反应中存在的薄弱环节和关键问题，重视管理者的注意力在利益相关者压力认知中的作用，并针对不同利益相关者特征的压力制定相应反应策略，改进管理者的注意力认知利益相关者压力的效率和效果，提高企业对利益相关者压力所带来的机会和威胁的敏感性，实现组织对其反应价值的最大化，使注意力的形成机制能够支撑起企业持续的发展，从而为更有效、更直接地改进我国企业的利益相关者管理工作提供指导作用。

第四节　可能的创新之处

本书的创新之处主要有以下三点：

第一，虽然利益相关者理论为利益相关者压力的描述和解释提供了一个广泛的研究基础，并认为预测组织是如何反应是必需的，但是，实际上很少有学者关注注意力对利益相关者压力的影响，以及注意力驱动优先考虑的反应是否是有效的，企业或利益相关者特点的作用在很大程度上还没有探讨。我们以"注意力"为视角，分析它是如何影响组织与利益相关者的互动，提出了一个整合性的理论框架来解释利益相关者压力与组织反应之间的关系。这一视角弥补了早期的利益相关者理论只是侧重于利益相关者管理，没有分析注意力对利益相关者压力的机会和威胁认知的意义，而不至于使我们对这种环境刺激的研究局限在注意力领域，是对利益相关者压力领域的一次突破性研究，也促进两个理论领域的相互渗入和融合。

第二，注意力形成机制研究中的注意力基础观，分析了企业的注意力结构如何引导和分配决策者注意力，强调注意力的关注、编码、解释和聚焦的过程。但是，很少有学者探讨注意力的结构维度及其注意力配置的影响因素,这限制了注意力基础观对注意力情境化的解释,无法构建有效的量表来测量注意力。我们则将注意力视为一个"过程",把关注点放在注意力是如何实现对环境刺激的选择性认知上,在注意力的内容和过程两个角度之间建立联系,拓展了注意力基础观的研究领域。不仅如此,我们还根据对注意力的多层次特点的理论描述,将从利益相关者压力角度系统地检验注意力结构对注意力配置的影响,开创性地提出注意力及其影响因素的结构维度和测量量表,将各个层次理论观点整合在一个分析框架中,从而深化对注意力的理解和认识,这为以后的注意力实证研究提供了新思路。

第三,在研究方法上,由于相关学者的利益相关者压力研究中很难界定组织反应的方式,且压力认知过程与行为反应变量也不同,它们往往难以观察和测量,导致利益相关者压力及其反应数据的采集存在难以匹配的问题,所以,我们注意到数据的客观性和来源的多样化,将案例、问卷调查、访谈等多种方法进行结合,对同一个问题进行多方面的论证,这样,可以在结论之间相互对照,并运用因子分析、信效度分析、回归分析、结构方程模型、多重案例等方法,使对利益相关者压力、注意力与组织反应之间关系的统计分析的结果更加有说服力,这将有助于突破过去单凭问卷调查研究的被试者响应偏见问题,又能够改善问卷调查研究缺少精确操作的问题,弥补传统定性与定量的不足,使我们的研究更加合理和有效。因此,本书在研究方法上也独具特色。

第五节　技术路线和结构安排

一　本书采用的技术路线

本书拟采用理论、案例与实证研究相结合的研究方法,先基于前人的理论研究提出研究理论框架和研究假设,再对样本企业和样本行业进行问卷及案例调查分析,最后进行比较总结和理论解释。其中,本书的研究方法、具体步骤以及技术路线如图1-1所示。

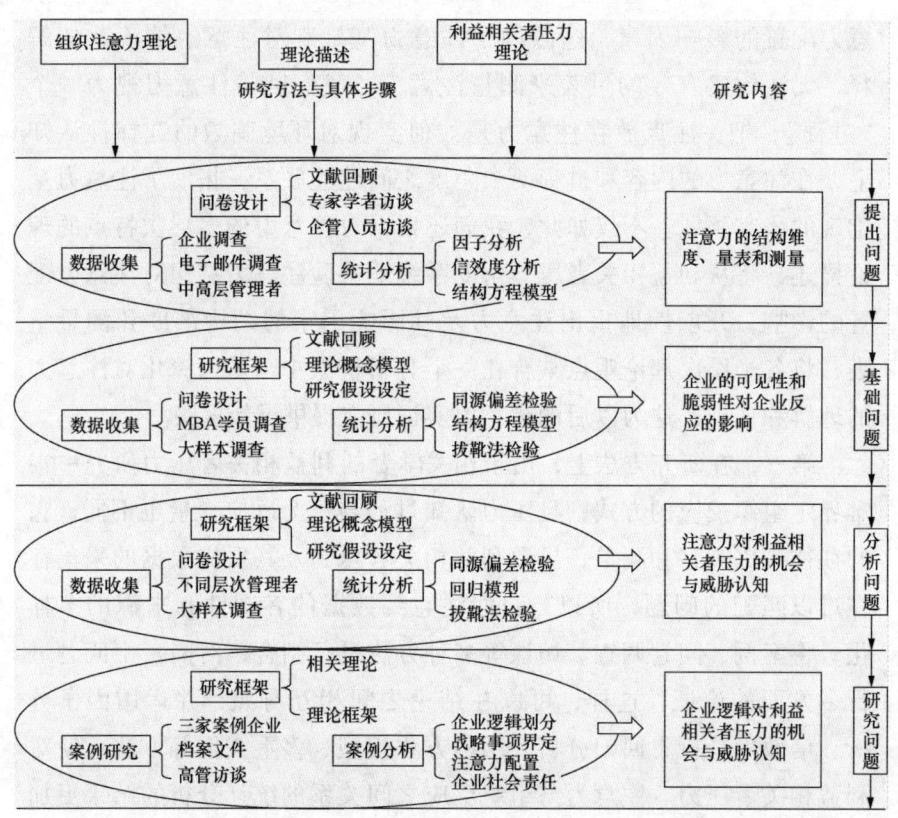

图1-1 本书的研究方法、具体步骤以及技术路线

二 本书的结构安排

本书的研究框架是围绕注意力与利益相关者压力这两个主题而逐步展开并深化的，按照图1-1所示的技术路线，本书的内容安排主要分为四大部分共六章，各章节的具体内容如下：

第一章绪论。本章主要是介绍了本书的研究背景，在该背景下提出了需要研究的问题、研究的理论和实际意义、技术路线和研究框架以及可能的创新之处。

第二章理论文献回顾与相关概念界定。本章首先是对注意力概念、多层次性及其影响因素、特点、配置，对企业行为与反应的影响等进行了回顾。其次，深入地回顾了利益相关者压力的概念、类型及其特征、企业对利益相关者压力的适应性及其反应的相关研究。最后，基于国内外学者有关注意力与利益相关者压力探讨，对这两个领域的研究不足及其待研究问题进行了评述。

第三章注意力的结构维度及其测量研究。本章借鉴国内外的相关研究成果，基于注意力基础观，深入地研究了注意力的形成过程及其维度，设计一份调查问卷来收集相关数据和资料，并对结构维度的信度和效度进行了实证检验。

第四章企业的可见性和脆弱性对利益相关者压力反应的影响。本章综合社会嵌入和组织认知理论，将企业在利益相关者网络中的社会嵌入分为结构嵌入和关系嵌入，以提出企业对利益相关者压力认知的两种模式（紧迫性认知和可管理性认知），通过两个研究探讨企业的可见性和脆弱性对利益相关者压力反应的影响。

第五章注意力对利益相关者压力的机会与威胁认知。本章探讨了管理者注意力对利益相关者压力与机会和威胁认知关系的中介作用，并进一步基于注意力结构观和感知观验证了企业的冗余资源以及管理者的层级和领域经验的调节作用。

第六章企业逻辑对利益相关者压力的机会与威胁认知。本章采用多重案例研究方法，从实践中探讨了企业逻辑对利益相关者压力的机会与威胁认知，包括概念框架、要素、模型和分析框架，并基于企业逻辑的划分和识别提出了战略事项界定、利益相关者注意力配置以及企业社会责任相关的理论命题。

第二章 理论文献回顾与相关概念界定

本书主要基于注意力和利益相关者压力理论，国内外这两大理论已有研究进展已构建本书的理论基础。由于这两大理论学术流派和观点众多，这里将只对与本书研究主题有关的国内外文献做出评述，并试图找出联结它们关系的理论框架。

第一节 组织注意力理论

一 注意力概念的界定

注意力是最早在 1890 年由认知心理学家 James 首次提出的。他认为，注意力是以清晰生动的形式在人们头脑中所占有的、似乎可从同时可能存在的几个目标或思路中选择一个。在他看来，注意力本质上是个人意识的焦点集中，导致个人不关注某些事项，以便有效地处理其他事项。随后，Titchener（1908）将注意力定义为一种通过感觉和视觉形象获得更大的"清晰性"的认知框架（心态）。Fiske 和 Taylor（1984）认为，注意力是指一些占据个人意识的事情（包括事件、趋势、理念等）的程度。这些学者探讨了认知心理学家所关注的注意力的一系列隐藏性心理概念，例如，记忆、感知、信仰、认同、情感、意识等，强调注意力是一个选择性的认知状态，决定了什么被或不被个人感知和记住，但是，这些概念并没有分析环境刺激—反应关系系统，因为注意力作为一个指标可用于指明感官刺激的生理反应。Kahneman（1973）指出，注意力提供了某些决定环境刺激重要性的内部机制。Sproull（1984）认为，注意力整合了整个环境刺激信息处理顺序,他将注意力定义为随着时间的推移分配给环境刺激的信息处理能力(接受、认知处理、传播)。Johnston 和 Dark(1986)提出,注意力是对同时获得的环境刺激信息来源进行有差别的处理。这些学者的定义主要集中在个人层次上,假定注意力是内部人们认知模式与环境刺激之间相互作用的结果,认知模式会对人们如何必然地会注意他们所遇到的环境刺激产生一个根本性影响,有差别的处理意味着个人会基于信息在内部认知模式中的表现形式,有选择性地注意环境刺激。

在这种情况下,Simon(1947,1976)将注意力这一概念引入管理理论中。他认为,个人只具有有限的注意力范围,对组织中能够注意到的事情设置了心理界限,强调决策前提和实施环境涉及决策者是如何注意、解释和编码信息的,组织则提供了一个引导和分配其个体成员注意力的背景,这被认为是组织注意力的重要观点。基于此,Ocasio(1997)在注意力基础观模型中进一步将注意力定义为决策者个人花费自己时间和精力来关注、编码、解释和聚焦组织的事项与应答两个方面的过程,并将组织描述为分布式的注意力系统,个人决策者独特的时间和精力的焦点是源于企业植入的特定的结构情境之中。其中,事项是指用于认识环境的问题集合,如机会、威胁等,而应答则是指可选择的行动方案集合,如提议、惯例、规划和程序等。

二 注意力的多层次性及其影响因素

随着注意力理论的发展,注意力的个人认知方面被减轻,更强调的是注意力的情境化和配置方面,根植于多个层次组织结构之中。注意力基础观认为,有必要将注意力从个人层次扩展到组织层次上,将注意力解释为一个从下而上的过程,将注意力看成一个目标驱动的过程,这个过程充满了个人力量,主动扩展到其他更高层次上。因此,一些学者也从多个层次提出了注意力的影响因素问题。例如,Ocasio(1997)最早提出了"注意力结构"概念,并结合程序和沟通渠道两个要素,分析情境因素对注意力的结构性影响,并分别基于个人认知、社会认知和组织层次提出了注意力焦点、注意力情境化和注意力结构性配置三个原则,从不同的层次分析企业如何分配和管理决策者个人的注意力,强调注意力的多层次理论本质上是依情境而定的,以优化整个组织的注意力，推进了注意力影响因素研究的层次化和系统化。根据 Ocasio（1997）的观点，总体来说，注意力结构的情境化主要是基于组织层次的，存在一定的局限性，没有充分解释个人和团队层次注意力的影响因素。近年来，一些学者逐渐发现，除组织情境之外，个体认知、团队结构、团队互动、群体认知等因素也会影响组织的注意力过程，甚至在个人、团队和组织所有层次上，注意力的结构性要素嵌入到组织的政策、程序、结构的影响。

在个人层次上，管理者个人的注意力被认为受到主观认知结构影响。例如，Dutton 和 Duncan（1987）提出，认知的局限性妨碍了个人对环境形成完整和准确的了解，决定哪个环境刺激将被注意到，是根据他们对环境的主观认知解释，而不是环境本身的客观性质。不同的个体具有不同程度的注意力，都是以每个个体认知的特性为基础的（Aguilar，1967；Daft and Weick，1984），取决于价值观、个性、知识经验和技能等（Kirzner，1973；Cyert and March，1963；March and Simon，1958；Simon，1976；Sproull，1984）。人口统计特征经常作为测量认知的重要变量，被认为可测量管理者个人来自以前认知经验的积累。因此，相关的研究集中在采取人口统计特征作为替代变量，预测人口统计特征变量对管理者个人注意力的影响。Levy（2005）研究管理团队注意力对跨国公司全球化战略的影响时，他采用有关团队成员的任期和年龄方面的信息，控制了人口统计变量对注意力的影响。Cho 和 Hambrick（2006）的研究表明，管理团队成员的行业任期、经验和背景对注意力方向有影响。Marginson 和 Macaulay（2008）以及 Tuggle 等（2010a）控制了年龄、性别、教育和任期等变量，分析了管理者注意力对组织绩效的短期或长期方面的影响。Kaplan（2008）探讨了管理者注意力对企业响应技术变革的作用，也采用管理者的人口统计特征变量作为控制变量，测量对情境化注意力的认知影响。Tuggle 等（2010b）以董事会为研究对象发现，任期和背景会影响企业家精神事项的注意力。但是，这些研究表明，人口统计特征所反映的认知变量信息较少，需要考虑采用更直接的测量方法（Barr et al.，1992；Markoczy，1997），且应该抓住注意力的情境和背景要素（Kaplan，

2008)。

在团队层次上,一些学者认为,团队也是可情境化,对所处环境敏感,团队层次的注意力也需要了解团队情境结构的影响,包括团队组成、角色关系、交互网络和人员流动性(Lewis et al., 2007; Vissa and Chacar, 2009; Beck and Plowman, 2009)。他们通过整合这些团队结构要素,将注意力基础观扩展到团队层次,提供了一个独特的团队层次注意力的理论框架,明确了团队内外影响注意力的要素和机制。例如,学者 Karau 和 Kelly(1992, 1999, 2003)提出了注意力焦点模型(AFM),这类似于注意力基础观。注意力焦点模型包括团队中的结构和关系要素,解释了成员的注意力焦点及其互动的结合解释了团队结果。注意力焦点模型表明,情境要素、任务特点和团队结构变量的互动会影响团队注意力,反过来又会影响团队互动的内容和结果(Karau and Kelly, 2003)。另一些学者则运用高阶管理理论探讨了注意力结构在团队中的作用,这推动了团队层次的注意力过程分析(Hambrick and Mason, 1984; Levy, 2005; Cho and Hambrick, 2006; Nadkarni and Barr, 2008; Souitaris and Maestro, 2010)。Lant 等学者(1992)发现,管理团队异质性越大,将导致更广泛的环境扫描,管理团队的注意力范围越大。Knight 等学者(1999)则指出,如果职能多样性导致管理团队更趋于内部导向,而不是外部导向,这表明这些团队可能不适应竞争环境,导致它们减少环境扫描和信息搜索。Cho 和 Hambrick(2006)使用注意力基础观也解释了产业环境变化是如何影响管理团队构成(职能经验产出导向、平均行业任期和异质性)和薪酬变化,反过来又导致团队注意力的变化。Tuggle 等(2010a,b)还将董事会注意力导向视为管理团队的一项资产,进一步分析特定的团队情境结构(董事会任期变化、职能背景、行业背景异质性、产出导向背景的董事所占比例等)对团队层次注意力的影响。

在组织层次上,通过对注意力结构的情境因素选择,组织充当了注意力焦点的驱动机构,引导管理者关注(注意力)整体组织目标的实现(Czernich and Zander, 2000;曹大友、熊新发,2008;Durand, 2003;Gebauer, 2009)。早期的学者使用人力资源政策(Kobrin,

1994)、企业规则和程序（Murtha et al.，1998）来测量注意力结构。Burgelman（1983a）认为，注意力结构包括整个组织中的各种控制、奖励和惩罚机制，Cho 和 Hambrick（2006）在讨论管理者认知特性对管理者注意力作用的同时，也分析了激励机制对管理者注意力的影响，Dutton 等（2006）认为，组织结构与个人认知相结合促进了组织的注意力资源的协调过程。Ocasio（1997）的注意力基础观表明，一个企业的规则、资源和社会关系等结构要素会影响组织注意力。Ocasio 和 Joseph（2005）进一步从理论上拓展了 Ocasio（1997）关于组织注意力与内部结构要素关系的研究。对于社会关系来说，Sproull（1984）采用公共管理人员的时间分配来测量注意力模式，分析了各相互信任方的思想传播、时间和沟通对相关信息决策的影响，Howard - Grenville（2006）研究发现，亚文化的力量差异会影响组织的注意力、事项解释和战略执行。对于企业规则来说，Gavetti 等（2007）的研究显示，企业规则有助于稳定组织对环境的预期和感知，促进了组织注意力的会聚，提高决策的有效性。企业采取有计划的会议、议程和规定等做法，增加了其对显著的环境事件的可预料和有计划的反应。但是，Rerup（2009）认为，企业规则有时也是有害的，将注意力限制在一个狭窄范围内，使其更难以关注到细微的事项。对于资源来说，涉及有形和无形的资产，使其可能采取行动，同程序和沟通渠道一样，资源体现在结构上，并影响事项和应答的有效性。Hansen 和 Haas（2001）、Durand（2003）、Yu 等（2005）、Jacobides（2007）、Eggers 和 Kaplan（2009）采用"社会结构"代表这些资源，认为决策者的社会结构性位置会影响组织注意力，作为催化剂（或阻碍）促使行动以提取、产生和协调资源。

三 注意力的特点

根据注意力基础观，注意力具有三大特点，分别是注意力的持续性、可转移性和选择性。注意力持续性是指管理者按特定顺序对多个目标持续施加注意力。从注意力持续性这一特点来看，尽管认知过程会对注意力配置产生一定的影响，但注意力持续性会减弱认知因素对注意力配置的影响。注意力持续性导致管理者按照特定顺序来对待不同目标，而不是依据管理者个人偏好。注意力可转移性是指管理者的注意力对多个目标的关注是可以转移的。这一特点在 Greve 的序贯注意力模型中得到了体现，根据该模型可以看出一个目标的低效实现会致使管理者的注意力转向下一个目标，并且一个目标的低效实现也会导致另一个目标的低效实现。从注意力持续性和可转移性来看，管理者会按照特定的顺序对不同目标持续施加注意力，并且注意力是可转移的。但这就不禁让人疑问，管理者在施加注意力和转移注意力时到底是按什么顺序呢？对于这一问题，Cyert 和 March（1963）进行了解答，他们指出，实现目标的顺序并不是固定不变的，这一顺序会随着时间而改变，同时不同的组织实现目标的顺序也是不同的。此外，不同组织的"优势联盟"偏好的变化也会影响实现目标的顺序。注意力的第三个特点是注意力选择性，它是指人们会有选择地将注意力配置给刺激因素。当人们面对众多刺激因素时，那些与任务有关的刺激因素会获得更多的注意力配置，这也就是注意力基础观的信息处理这一环节。Laberge（1995）指出，管理者有选择地配置注意力，能够更快地获得有利于制定决策和采取行动的信息，并且既能提高准确性，也提高了注意力持续性，有利于企业进行战略决策。因此，注意力选择性越来越被学者所强调。

事件的显著性会影响管理者选择关注哪些事件，显著性主要体现在事件对个体、组织和行业的作用大小。在个体层面上，Hoffman 和 Ocasio（2001）指出，个体把时间和精力配置于外部环境刺激的过程就是注意力配置；在组织层面，March 和 Shapira（1982）与 Levitt 和 March（1988）等指出，个体层面的注意力与组织层面的注意力的相同点在于它们都是有限的，不同点则体现在组织层面的注意力会受组织环境的影响，以及受到管理者对组织环境的理解的影响。Simon（1996）指出，相对信息的丰富性而言，有限的注意力致使管理者的注意力稀缺，现实中管理者所面对的信息的数量是非常巨大的，但用于处理信息的注意力却是相当有限的，因此，管理者必须有选择地关注外部信息。Walsh（1995）指出，信息处理结果会受到知识结构的影响，White 和 Carlston（1983）的研究也显示，注意力的配置会受到知识结构的影响。从 Osborne 和 Wittrock（1983）的生成型学习方式的研究来看，人脑的信息处理过程是按照以下步骤进行的：首先进行选择、关注和感知，其次进行组织、编码、存储和激活，最后对信息进行意义构建。Marton（1997）开发了一个注意力选择性配置模型，该模型假设那些获得最多注意力的是那些刺激强度最高的项目。因此，当存在许多项目的情况下，管理者会有选择地将其注意力配置给他们所关注的项目，对于其他项目的关注则会减少。Hansen 和 Haas（2001）对内部知识市场中的注意力竞争的研究是一项比较典型的注意力选择性配置研究。该研究主要探讨了电子信息供应者为了吸引信息使用者的注意力，他们是如何进行竞争的这一问题，研究结论指出，如果供应者降低提供的信息数量，那么受到关注的信息就越多。

四　注意力配置

由于管理者的时间和精力都是有限的，因此很难对所有的事件都进行关注，管理者必须有针对性地配置其有限的注意力。注意力配置是管理者不断将其注意力配置于外部刺激因素的过程，随着时间的推移，管理者所关注的刺激因素也是不同的。注意力结构会影响管理者的注意力配置过程，其中，注意力结构则取决于管理者所面临的社会、经济和文化结构。Mintzberg（1971）从内容维度考察了注意力配置。他动态分析了注意力配置的多种特征，包括分散性、繁杂性和多样性等，同时也从静态方面分析了注意力配置的外在行为指向性。Kotter（1982）从时间维度考察了注意力配置的短暂性和易受干扰性的特征。

对于注意力配置的制约因素，目前还没有达成共识，但许多因素都会制约管理者的注意力配置，如社会结构、外部环境和个体认知等。March 和 Olsen（1976）指出，注意力配置会受到决策环境的影响，管理者所处的组织环境、程序和情境等因素会影响其注意力的配置过程。D'Aveni 和 MacMillan（1990）研究了成功的管理者与失败管理者的注意力配置特点，他们的研究发现，对于成功的管理者而言，当企业处于正常状态时，内部环境和外部环境获得的管理者的注意力是相同的，但当企业处于危机状态时，外部环境会获得管理者更多的注意力；而对于失败管理者而言，在企业陷入危机时，他们更关注内部因素，而忽视对外部因素的关注。另外，注意力配置与外部环境之间的关系并不是仅仅表现为外部环境会影响管理者的注意力配置，同时注意力配置也会影响组织对外部环境的适应能力，并且影响到管理者对外部环境的认知。Gavetti 等（2007）的研究显示，组织可以通过改变对外部环境的认知，将注意力持续施加于所选择的因素上来提高组织绩效。组织注意力的配置主要取决于组织内部的结构规则和组织拥有的资源和关系等。

当前注意力基础观研究的难点和关键在于注意力的测量。实证研究中，学者主要通过问卷调查、访谈、公司文件和管理咨询公司数据库等方式来获取管理者注意力数据。其中，常用方法是自动化文本分析方法，使用这一方法时，首先需要设定与管理者注意力相关的关键词，然后对关键词进行分类，接着分析企业的相关文件，找出设定的关键词在文件中出现的频率和相关文件的篇幅，其中，关键词出现的频率可以用来测量管理者的绝对注意力，而与关键词相关的文件的篇幅则可以用来测量管理者的相对注意力。Leavy（2005）在对注意力进行研究时就使用了这一方法来研究。

另外，研究者还提出了其他一些测量注意力的模型和方法。在这些模型和方法中，使用比较广泛的主要有注意力配置模型、信息平行处理模型和交互式记忆系统三种。在注意力配置模型中，学习目标被设定为情境变量，管理者的注意力焦点不再局限于最终结果，而转向了完成任务的整个过程（Kanfer and Ackerman，1989）。对于信息平行处理模型，Corner 等构造了战略决策信息平行处理模型，该模型在个人和组织层面的信息处理过程的基础上进一步细分了组织层面的信息处理过程，这个过程包括关注、编码、存储、检索、选择和输出等步骤。交互式记忆系统最早是由 Wegner 提出的，这一模型充分利用了团队内部不同成员的专长，通过团队的分工合作来对信息进行获取、存储、记忆和交流。Lewis 等（2007）的研究表明，当团队成员的知识与交互式记忆系统之间存在差异时则不能引起对方的注意。如果团队成员之间存在巨大知识差异时，那么交互式记忆系统会处于一种低效运行状态，这主要是由于在交互式记忆系统中团队成员只会注意到那些与系统相似的因素。Lewis 等（2007）的研究还表明，如果要提高团队成员交互认知的过程，可以通过干涉交互式记忆系统先进入者的注意力焦点来达到。

五 注意力对企业行为与反应的影响

关于注意力对组织行为与结果的影响，根据 Child（1972）的战略选择观点，战略管理研究的一个核心问题是影响企业行为的战略决策，而组织注意力的结果可解释企业行为，这对了解战略选择很重要。Ocasio（1997）的注意力基础观指出，企业是一个开放的社会系统，来自外部环境的输入（刺激）将通过注意力过程和决策，转化为一系列的输出——组织行为。组织行为是复杂的组织情境中各种离散注意力过程要素的互动结果，是企业在其内外部环境中所采取的行为及其决策者所预期变化的响应。企业对环境的反应可以看作是对客观刺激的行为反应，这一观点与主流的管理认知过程模型是一致的（Cowan, 1986; Daft and Weick, 1984; Dutton et al., 1983; Dutton and Jackson, 1987; Hambrick and Mason, 1984; Kiesler and Sproull, 1982）。例如，Ireland 等（1987）将认知与行为联系起来，提出"认知模式使管理者对事件进行分类，评估结果，考虑采取适当行为"。在此基础上，注意力基础观已经成为解组织行为和战略选择一个重要的解释范式，Ocasio 和 Jeseff（2005）运用注意力基础观解释化工企业如何响应各种事项，并认为只有得到持续注意的事项，才被认为是关键的，并由此引起企业对这些事项的广泛的组织反应。

早期的组织反应研究涉及工作家庭（Goodstein, 1994; Ingram and Simons, 1995; Osterman, 1995; Milliken et al., 1998）、工作生活计划（Konrad and Mangel, 2000）、女性管理人员组成（Blum et al., 1994）和老年人保健（Goodstein, 1995），这些研究将组织反应定义和量化为组织结果，检验了一些劳动力结构特征对组织注意力的影响，有助于解释随后的组织反应。实际上，如果组织行为作为组织注意力对认知反应的一种结果，那么企业采取行为的具体类型可能取决于它们的战略注意力焦点。然而，注意力焦点的选择性、流动性和动态性表明，组织的反应基于组织及其成员认识自己的多样性表现出不同的形式，成功的企业或许有可能采取更多的行动（Greve，2008；Nadkarni and Narayanan，2007）。其中，一些学者认为，如果企业采用注意力基础观解释战略行动，组织反应实际上是由战略性注意力过程而产生的战略行动（Ocasio and Joseph，2008），注意力基础观已被用来解释各种的战略行动。例如，国际化（Levy，2005；Bouquet，Morrison and Birkinshaw，2009）、创新（Yadav et al.，2007；Chen and Miller，2007；Souitaris and Maestro，2010）、市场进入（Williams and Mitchell，2004；Eggers and Kaplan，2009）和兼并（Yu et al.，2005），等等。

六　行业环境的影响

由于环境背景的差异会导致注意力的变化，所以，行业环境因素对注意力研究具有重要意义，在一个行业背景中分析组织注意力是不合适的。一些学者在注意力研究中考虑了企业所处的行业环境，从不同行业角度对注意力进行了研究。例如，Abrahamson 和 Hambrick（1997）研究了不同行业的管理者判断力的差异对管理者注意力的影响，发现在高度判断力的行业中，管理者具有更大的选择空间，注意力是异质性的，而在低度判断力的行业中，管理者具有狭窄的注意力，表现为缺乏选择空间，群体心态导致注意力同质性。Cho 和 Hambrick（2006）研究了美国航空业取消管制期间，由产业环境变化导致的管理团队构成和薪酬变化对管理团队注意力的影响，比较航空业取消管制前后管理者判断力的差异，进而阐明了注意力对管理团队特征与企业战略变革的中介作用。这两项研究主要集中在管理者的行业判断力对注意力的影响上。除此之外，Yu 等（2005）分析了卫生保健行业的企业兼并；Howard‐Greenville（2006）研究计算机芯片制造行业的环境；Kaplan（2008）、Eggers 和 Kaplan（2009）分析电信行业的光纤技术变革；Yadav 等（2007）研究银行行业的网上银行业务开展；等等。但是，由于环境背景的差异会导致组织注意力的变化，所以，在一个行业背景中（不经历革命性变化）分析组织注意力的影响是不合适的。因此，Nadkarni 和 Barr（2008）也试图研究企业环境背景对管理者注意力焦点的影响,他们选择四个代表性行业分成两组,半导体和化妆品行业被划分成高速变化的行业,而航空业和石化行业被分成低速变化的行业,探讨了高速变化行业和低速变化行业背景对管理者注意力焦点差异的影响,管理者注意力焦点对高速变化的环境与战略行为的速度之间具有中介作用。虽然 Nadkarni 和 Barr(2008)没有直接分析管理者注意力,但是,他们很好地描述了管理者的高度判断力和高速变化的环境之间的联系,并且这种多行业背景的研究为我们提供了一个更加全面、科学的理解注意力的框架,为正在兴起的注意力理论研究提供了新的观点和方法。

第二节 利益相关者压力理论

一 利益相关者压力的概念

20 世纪 50 年代末,潘罗斯在《企业成长理论》一书中首先提出了"企业是人际关系和人力资产的集合体",随后潘罗斯率先构建了利益相关者理论的基本框架。基于为利益相关者理论做出的伟大贡献,Pirellis(1998)把他称为"利益相关者理论的先行者"。20 世纪 60 年代初,斯坦福大学的研究学者从企业生存角度对利益相关者概念定义是"企业如果离开某些利益群体,则企业无法生存,那么这些群体就是企业的利益相关者"。虽然这种界定方法只是从生存角度定义,没有全面地看待利益相关者,但是,他提出了企业不仅仅为股东创造价值,还应关注其他利益相关者的要求。安索夫(1965)认为:"企业在制定其生产经营目标时,需要考虑企业利益相关者的要求,包括股东、管理者、员工、顾客、供应商、分销商等。"20 世纪 80 年代中期,弗里曼和瑞德提出,利益相关者是指能够影响组织实现目标的所有个体和群体,可知弗里曼和瑞德的观点将利益相关者的范围进一步扩大化,涉及政府、环境组织、行业协会、社区公民,等等。1988 年,美国学者 Wheeler 认为,不具有社会性的个体同时也是利益相关者,比如自然环境、动物、植物等。1994 年,Starik 提出了潜在的利益相关者概念，即某些群体可能现在不是企业的利益相关者，但是，在以后企业的发展过程中会变成企业的利益相关者。1995 年，克拉克森认为，利益相关者是对企业具有索取权的个体或者群体。

实际上，利益相关者压力研究始于对利益相关者概念的界定，其中最主流的是美国学者弗里曼（1984），他认为，利益相关者是任何能够影响或受到组织目标实现影响的群体或个人。这种关于利益相关者概念的界定，在利益相关者理论研究中被广泛采用。后来，Savage 等（1991）将利益相关者定义为在组织的行动中，有利益关系且有能力影响其利益关系的群体或个人。克拉克森（1995）更关注利益相关者是否拥有某种权益，又对利益相关者的概念进行了较明确的定义：利益相关者是对一个企业及其活动拥有索取权、所有权和利益要求的群体或个人，并在企业中投入了一些实物资本、人力资本、财务资本或一些有价值的东西，由此而承担了某些形式的风险。在此基础之上，国内学者陈宏辉和贾生华（2004）认为，利益相关者是指那些在企业中进行了一定的专用性投资，并承担了一定风险的个体和群体，其活动能够影响企业目标的实现，或者受到企业实现其目标过程的影响。从这些定义可以看出，大多数国内外学者都承认利益相关者涉及"与企业之间相互影响的关系，是否影响企业或受到企业活动的影响"与"对企业拥有某种相关利益，是否因企业活动而承担风险"两个方面。但是，利益相关者压力概念更强调企业因生产外部性会受到利益相关者的影响，这种外部性导致利益相关者可以对企业施加压力，从而给企业带来较大的风险或威胁，并往往伴随一些负面的影响。例如，弗里曼（1999）提出，如果从利益相关者角度来解释企业的外部压力，利益相关者通过直接施加压力或信息反馈来间接地表达它们的利益诉求，进而影响企业的经营活动。特别是以企业战略管理中的环境问题为基础，还有一些学者在对企业环境战略的研究中，分析了利益相关者是如何对企业施加的环境压力（Henriques and Sadorsky, 1999；刘蓓蓓等，2009；Buysse and Verbeke, 2003；Delmas and Toffe, 2004；Kassinis and Vafeas, 2006；Murillo - Luna et al., 2008；Darnall et al., 2010）。无论这些学者对弗里曼（1984）定义如何进行拓展，其核心思想暗含着利益相关者压力的概念。

二 利益相关者压力的类型及其特征

随着利益相关者压力理论的发展，相关学者认为，每个利益相关者都对企业具有不同的影响，利益相关者压力研究需要识别一个企业的利益相关者压力来源，确定哪些利益相关者施加影响，并对利益相关者压力类型及其特征进行了广泛的探讨。最具影响力的研究是美国学者米切尔等（1997）提出的利益相关者分类模型，即利益相关者具有权力性、合法性和紧迫性三个特征，根据这三个特征，可以将利益相关者分为潜在型利益相关者和预期型利益相关者、确定型利益相关者。米切尔等（1997）实现了对利益相关者研究的突破，不仅在一些环境战略研究领域中得到了广泛的应用（Harvey and Schaefer, 2001; Jawahar and McLauglin, 2001; Fernandez – Gago and Nieto – Antolin, 2004），而且也已经得到实证研究的支持（Agle et al., 1999; Eesley and Lenox, 2006; Knox and Gruar, 2007; Parent and Deephouse, 2007; Winn, 2001; 贺远琼、田志龙，2005；邓汉慧，2007；邓汉慧、赵曼，2007）。但是，国内外的学者大多采用多维细分法从不同特征角度对利益相关者进行了划分。例如，资源性（Freeman, 1984）、市场交易性（Frederick, 1988）、合作性和威胁性（Savage, 1991；李心合，2001；万建华，1998）、契约关系（Charkham, 1992）、风险性（Clarkson, 1994）、紧密性（Clarkson, 1995）、社会性（Wheeler, 1998）、主动性、重要性和紧急性（陈宏辉、贾生华，2004）、接近性（Driscoll and Starik, 2004）、关键性（吴玲、贺红梅，2005）、控制性（徐金发等，2006）等。还一些学者在各自的利益相关者压力研究领域将利益相关者类型的认识推向深化，例如，Henriques 和 Sadorsky（1999）认为，利益相关者包括监管、组织、社区和媒体等利益相关者；Buysse 和 Verbeke（2003）提出，将利益相关者分为监管、外部主要、内部主要和次要利益相关者；Stevens 等（2005）认为，利益相关者分为非市场和市场利益相关者；Pajunen（2006）将利益相关者分为公司治理、潜在和次要利益相关者；Murillo – Luna 等（2008）将利益相关者分为公司治理、内部经济、外部经济、监管以及社会外部利益相关者等。

三 企业对利益相关者压力的适应性

在这个过程中,学术界关于利益相关者压力的研究和实践逐渐由被动转为积极主动的,同时也催生了一系列理论思想和研究视角(Julian et al.,2008)。制度理论(Dimaggio and Powell,1983;Meyer and Rowan,1977)认为,组织领域所涉及的制度力量,主要是由一系列的利益相关者构成的,企业通过响应利益相关者压力而导致组织同构,以遵守公认的社会规范,获取生存所需的组织合法性和资源(Agle,et al.,1999;Harrison and St. John,1997;蔡宁等,2009)。资源依赖理论(Pfeffer and Salancik,1978)强调对外部输入来源的脆弱性,回答了是什么使利益相关者有能力影响企业的行为(Kassinis and Vafeas,2006),提出利益相关者压力是基于所控制的企业经营关键资源,并认为,企业对外部力量的脆弱性导致受制于和依赖于这种资源,企业对利益相关者的资源依赖性越大,利益相关者对企业施加压力的可能性越大,企业响应利益相关者压力,以获得更多的自主权和自由权(Agle et al.,1999;Frooman,1999;Mitchell et al.,1997)。然而,实践表明,决定企业对利益相关者压力反应的因素既来自组织外部,也来自内部。组织认知理论(Child,1972;Daft and Weick,1984;Dutton,1993)将企业看作是一个扫描环境数据、分配有意义数据和基于解释实施反应的系统,认为组织对利益相关者压力的解释对组织的适应性具有重要的意义(Fineman and Clarke,1996;Preble,2005),但是,对利益相关者压力的理解在概念上是有别于基于资源和能力的理论。资源基础理论(Amit and Schoemaker,1993;Barney,1991;Mahoney and Pandian,1992)的提出和发展是从企业根源上说明企业各种内部资源是否有效地改变配置模式以具有能力影响利益相关者,以及在随后响应利益相关者的压力中这种动态的适应能力是如何发挥作用的。资源基础理论也从新的角度考虑了当企业面对不可预料的利益相关者压力时,能够更有效地改变资源配置模式,以运用新的能力在动态环境中进行反应,使企业对利益相关者压力具有很强的适应性(Teece et al.,1997;Harrison and St. John,1997;

卫武，2006，2008）。虽然这些理论的学者从不同角度分析了利益相关者是如何对组织施加压力的，并认为解释组织是如何反应是必需的，但是，他们没有充分预测为什么企业面对不同的利益相关者压力，或者即使面对相同的利益相关者压力，也产生了不同的组织反应。

四　企业对利益相关者压力的反应

关于组织对利益相关者压力的反应研究，目前学术界对于这个方面的研究总体上是沿着三个基本问题进行的：如何获得利益相关者支持、如何管理/响应利益相关者和如何平衡利益相关者利益。

对于如何获得利益相关者支持，一些学者认为，企业可以通过建立信任和避免投机对待利益相关者来获得利益相关者的支持（Jones，1995；Heugens et al.，2002；Hosmer and Kiewitz，2005）。另一些学者认为，企业可以通过慈善捐款（Adams and Hardwick，1998；Brammer and Millington，2004）、员工股票期权计划（Marens and Wicks，1999）、声誉、印象和形象管理（Carter，2006）等行为来获得利益相关者的支持。还有一些学者提出，企业系统地开发内部工作程序，建立正式相关职能以维护与利益相关者的关系（Marcus and Irion，1987；Luoma and Goodstein，1999；Yang and Callahan，2007；卫武、李克克，2009；卫武，2009）。例如，Luoma 和 Goodstein（1999）发现，在大型企业中，利益相关者的代表在董事会的任职可作为回应利益相关者利益的方式，并且在董事会决策中通过立法支持利益相关者利益时具有很大的权限。同时，Scott 和 Lane（2000）认为，管理者采用三个方式来提高利益相关者对组织的认同以获得利益相关者的支持：组织沟通、增加利益相关者与组织联系的可见性、使利益相关者嵌入组织团体中。Brickson（2005）、Randel 等（2009）考虑了组织认同导向（个人主义、关系或集体主义）作为一个机制决定了企业与利益相关者关系的性质，甚至影响企业对利益相关者压力的反应。

对于如何管理/响应利益相关者，学者就组织对待利益相关者压力的态度提出了许多不同类型的反应方式，划分标准也大多受利益相关者理论研究的影响。弗里曼（1984）将利益相关者视为合作性

（机会）和竞争性（威胁）的，并提出开拓、防御、摇摆和求援四种方式来回应他们。虽然弗里曼对于这种潜在的"双赢"关系持乐观态度，但是，他最多将对利益相关者的压力做出让步视为最后的手段（Walsh，2004）。Huse 和 Eide（1996）发现，企业可以使用朋友网络来规避利益相关者的压力，这种网络促使企业采取运动、通牒和操纵三个方式，以提高自己应对利益相关者的能力。Lotila（2010）从公共关系角度阐明了企业对社会压力的反应过程，并认为，当企业管理与社会发生关系时，企业会采取响应、积极、前摄和不积极四种方式进行反应，但企业与利益相关者的互动不能确保社会压力是否会缓解。最具有影响力的是由奥利弗（Oliver，1991）提出的组织对制度压力的战略性反应的分类体系，根据组织抵制压力的主动性程度，从被动到积极划分为默许、妥协、逃避、反抗和操纵五种方式，其中，默许是最被动的方式，而操纵是最主动的方式。虽然奥利弗并没有把利益相关者问题纳入战略反应的研究范围，但是，他认为，利益相关者是可以施加制度压力，包括组织所依赖的政府、利益团体、媒体和外部利益方（Oliver，1991）。奥利弗的分类框架提供了一个研究组织对利益相关者压力反应的背景，随后许多学者试图将奥利弗的制度压力反应理论思想（该框架）扩展到利益相关者问题上（Rowley，1997；Delmas and Toffel，2004；Clemens and Douglas，2005；Aaltonen and Sivonen，2009；邓新明、田志龙，2009）。例如，在对奥利弗制度压力反应类型分析的基础上，Aaltonen 和 Sivonen（2009）进一步识别和描述了五种不同的利益相关者压力反应模式，从消极到积极方式，包括顺应战略、妥协战略、回避战略、驳回战略和影响战略。

除此之外，弗里曼（1984）还指出，利益相关者概念要考虑各种利益相关者的利益，组织对利益相关者压力反应的作用是随着时间的推移平衡各利益相关者的利益，但是，他并没有为决定利益相关者的竞争性利益提供理论基础（Kaler，2006）。Greenley 等（2005）试图探讨来自多个利益集团的压力，认为多重利益相关者压力的反应是同时对各主要利益相关者的利益进行优先次序排序，并分配管理行为服务于这些利益相关者的利益。所有这些利益相关者压力的反应方式强调对利益相关者的态度，以及企业采取行动识别、评估和考虑有关利益相关者事项。Jensen（2002）认为，企业应将长期价值的最大化看成是利益相关者之间做出必要的权衡标准。相比之下，Schwartz（2006）与 Beekun 和 Badawi（2005）认为，虔诚可看成企业如何平衡利益相关者利益的指导原则，而 Burton 和 Dunn（1996）以及 Lampe（2001）认为，在管理决策过程中应直接包括利益相关者代表，以争取达成共识或更有效地调解解决纠纷。但是，Hosseini 和 Brenner（1992）提出，企业可采用先进的分析技术来计算标准的权重来平衡这些决策。Bendheim 等（1998）发现，平衡利益相关者之间利益的"最佳做法"在不同行业之间的差异极大。Reynolds 等（2006）指出，不同的利益相关者特征和不完善的资源分割性是重要的制约因素，不同反应决策之间的利益平衡倾向于最大化的价值，也往往被视为具有更多的道德。

第三节 研究评述

从上述国内外学者有关注意力与利益相关者压力探讨中，我们可以发现，现有的研究文献中还存在一些局限性以及待解决的问题：

首先，大多数研究都承认企业组织是具有层次结构的，个人是构成组织的基本单元，团队则是最小的组织单元，注意力分布在员工个人、团队、组织等多个层次的情境之中，注意力的影响因素也相应划分为个人、团队和组织三个层次。虽然国内外学者鉴于 Ocasio 所提出的注意力与企业行为的情境化模型，强调注意力结构在对管理者注意力及其焦点配置影响的基础之上，对注意力的关注、编码、解释和聚焦过程进行了一系列的扩展性研究工作，已经取得了大量的理论和实证研究成果，为注意力及其影响因素的结构维度研究提供了理论基础。但是，这些成果在其情境结构、层次性、理论框架、应用环境、行业背景等方面存在较大的不同，且只注重探讨其中的某一个和几个层次，使注意力的研究成为相互独立的孤岛，没有将注意力的关注、编码、解释和聚焦整合在一个分析框架中，导致对注意力及其影响因素的维度及其量表还没有形成明确统一的认识，从组织理论来看，存在相当多的不足和缺点，仍然有待于相关的实证研究来进行验证。

其次，国内外学者综合各种理论不仅解释了利益相关者压力是如何产生的，而且提出组织应该针对这些压力进行反应，其中比较有代表性的是奥利弗基于制度理论对制度压力及其相应反应的阐述，虽然利益相关者被认为是对企业施加制度压力最为重要的来源之一，但是，现有的利益相关者理论主要集中在对利益相关者压力的分类体系研究，以了解哪些利益相关者会影响企业经营运作，并没有解释管理者对利益相关者压力的认知是如何使企业做出反应的，而奥利弗所提出的反应模式是否适用于企业所处的利益相关者环境还有待进一步检验。此外，当企业面对利益相关者压力时，所表现出来的特征是不同的，这种异质性决定了企业应对利益相关者压力能力的差异性，表现为组织对利益相关者反应的差异性。同时，虽然有关组织对利益相关者特征认知的观点各不相同，但是，以整体来看，主要还是以米切尔所提出的利益相关者的权力性、合法性和紧迫性为研究的主线，管理者对利益相关者的认知是否存在其他特征，在理论上需要进一步系统化和结构化。

再次，虽然注意力和利益相关者压力理论强调利益相关者压力作为一个环境刺激对企业反应的重要性，从不同的角度提出形成有效的认知机制是企业评估来自外部机会和威胁线索的必要条件，但是，要维持企业竞争优势，唯有注意到不同利益相关者的压力，开展高效的组织反应模式。然而，组织是如何通过管理者的注意力认知到不同利益相关者压力产生的机会和威胁，并采取反应的研究却少之又少，相关学者主要探讨了注意力与组织反应之间的关系，或者认为，利益相关者特征会影响利益相关者的显著性，从而决定了它们是否引起管理者的关注，但较少将注意力同特定的利益相关者压力结合起来，针对性不强。至于注意力如何通过关注、编码、解释和聚焦实现对利益相关者压力的不同认知，基于注意力理论和利益相关者压力理论并没有给予解释，而只是在各自的领域提出各种概念及其理论模型，还没有将管理者注意力作为研究利益相关者压力及其反应的中心,所以,仍然不足以解释管理者注意力为什么会影响到组织反应的水平。

最后,组织中管理者的注意力对利益相关者压力的认知也可能存在一定的滞后效应,而在研究时点上,大多数有关注意力的实证研究采用的数据都是在同一时间点上的截面数据,但需要指出的是,这种研究主要在一个时间点上进行分析,变量之间的作用结果都可能存在一定的局限性,所以,并不能真正推断出各个概念变量之间的因果关系。而企业对利益相关者压力认知作为关键变量——不是稳定状态——随着利益相关者与企业之间关系的改变,会不断发生变化,导致利益相关者压力与注意力的关系所面对的利益相关者环境也处在一个动态的变化过程之中,这种动态性及其可能对组织反应造成的影响在相关的研究中无法考察,其结论可能不是很精确,其说服力也会打一定的折扣,难以解释企业所面对的利益相关者压力是如何随环境的变化积累了必要的利益相关者显著性,以及管理者注意力及其对利益相关者压力认知的变化是如何对组织反应的方式产生不同的阶段性影响。

第三章 注意力的结构维度及其测量研究

第一节 理论描述与研究假设

学术界认为，应该从内容和过程两个角度来界定注意力的概念。从内容上看，注意力是指在企业决策相关的众多刺激因素中占据管理者意识的刺激因素。从过程上看，注意力是指企业管理者把自己有限的信息处理能力配置给决策相关刺激因素的过程，包括对刺激因素的关注、编码、解释和聚焦。其中，刺激是指组织环境中能够引起企业管理者在心理或行为上产生反应的事件或信息，如引起兴趣、兴奋、焦虑或不安的信息，这类信息就是一种刺激。

关注是企业管理者对环境刺激广泛的感知，这是一个组织扫描不同来源信息的过程，如顾客、供应商、行业期刊或报纸等。Kohi 等认为，管理者与客户的交谈都能获得信息。在这个过程中，为了得到关注，一个刺激所发出的信号足以让它被检测到，同时也必须是组织的管理者足够熟悉关切的事情。否则，刺激仅仅是数量巨大的噪声之一，噪声不会被组织扫描系统所捕获。当然，当企业管理者面对不确定环境时也往往要花费更多的时间和资源进行环境刺激扫描和监测。Baumard（1994）认为，关注不是意味着瞬间的事情，更多地被刻上一个时间段，将环境扫描系统特点化为连续性的。Morrison（2002）认为，组织结构系统使企业管理者的扫描变成一种涉及资源投入的日常活动，各部门都应随时注重刺激环境信息的收集。这些学者的观点强调企业管理者是通过密集和频繁扫描以提高对环境刺激的认识。

编码是企业管理者使环境刺激转变为一种信息的过程。环境刺激的关注过程会产生大量的信息，某些信息将被编码并存储于文档资料和数据库当中。但是，编码有严密逻辑的表达，可以脱离人而存在，编码后的环境刺激信息可以在企业中交流，这是因为，对环境刺激进行编码和标准化，能够最大限度地避免对环境刺激的描述和分类不一致所造成的误解和歧义，降低环境刺激信息扭曲（Dutton and Jackson，1987）。所以，Ramaprasad 和 Poon（1985）认为，环境刺激解释的基础性工作之一就是有关刺激信息的编码，即对环境刺激进行科学编码，将具备某一特征的刺激归纳在一起，与不具备这一特征共性的刺激区分开，设定某种符号体系进行编码，使其能够识别和处理。编码刺激并不是一种纯粹的信息，本身也具有特定的内容，只是刺激信息的一种外在表现方式，是对环境刺激的一种陈述手段，经过编码后的刺激信息有利于促进对环境刺激的解释。

环境刺激往往是结构不良和模糊不清的，所以，它们所赋予的含义必须被组织的管理者进行清晰的解释和描述。解释是企业管理者为了更准确地把握环境刺激意欲表达的真正意图，正确全面地理解收到的刺激信息的本来意义的过程。但是，企业管理者解释环境刺激会嵌入一个认知框架，通过这个框架构建刺激所暗含的事情状态，这是一种来自组织内部的思考和交流以形成对刺激的共同理解和认识的行为。Dutton 和 Jackson（1987）、Waller 等（1995）认为，扫描获得的环境刺激信息是粗糙的，也存在很多无用多余的刺激，组织需要对收集到的刺激进行解释，该过程需要不同背景的管理者参与讨论，在对话和沟通中分析出刺激的实质，成为大家所共同认可的解释。在这个过程中，环境刺激要被标记或结构化，以使它们的含义更加明确。例如，Milliken 等（1992）提到环境刺激可以通过定义其属性或特点来解释。在战略管理领域，企业管理者经常将环境刺激（事项）解释为"威胁"或"机会"，它们分别具有自己独特的特点。威胁被描述为具有消极的意义，会给组织带来损失或存在没有收益的可能性。机会表现出积极的含义，可以获得预期成果或期望收益。

企业管理者做出什么决策，往往取决于他们把自己的注意力聚焦在哪些刺激上。这意味着如果企业管理者选择聚焦于某个特定的刺激，这个刺激作为目标在管理者心目中占据显著地位。例如，Karau 和 Kelly（2003）提出了注意力焦点模型（AFM）。但是，组织目标往往含混不清，这将导致注意力焦点高度不确定性。组织内的不同部门或人员可能具有不同的认知框架，认知框架的差异性会形成不同的注意力焦点，在重要的环境刺激解释上很难协调而产生一致的想法。所以，环境刺激解释的不确定性和/或存在异议都可能导致企业管理者决定收集更多的数据，这反过来可能改变注意力焦点。然而，当决策者感到他们所理解的某个环境刺激，通过相互的沟通而达成共识，认同这个刺激对企业的意义和重要性，就会将更多的注意力配置在这一环境刺激上，选择性地关注与此相关的信息，深化其对这一环境刺激的认识，在解释阶段获得刺激的含义导致注意力的聚焦。因此，我们假设如下：

假设 H3-1：注意力是由关注、编码、解释和聚焦四个维度构成的。

第二节 研究设计与方法

一 问卷和量表建构

问卷和量表建构的好坏直接关系到数据收集的质量和信度的高低。对于注意力结构维度调查问卷的设计，我们投入了大量的时间和精力，其具体形成过程可以分为以下几个阶段：

（一）大量的文献研究

通过检索和查阅相关的研究文献，把握注意力的理论概念，基于对概念的理解，发展相关的测量题项，实现对概念的可操作化，并将国内外学者已论证有效或相对成熟且被引用较多的测量题项进行归纳，在吸收这些研究的基础上，设计出一些题项对注意力进行测量。其中，关注维度的测量主要来自 Baumard（1994）和 Morrison（2002）的研究；编码维度的测量来自 Dutton 和 Jackson（1987）、Ramaprasad 和

Poon（1985）的研究；解释维度的测量源自 Dutton 和 Jackson（1987）、Waller 等（1995）、Milliken 等（1992）的研究；聚焦维度的测量来自 Karau 和 Kelly（2003）的研究。

（二）深入地进行访谈

我们利用课题研究和讲授 MBA 课程的契机，对武汉大学 MBA 周末班中的 8 名学员所在企业中具有多年实际工作背景的高层管理者以及相关部门负责人进行了半结构访谈。首先向他们解释不同学者注意力概念的观点是什么，要求他们对其各维度进行深入讨论。在访谈过程中，每个企业的被访者可能不止一个，以保证访谈内容的完整。每次访谈持续 2—3 小时，经被访者同意，对访谈的内容进行了录音，并采用回避真实的被访者姓名和企业名称的方法，消除被访者的疑虑。根据访谈提纲和现场情况，对被访者进行深度追问或讨论，要求被访者详细描述已经发生的有关组织注意力的关键条目。在访谈结束后，在 24 小时之内将访谈记录和录音内容整理成文字材料，并通过电话与被访谈者沟通以获得一些补充信息，验证内容是否符合实际情况和被访者对所得结论的看法，实现了与面对面访谈所获条目信息的互补和验证。课题小组共计访谈了 19 次，公司副总经理或总经理 8 人和部门经理 11 人，被访企业及其访谈基本信息如表 3 – 1 所示。

表 3 – 1　　　　　　　　企业及其访谈基本信息

企业名称	基本信息				访谈数据		
	行业	规模	所有制	成立时间	访谈次数	访谈时间	访谈对象
火烽科技	通信设备	大	"三资"	10 年	2	4 小时	副总经理和销售经理
华信证券	证券金融	大	国有	15 年	2	3 小时	营业部经理和总经理
武汉佳德	广告	小	民营	9 年	3	3 小时	财务、人力和总经理
冶建连铸	工程机械	大	国有	13 年	2	4 小时	项目经理和副总经理
海维中国	软件	大	"三资"	16 年	3	5 小时	营销、研发和副总经理
武汉君君	贸易	小	民营	6 年	2	2 小时	副总经理和总经理
东岳汽车	汽车	大	国有	17 年	3	4 小时	销售、人力和副总经理
河南连理	化肥	小	民营	12 年	2	3 小时	营销和副总经理

(三) 征求专家学者的意见

邀请专门从事企业管理领域3位研究人员进行数据编码，对文献研究和深度访谈得到的条目进行归类和汇总，合并意义相近或类似的条目。根据 TSUI 等提出的方式，我们主要采取两轮编码提出组织注意力的分类维度：①第一轮，由3位研究人员各自对所有条目进行归类，初步确定一级类别；②第二轮，分析第一轮编码中提出的分类体系，并剔除内部条目小于3个的类别，从而确定了关注、编码、解释和聚焦四个类别。第一轮编码结果的一致性程度为0.89，第二轮编码结果的一致性程度为0.93，这表明分类编码过程是稳定可靠的。为了检查问卷是否存在表述不清、语义模糊、重复描述或有歧义等情况，我们要求他们就测量题项的适当性和问卷的合理性进行讨论，对不符合企业实际情况的条目予以删除或修改，以保证与所研究的注意力内容相匹配，并获得注意力各维度的条目频次和重要性排序，在此基础上，根据每个维度所列条目的选择频次，从高到低进行排序，选择前30%的词语，构成调查词汇开发问卷题项。

(四) 小范围预测试

为避免问卷设计中可能隐含的某种对回答者有诱导性的假设，避免问卷回答过程中可能出现的一致性动机问题，提高回答者的响应率。在利用问卷进行大范围数据采集之前，对组织注意力的调查问卷进行小范围预测试，预测试的范围主要选择在武汉地区的5家企业中进行，根据25名被测试者的反馈和建议，对一些测量题项的表述方式和语言进一步修改，形成初始的调查问卷，如表3-2所示。其中，调查问卷中的所有变量按5点李克特量表法来测量（例如："非常不符合、较不符合、符合、比较符合、非常符合"，按"1、2、3、4、5"打分度量）。

二 正式调查和数据收集

在调查样本方面，本研究主要在武汉、北京、上海、深圳、广州、十堰等城市选取了450家企业，先通过电话联系确认，然后采取发电子邮件的方式给企业主管填写，获得调查结果。此次调查共发放问卷389份，回收301份，剔除掉无效问卷后，得到有效问卷284份，有效问卷回收率为63.11%。问卷回收后，剔除问卷的方式主要有

表 3-2　　　　　注意力的初始测量问卷题项

维度	题项	频次	文献来源
关注	Q1：您认为贵公司管理者拥有广泛的外部环境信息获取渠道（如销售人员汇报、顾客回访、供应商反馈、购买市场研究公司数据等）	30	Baumard（1994） Morrison（2002）
关注	Q2：您认为贵公司管理者会设有专门的机构收集外部环境信息（如政策、市场、科技和行业等方面）	29	
关注	Q3：您认为贵公司的所有部门管理者或员工都会花时间和精力参与到外部环境信息的收集过程中	28	
编码	Q4：您认为贵公司管理者会及时记录所收集到的环境信息，并保存为各类书面文字资料	27	Dutton 和 Jackson（1987）、 Ramaprasad 和 Poon（1985）
编码	Q5：您认为贵公司管理者会花费很多的时间和资源用于分类整理外部环境信息	25	
编码	Q6：您认为贵公司管理者设有专门的信息系统或数据库对各种环境信息进行储存和分类	16	
编码	Q7：您认为贵公司管理者设有专职人员定期将外部环境信息分类整理成册，以便相关部查阅材料	23	
解释	Q8：您认为贵公司管理者会花费很多时间和精力来分析各种分类整理好的外部环境信息	31	Dutton 和 Jackson（1987）、 Waller 等（1995）、 Milliken 等（1992）
解释	Q9：您认为贵公司管理者针对外部环境信息进行开会讨论的时间占所有开会时间的比例较高	32	
解释	Q10：您认为贵公司管理者会针对获得的外部环境信息撰写成各种研究报告，为他们决策提供参考	26	
解释	Q11：您认为贵公司管理者会试图分析重要的环境信息，以求全面深入地了解这些信息对公司的影响	28	
解释	Q12：您认为贵公司管理者会经常针对获得的外部环境信息，召集各部门负责人开会讨论	21	
解释	Q13：您认为贵公司管理者会在第一时间及时处理众多分类整理好的环境信息	17	

续表

维度	题项	频次	文献来源
聚焦	Q14：您认为贵公司管理者能从众多的环境信息中甄选出对公司具有重大影响的信息	16	Karau 和 Kelly（2003）
	Q15：您认为贵公司管理者能有效地甄选对公司产生重大影响的环境信息	28	
	Q16：您认为贵公司管理者获得外部的环境信息之后，相关部门或人员会针对重要信息开会讨论	27	
	Q17：您认为贵公司管理者对甄选出重要的环境信息会继续投入更多的资源和时间来搜寻更多的相关信息	25	

两个：一是剔除问卷填答缺漏太多，且被调查者没有认真填写的问卷；二是考虑对调查对象应该是中高层管理者，要剔除问卷填写者为基层管理者和一般员工。在被调查的样本中，从企业所有制来看，国有企业占 36.27%，"三资"企业占 34.16%，民营企业占 29.57%；从企业规模来看，员工人数在 500 人以内的占 27.11%，3000 人以上的占 19.72%，801—3000 人的占 29.58%，501—800 人的占 23.59%；从企业年限来看，5 年以下的占 15.85%，6—10 年的占 19.72%，11—15 年的占 27.47%，16—20 年的占 23.59%，20 年以上的占 13.37%。

三　组织注意力的因子分析

本研究将所有获得的 284 个样本数据随机地分成两个部分：第一部分用于探索性因子分析，第二部分用于验证性因子分析，其分析结果如表 3-3 和图 3-1 所示。在进行因子分析之前，采用修正后项总相关系数（CITC，分题项对总题项的相关系数）来净化测量题项。但是，分题项对总题项的相关系数都小于 0.5，删除任何题项后的 α 系数没有显著提高。

在探索性因子分析中，我们利用第一部分样本数据，通过 SPSS11.0 软件，运用主成分分析法抽取特征值大于 1 的因子，并采用最大旋转法进行因子旋转。其研究结果发现，Q13 和 Q15 出现双重负荷，或负荷值低于 0.50，在删除这些题项后，共得到了 4 个相对独立

表 3-3　注意力的探索性因子分析结果

因子名称	聚焦				编码				解释				关注			
	题项	CITC	删除α系数	因子负荷	题项	CITC	删除α系数	因子负荷	题项	CITC	删除α系数	因子负荷	题项	CITC	删除α系数	因子负荷
	Q11	0.81	0.86	0.76	Q4	0.77	0.83	0.84	Q12	0.68	0.78	0.80	Q3	0.73	0.71	0.83
	Q17	0.79	0.85	0.73	Q5	0.67	0.80	0.79	Q9	0.61	0.77	0.73	Q1	0.71	0.68	0.72
	Q14	0.86	0.79	0.73	Q7	0.76	0.84	0.66	Q8	0.81	0.75	0.71	Q2	0.75	0.72	0.66
	Q16	0.83	0.75	0.60	Q6	0.68	0.78	0.64	Q10	0.74	0.86	0.63				
Cronbach's α 系数	0.88				0.86				0.84				0.72			
特征值	7.51				1.30				1.11				1.00			
方差解释率（%）	21.39				19.48				19.16				12.84			
总方差解释率（%）	21.39				40.87				60.03				72.87			

注：被删除题项分别为 Q13 和 Q15。

的因子结构，其累积方差解释率达 72.87%，采用 KMO 测度的值为 0.88，Bartlett 球形检验也达到了显著性水平。基于各个共同因子所暗含的信息，我们根据方差解释率依次将第一、第二、第三和第四因子命名为"聚焦""编码""解释"和"关注"，Cronbach's α 系数分别为 0.88、0.86、0.84 和 0.72，都大于 0.7 的最低标准。

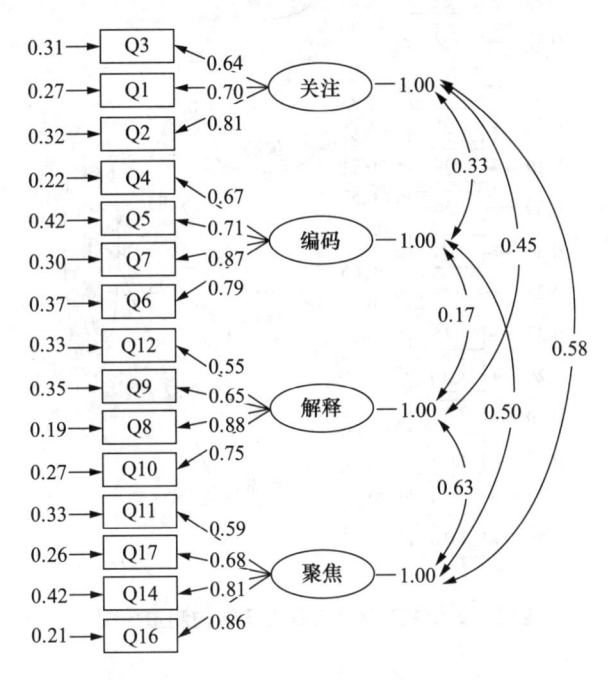

图 3-1　注意力的一阶因子结构测量模型

在探索性因子分析结果的基础上，本研究利用第二部分样本数据，通过 AMOS8.0 软件，采用结构方程模型分别进行一阶或二阶验证性因子分析。从图 3-1 和图 3-2 可以看出，各题项在所在因子中的标准化负荷在 0.55—0.88，均达到 0.5 的标准。此外，图 3-2 还显示，一阶因子在二阶因子上的负荷都较高，分别为 0.79、0.85、0.75 和 0.82，远高于 0.5 的标准。两个模型的 χ^2/df 值分别为 2.09 和 1.43，均小于 5，且 CFI、NFI 和 IFI 等指标都大于 0.9，RMSEA 远远小于 0.08。但是，二阶模型的简约拟合指数 PNFI、PGFI 值分别为

0.81 和 0.73，均优于一阶模型的 0.62 和 0.55。根据模型的简洁性原则，二阶模型减少了对数据的约束，比一阶模型要简洁一些，所以，二阶模型具有非常好的拟合度，确实是相对比较理想的模型。

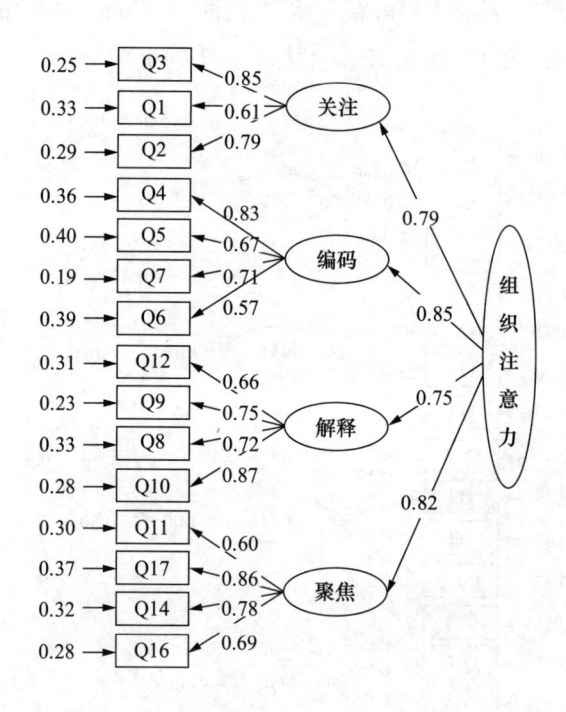

图 3-2　注意力的二阶因子结构测量模型

四　注意力的信度和效度检验

在因子分析之后，为了进一步了解注意力各个维度的一致性与稳定性，本研究再利用 284 个总体样本数据进行量表信度和效度检验。

（一）信度检验

本书采用同质信度、分半信度和重测信度进行信度分析，结果如表 3-4 所示。同质信度是指检验问卷内部所有题项间的一致性程度，用 Cronbach's α 系数来表示；分半信度是指将问卷分成对等的两半后，检验所有被调查者在这两半上所得分数的一致性程度，进而估计整个量表的信度；再测信度是指同一问卷在间隔一段时间后重复对同一对象进行检验，计算两次施测结果的相关系数。其中，重测信度间隔时间为3个月。从表3-4可以看出,量表总体的同质信度、分半信度和重测信度分别为0.90、0.79和0.84,而量表各维度的同质信度在0.79—0.88,分半信度在0.75—0.84,重测信度在0.78—0.83,均达到了0.70以上的可接受范围。因此,注意力量表具有良好的信度水平。

表3-4　　　　　　　　注意力量表的信度检验结果

	同质信度	分半信度	重测信度
总体量表	0.90	0.79	0.84
关注	0.81	0.82	0.78
编码	0.79	0.77	0.83
解释	0.84	0.75	0.80
聚焦	0.88	0.84	0.79

(二)效度检验

在效度检验过程中,采取内容效度、建构效度和效标效度。由于本研究所使用变量的量表是在吸收国内外理论文献的基础上,通过多次咨询相关领域的专家、学者和企业家,进行小样本预试后修订部分提法、内容而最终确定的,具有较高的内容效度。建构效度又包括会聚效度和区分效度,分析结果如表3-5所示。会聚效度采取平均提取方差(AVE)来测量,量表各维度的AVE值集中在0.71—0.86,均大于0.5的临界值,表明各维度量表具有较好的会聚效度。区分效度利用各维度的相关关系来判定,以不同维度之间相关系数与此维度会聚效度值(平均提取方差)的平方根之间的差异程度加以衡量。从表3-5的相关系数矩阵可以看出,对角线下的值显著小于对角线上的值,即各维度间相关系数显著低于平均提取方差的平方根,表明各维度量表具有较好的区分效度。此外,从表3-5还可以看出,聚焦维度的均值较高,编码和解释的均值相对适中,关注维度的均值最低。除编码与解释的相关系数不显著之外,其他维度之间的相关系数均呈现显著正相关。

表3-5　　　　　　　　注意力四个维度的相关系数

变量	均值	方差	平均提取方差（AVE）	变量相关系数矩阵			
				1	2	3	4
1. 关注	1.49	0.70	0.71	0.73			
2. 编码	2.34	0.95	0.78	0.33**	0.65		
3. 解释	2.40	1.20	0.86	0.45***	0.17	0.77	
4. 聚焦	3.22	1.12	0.82	0.63***	0.50***	0.58***	0.69

注：显著性水平 $*p<0.05$，$**p<0.01$，$***p<0.001$。

虽然学术界没有公认的注意力效标变量，但是，根据预测效度的观点，注意力从逻辑上可以提升企业的预测能力，即注意力更容易实现对环境刺激预测的准确性。所以，本书通过分析企业预测能力与注意力各维度的相关性来考察问卷量表的效标效度，分析结果如表3-6所示。从表3-6的相关性分析可以看出，注意力的四个维度均与企业预测能力呈显著的中度正相关，说明注意力量表具有较好的效标效度。

表3-6　　　　　　组织知识转化问卷的效标效度检验结果

效标	维度			
	关注	编码	解释	聚焦
企业预测能力	0.40**	0.30**	0.35**	0.43**

注：显著性水平 $*p<0.05$，$**p<0.01$，$***p<0.001$。

五　注意力结构模型比较

虽然二阶四维结构模型通过了数据支持，但是，该模型是否为最优，还需要与其他可能存在的竞争模型进行比较，才能得到验证。对于竞争模型，由于没有明确的理论提出模型，所以，本研究综合考虑总体题项数以及每个维度的题项数（每个维度的题项数最好为3—7个），将单维度、两维度和三维度所构成的模型与构想模型进行比较。单维度模型，通过探索性因子分析，对15个题项强迫抽取1个因子，单因子的方差贡献率为 37.52%；两维度模型，通过探索性因子分析，对 15 个题项强迫抽取 2 个因子，第一个因子包含 6 个题项，即 Q6、Q8、Q9、Q12、Q14 和 Q16，第二个因子包含 9 个题项，即 Q1、Q2、Q3、Q5、Q7、Q10、Q11、Q17 和 Q4，累积方差贡献率为 50.73%；三维度模型，通过探索性因子分析，对 15 个题项强迫抽取 3 个因子，第一个因子包含 5 个题项，即 Q6、Q9、Q14、Q16 和 Q17，第二个因子包含 6 个题项，即 Q4、Q7、Q8、Q10、Q11 和 Q12，第三个因子包含 4 个题项，即 Q1、Q2、Q3 和 Q5，累积方差贡献率为 64.42%。

通过验证性因子分析，四维度模型与这三个竞争模型相比较，具体的拟合度比较结果如表 3-7 所示。从表 3-7 可以看出，单维度模型的 χ^2/df 值为 5.34，大于 5，说明这个模型不好；虽然两维度模型和三维度模型的 χ^2/df 值符合要求，但是，它们的 CFI、NFI 和 IFI 值均小于 0.90，说明这个模型也不好，而四维度模型在 χ^2/df、CFI、NFI、IFI 等拟合指标上均优于其他模型，而且都达到了拟合优度的要求，确实是相对比较理想的组织注意力模型。

表 3-7　　　　　　　注意力的各模型拟合度比较结果

模型	χ^2	df	χ^2/df	CFI	NFI	IFI	RMSEA
单维度模型	924.62	173	5.34	0.78	0.72	0.65	0.07
两维度模型	369.12	157	2.35	0.81	0.77	0.80	0.05
三维度模型	254.51	142	1.79	0.85	0.81	0.84	0.05
四维度模型	173.59	121	1.43	0.95	0.97	0.94	0.03

第三节　讨论与建议

一　注意力的结构维度构成及其内涵

近年来，注意力基础观得到了蓬勃发展，但是，我们也必须看到，该理论的发展较为缓慢，发展至今仍对于注意力的测量方式缺乏认识与理解，导致未建立完整而稳定的理论框架，可以说，注意力的实证研究与实际应用相当缺乏。本书回顾了注意力概念的起源和发展，在借鉴 Simon（1947）和 Ocasio（1997）对注意力理论描述的基础上，结合我国当前企业的背景做了修正，通过访谈、问卷调查、预试等方式来测量注意力，确定了注意力的分析维度为关注、编码、解释和聚焦，各维度的具体内涵如下：关注是指组织的管理者投入时间和资源用于扫描外部环境中的刺激，并收集相关信息的过程。不同的企业管理者关注和扫描强度通常是不同的，从高度警惕、主动扫描到被动扫描。编码是指组织的管理者通过正式的语言、文字、图表等形式使环境刺激清晰地表示出来，并进行归纳、整理和处理，转化为可用于储存结构化的过程。编码旨在将环境刺激简化和转化为信息，进而再处理或重新组合为编码后的刺激信息。解释是指组织的管理者通过语言、文字和认知框架对所关注到的外部环境刺激赋予或构建含义的过程。聚焦是指组织的管理者基于对环境刺激的解释选择性地投入更多的时间和资源专注或配置于某个特定刺激的过程。

同时，注意力作为一个多维度、短暂的变量是很难测量的，与管理者有限的接触途径促使学者使用二手书面资料。所以，为了获得一些原始材料数据，相关学者将注意力放在股东信上，这些信件可能会洞察管理者的注意力，但是，他们仅仅局限在公众持股公司，限制了研究结果的普适性。虽然注意力基础观从关注、编码、解释和聚焦维度描述了管理者注意力的形成过程，但是，这一框架是否适用有待实证研究来验证。然而，基于股东信以及相关文本分析的测量并不能完全体现管理者注意力的这一过程，因为源自个人判断的文本分析方法对注意力的测量在建立类别和文本编码时无法充分解析书面语言的细微之处。我们基于大样本问卷调查数据，开创性地构建开发注意力的结构维度及其量表，针对每个维度的内涵及其特点，运用现有的理论进行解释或提出新的理论解释，从而进一步揭示了组织注意力的"黑箱"。事实上，本书通过这四个维度的划分，运用更直接的方式评估组织的注意力，能够避免使用股东信以及相关文本分析所带来的问题，能够更好地用于解析更多信息，使注意力的测量具有可操作性，为今后探讨注意力的其他研究做了铺垫，丰富了注意力基础观的研究理论。

二 注意力形成过程及其内在机理

在注意力形成过程中，企业对注意力机制形成的动力是如何考虑的？注意力各维度在其中发挥着哪些重要的作用？企业管理者对于这些问题的思考是必须进行的，因为这涉及注意力形成过程和内在机理的理解和认识。虽然注意力形成过程中的多维性得到了验证，但是，各维度在推动注意力形成过程中应该扮演不同的角色，起着不同的作用，同时它们之间又存在相互作用、相互协调的一面。它们之间的良好互动构成了注意力形成机理，并极大地促进了注意力机制的建立。基于上述四个维度构成及其内涵的分析，我们可以看出，组织认知模式会对企业如何必然地注意它们所遇到的环境刺激产生根本性影响，有差别的处理意味着企业会基于信息在内部认知模式中的表现形式，选择性地注意环境刺激。所以，注意力形成是一个选择性的认知过程，决定了什么被或不被企业感知和记住。即企业会时时关注外部环境刺激的影响，不断地进行着大量环境刺激信息的扫描与收集，为了促进这些信息在组织内部流动，及时对可编码的刺激进行编码，形成文档化，将环境刺激信息固化在组织系统中，根据认知模式对环境刺激进行解释，呈现出本来的含义（威胁或机会）以便于理解，并在组织内部聚合成一个对刺激的统一认知，从而对某些环境刺激更好地聚焦。

本书在对注意力各维度因子分析、描述性分析以及信效度分析过程中，发现聚焦的因子均值较高，方差贡献率最大，达到 21.39%，并且与其他三个维度之间存在非常显著的相关关系，说明聚焦是企业形成管理者注意力的最终目的，也是注意力能否成功建立的关键要素，对注意力机制的作用影响最大。编码和解释的方差贡献率较小，且因子均值较为适中，两者之间也不存在显著的相关关系，表明虽然编码和解释对企业通过关注获取大量环境刺激信息到实现有效的聚焦起着一种保障的作用，能够消除关注与聚焦两个维度进行良好转化的障碍，但是，我国企业管理者的环境刺激聚焦更多的是直接对信息的编码或解释而实现的,从编码环境刺激信息向解释环境刺激信息的转换并不明显。而关注的方差贡献率最小,且因子均值最小,但是,它分别与其他三个维度之间都存在相关关系,表明环境刺激信息的关注是企业管理者对环境刺激认识(注意)的先决条件,但是,我国企业管理者对环境刺激信息的收集与扫描程度并不高。其中,关注与聚焦之间的相关关系最高,所以我们认为,环境刺激聚焦的不确定性和/或存在异议都可能导致企业管理者决定收集更多的数据,这反过来也可能改变注意力焦点。这些分析结果由于是从样本数据中提炼出来的,所以,在某种程度上反映了我国企业管理者注意力形成机制的真实情况(见图 3-3)。

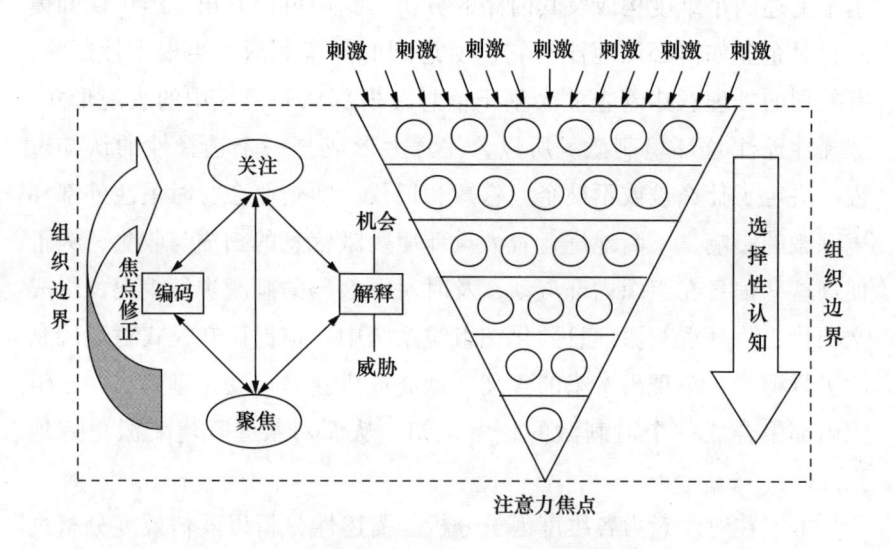

图 3-3 注意力的形成过程及其内在机理

第四章 企业的可见性和脆弱性对利益相关者压力反应的影响

从组织特征角度来看,企业作为一种对环境适应性组织,对利益相关者压力的反应会因为组织特征的不同而存在较大的差异。根据制度理论和资源依赖理论,可见性和脆弱性两个特征会影响企业对利益相关者压力的反应。

首先,可见性。制度理论(Dimaggio and Powell, 1983; Oliver, 1991)认为,组织领域所涉及的制度力量,主要是由利益相关者构成的。但是,制度理论强调企业的可见性越大,导致企业更可能被利益相关者看到,并要求其必须遵守公认的社会规范,承担更大的社会责任及其制度的期望,使企业响应利益相关者压力而导致组织同构,获取生存所需的组织合法性和资源。可见性是指企业引起社会公众、监管机构、媒体等利益相关者的关注程度。可见性作为一种独特的企业属性,反映了企业的地位、曝光度和吸引力(Clemens and Douglas, 2005; Julian et al., 2008)。因为企业在利益相关者心目中是可见的,所以,有关企业经营活动的信息可能被经常曝光,检索有关企业信息相对容易。随着企业的可见性不断增加,它们更容易被挑出受到更多的关注和监督,承受利益相关者更大的压力,成为利益相关者攻击的目标,包括从消费者组织到政府机构等。Rehbein 等(2004)认为,激进主义团体通常将最可见的企业作为目标。Lioukas 等(1993)认为,企业较高的可见性容易吸引政府的注意,导致更多的政府干预。Mishina 等(2000)发现,可见的企业会成为提出公司治理决议的股东活动家的目标。一些学者的研究还表明,可见性促使企业调整自己的行为积极响应利益相关者压力。Meznar 和 Nigh(1995)认为,当大型可见的企业面对社会压力时，会通过从事广告宣传和公共关系活动，改变社会的期望或公众对企业的态度。Chiu 和 Sharfman（2011）认为，管理者出于较高的企业可见性，积极履行社会责任以回应社会期望和合法性压力，试图成为社会的企业公民。而 Capriotti（2009）认为，企业在公众或社会中的可见性有助于解释西班牙上市企业积极披露社会责任信息的行为。Saiia 等（2003）则强调利益相关者对企业社会责任的压力，使可见性成为大型企业增加慈善捐款的动机。Bansal（2005）发现，可见的企业参与员工的工作—家庭问题以积极响应外部压力。因此，可见性使企业的行为必须符合社会整体利益，承担必要的社会责任，否则就会失去合法性，从而导致企业对利益相关者压力进行反应。

假设 H4-1：企业的可见性对利益相关者压力反应具有正向影响。

其次，脆弱性。资源依赖理论（Pfeffer and Salancik，1978；Kassinis and Vafeas，2006）强调企业的经营活动需要获取和控制外部资源而获得自身利益，但企业对外部输入资源的依赖所带来的风险会导致产生脆弱性，从而回答了是什么使利益相关者有能力影响企业，提出企业对利益相关者压力进行反应是源于它们控制了企业赖以生存的关键资源。例如，股东和债权人控制资金资源、政府拥有信息与政策资源、顾客和销售商控制市场资源，等等。在这种情况下，企业对利益相关者所控制的资源依赖性就赋予了利益相关者的一种权力，这种权力使利益相关者对企业具有索取权或者要求权，有利于利益相关者对企业施加压力，从而造成企业在利益相关者压力下是脆弱的。所以，脆弱性是指企业由于对利益相关者资源的依赖使自身在利益相关者压力下稳定性状态遭到破坏而导致系统不稳定所积聚的风险状态（Julian et al.，2008；Adger et al.，2004；Buckle et al.，2001）。脆弱性也是企业所具有的一种内在属性，但往往是在"外力干扰"的驱动下，也就是利益相关者压力发生后才会显现出来。当企业遭到利益相关者压力的打击超过了维持正常经营的状态时，产生的风险对企业会造成不利的影响，极易使企业暴露出严重的弱点。Whiteman 和 Cooper

(2011) 认为,脆弱性是由组织内部特点和外部压力或威胁共同决定的,如果企业不了解利益相关者压力的影响,脆弱性将导致企业面临被边缘化的风险。Carter (2006) 认为,利益相关者压力作为企业风险管理系统的一个组成部分,直接影响到企业的脆弱性评估。然而,大多数学者也强调,脆弱性既是在利益相关者压力的胁迫下企业软弱无能的状态,也会影响对利益相关者压力的反应。Julian 等 (2008) 认为,任何企业无论多么强势,只要依赖利益相关者的资源,都可能存在脆弱性,这种脆弱性表现为企业在利益相关者压力下的调整、恢复和适应能力,导致企业采取有效的抵抗措施,以保证将利益相关者压力所带来的风险降到最低。Farjoun 和 Starbuck (2007) 认为,利益相关者环境的压力是企业脆弱性产生的导火索,如果企业采取默许姿态而没有认识到需要采取行动,就会导致利益相关者中断企业所依赖的资源,企业得以生存和发展的条件也随之消失。因此,企业的脆弱性越大,对利益相关者的资源依赖性越大,企业就会响应利益相关者压力,以获得更多的独立性和自由权。

假设 H4-2:企业的脆弱性对利益相关者压力反应具有正向影响。

第一节 研究一:基于社会嵌入视角的企业利益相关者压力反应

一 利益相关者网络的社会嵌入

嵌入是社会网络理论中的一个核心概念,最早是源于 Polanyi (1957) 提出的"经济的社会嵌入"观点。随后,Granovetter 和 Swedberg (1992) 拓展了这一观点,认为企业的经济行为是嵌入在特定的社会网络中并受与其有社会关系的其他经济主体的影响。而 Granovetter (2005) 进一步指出,"经济的社会嵌入"包括经济行为在社会网络、文化、政治和宗教中的嵌入。在社会网络理论中,作为"社会的一个器官",企业是嵌入于社会的经济组织。但是,有些学者认为,社会嵌入的观点为学者理解利益相关者网络提供了很好的视角，企业嵌入的具象社会应该是由各种利益相关者构成的社会网络。社会嵌入理论与利益相关者理论虽然是两种不同的理论，但两者具有趋同性。在弗里曼（1984）经典的利益相关者星形网状图谱中就蕴含了社会嵌入或网络的思想。企业不是孤立的，会与许多关系主体发生各种交易行为。Rowley（1997）提出，将社会嵌入理论中的若干关键概念引入利益相关者管理的研究，探讨了网络密度和网络中心性这两个结构属性对企业管理利益相关者策略的影响。李怀斌（2008）认为，企业权力正由股东单边治理向利益相关者共同治理转移，并基于对这种"权力社会化"趋势的分析，将嵌入范围由笼统的大社会浓缩为与企业息息相关的利益相关者构成的环境。因此，利益相关者理论与社会嵌入理论研究的都是同样的对象，即企业的利益相关者网络。

二 企业的社会嵌入对可见性和脆弱性及其利益相关者反应的影响

对于社会嵌入类型来说，最具代表性的是 Granovetter 和 Swedberg（1992）提出的结构嵌入和关系嵌入，这两种嵌入分别会对企业在利益相关者网络中的可见性和脆弱性产生影响。

（一）结构嵌入

结构嵌入是对企业嵌入在利益相关者关系网络中的总体结构描述，通常表现为网络规模、网络密度以及企业在网络中的位置。一些学者将社会嵌入视为一种网络资源，探讨了结构嵌入对企业在利益相关者网络中可见性及其对利益相关者压力反应的影响。密度和规模是两个重要的网络属性，表现为网络内部成员之间发生相互联系的程度。例如，Gulati 等（2000）和 Rowley（1997）认为，利益相关者网络规模和密度越大，意味着企业与较多的利益相关者有直接的联系。但是，在一个规模大且密集的网络中，"每个人都知道其他人"，因为频繁的关系互动能够促进信息在网络中更快和更有效的流动，有利于最大限度地增加利益相关者获得企业的信息量，增加了利益相关者观察企业行为的可能性，进而增加企业在利益相关者网络中的可见性（Julian et al., 2008；Carter, 2006）。同时，这也将使企业面对更多的利益相关者压力，不得不响应和满足利益相关者的要求。而企业占据利益相关者网络中位置的差异性，将超越企业与利益相关者的直接和间接联系，不仅影响企业从网络中不同位置获取信息的能力，而且使企业在利益相关者心目中的可见性也不同。实际上，在利益相关者网络中，企业占据中心位置非常关键。任何网络结构都有一个中心，企业在利益相关者网络中的位置可用网络中心度描述（Freeman，1979；Svendsen and Laberge，2005）。如果中心度较低，意味着企业位于网络的边缘位置；如果中心度较高，意味着企业位于网络的中心位置。Gulati 等（2000）、Svendsen 和 Laberge（2005）认为，位于中心位置的企业具有一个较大的"智能网络"，通过这个网络，利益相关者有机会获得企业的信息，企业越处于利益相关者网络中心，利益相关者搜寻企业信息的限制越少，获得这些信息的速度就越快。企业来源于网络中心的信息优势容易吸引到利益相关者对它的关注，进而有助于企业对利益相关者的压力进行反应。

假设 H4-3：企业在利益相关者网络中的结构嵌入对可见性具有正向影响。

假设 H4-4：企业的可见性对利益相关者网络中的结构嵌入与利益相关者压力反应的关系具有中介影响。

（二）关系嵌入

关系嵌入是指企业的行为嵌入与利益相关者互动所形成的关系网络之中，是对嵌入利益相关者网络中人际社会二元关系的结构和特征的刻画，通常采用互动频率、亲密程度以及诚信互惠等来判定关系的强弱程度。一些学者指出，企业在利益相关者网络的关系嵌入会导致脆弱性，促使企业对利益相关者压力进行反应。从关系嵌入角度看，企业是一个试图获取各种资源的开放系统，当利益相关者控制的资源是企业所不具备的时，这种资源的互补将促使企业为了实现自己的利益而进行相互交换，试图寻求与利益相关者建立持续稳定的关系，并可能产生相互依赖。根据 Granovetter（2005）和 Rowley（1997）的观点，企业通过建立关系嵌入利益相关者网络的程度越大，与利益相关者之间的关系就越紧密。但是，在利益相关者的关系网络中，不同利益相关者在拥有资源方面的禀赋是不同的，从而出现了利益相关者资源在网络内分布的不平衡。由于不同利益相关者所拥有的资源不同，企业与其关系嵌入的强度差异也很大。企业往往与那些拥有关键资源的利益相关者的关系更为密切，它们与利益相关者的依赖关系并不是平等的。根据权力交换理论，高度的关系嵌入意味着利益相关者所控制的资源对企业越重要，强化利益相关者对企业的优势地位，导致在网络中产生权力交换的不对称，使利益相关者比企业更有权力。所以，企业在利益相关者网络中关系嵌入越深，企业会越依赖于利益相关者的资源，利益相关者将被认为对企业就越可能具有影响力。企业与利益相关者建立紧密关系，显然它们不得不牺牲一些自主权，以换取与利益相关者的关系，使企业的行为受到限制，导致企业产生组织的脆弱性。Anderson 和 Jap（2005）以及 Agle 等（1999）似乎已将关系嵌入作为"受限"的同义词。实际上，企业对利益相关者的依赖性既是它们之间形成关系的动机，也是这种关系不稳定的来源。Whiteman 和 Cooper（2011）以及 Murillo – Luna 等（2008）认为，如果企业对利益相关者更依赖，决定了利益相关者掌握着对企业的控制权，导致企业由于脆弱性而被利益相关者充当成人质，在与利益相关者对话中面临较差的谈判地位。因此，当利益相关者对企业施加压力，造成企业与利益相关者存在高度摩擦时，将提高利益相关者利用企业弱点的可能性，企业会担心这种关系面临破裂风险，从而不得不对利益相关者压力进行反应。

假设 H4 - 5：企业在利益相关者网络中的关系嵌入对脆弱性具有正向影响。

假设 H4 - 6：企业的脆弱性对利益相关者网络的关系嵌入与利益相关者压力反应的关系具有中介作用。

三　研究方法设计

（一）数据来源与收集

为了验证上述研究假设，本研究设计出一份调查问卷，在问卷中大部分变量的测量基本采用 5 点李克特式量表法。这份调查问卷共分 5 个部分，第一部分是对利益相关者概念的定义，第二部分是有关调查企业的基本情况,第三部分是对所在企业的可见性和脆弱性的测量与调查,第四部分是调查所在企业在利益相关者网络中的社会嵌入情况,第五部分是关于企业对利益相关者压力反应的调查。在调查对象方面,本研究选择武汉地区各高校 MBA 周末班学员以及他们所在企业的主管,做出这种选择主要是基于以下两点考虑:第一,高校 MBA 周末班学员既具有丰富的工作经验,思想观念比较先进,又有着相对领先的利益相关者压力认知,可以降低问卷调查的理解偏差。第二,本课题组部分成员已经担任 MBA 课程讲授任务,或与武汉地区各高校讲授 MBA 课程的教师建立了良好的科研关系,以便于向每个学员发放调查问卷,或要求他们带回所在企业主管填写,从而能够保证相关数据收集方案是完全可以实施的。此次调查共发放问卷 450 份,回收 321 份,剔除掉无效问卷后,得到有效问卷 258 份,有效问卷回收率为 57.33%。

(二) 研究变量与测量

1. 结构嵌入和关系嵌入

企业的社会嵌入作为因变量,通常分为结构嵌入和关系嵌入。结构嵌入包括网络密度、网络规模和企业在网络中的位置三个维度。网络密度是指企业在利益相关者网络中实际发生的联系数量与可能发生的最多联系数量的比例,借鉴李志刚等(2007)和任胜钢等(2011)的观点,采用 3 个题项来测量,例如,"贵企业与主要利益相关者之间大多存在直接或间接的联系"。网络规模是指企业在利益相关者网络中形成的网络关系总数量,根据李志刚等(2007)和戴维奇等(2011)的测量量表进行修改的,共有 4 个题项,例如,"相比于同行业企业,与贵企业联系的利益相关者更多"。网络位置是通过企业网络中心性来表示,参考了弗里曼(1979)和任胜钢等(2011)的测量量表,采用中间中心性和接近中心性来测量,共有 4 个题项,例如,"贵企业很容易与任何所需要联系的利益相关者进行沟通"。关系嵌入是在参考 Granovetter 和 Swedberg(1992)以及张方华(2010)的研究基础上提出的,包括企业与利益相关者联系的频繁程度、密切程度和诚信互惠程度三个维度。频繁程度是由 4 个题项构成的,例如,

"贵企业在网络中经常与利益相关者保持联系"；密切程度是由 4 个题项构成的，"贵企业在网络中从利益相关者处获得了大力支持"；诚信互惠程度是由 3 个题项构成的，例如，"贵企业与利益相关者沟通时能够信守承诺"。

2. 可见性和脆弱性

可见性和脆弱性是企业在利益相关者网络中的两个特征，可作为企业对利益相关者压力反应的中介变量。在利益相关者网络中，企业会面对各种类型的利益相关者，包括从消费者到社会公众。我们借鉴 Murillo - Luna 等学者对利益相关者类型的划分，将利益相关者分为公司治理（股东和投资者）、内部经济（员工和工会）、外部经济（消费者、供应商、金融机构、保险公司和竞争者）、监管（环境立法和政府管制机构）以及社会外部（媒体、社区公众和生态保护组织）5 个类别，在每个类别中加入"注意"（可见性）和"依赖"（脆弱性）两个核心词，每个类别分别用 1 个题项进行测量，从而形成了两组由 5 个题项构成的维度，以测量企业在利益相关者网络中的可见性和脆弱性。

3. 利益相关者压力反应

利益相关者压力反应是在采用文献探讨、半开放式问卷和德尔菲法识别企业对各种利益相关者压力反应类型的基础上，通过调查主观评价企业对压力反应的态度积极性高低的方式进行测量，具体过程如下：

首先，回顾现有文献对利益相关者压力反应概念的描述，以确定利益相关者压力反应的测量范围，并主要参考 Julian 等（2008）的研究，设计出一种半开放式问卷，问卷中列出一些可能存在的条目，同时邀请武汉大学 MBA 学员中 25 名具有 8 年以上工作经验，且在企业从事高层管理工作的学员填写问卷，在问卷发放前，对这些 MBA 学员进行访谈，使他们能正确理解问卷的问题，并统一说明调查的目的、过程以及填写要求，让他们根据自己所在企业的实际情况，在问卷中尽量列出一些可能的条目，然后我们对问卷调查得到的条目进行整理、合并和归类，得到各类利益相关者压力反应条目的频次及其排序,并提出了一个企业可能对利益相关者压力反应的初始列表。

其次,分别邀请1名企业管理专业教授、1名副教授和1名博士生共同成立三人专家小组,对这个列表的合适性和全面性进行评述,并就语义、用词以及提法等进行修改。根据德尔菲法,我们主要采取两轮专家咨询活动:

第一轮,通过电子邮件或者邮寄方式向各位选定专家发出一份调查表以及研究背景材料,调查表中列出了利益相关者压力反应初始条目的频次及其排序,请他们依据自身的专业知识背景,对每一个条目与利益相关者压力反应符合程度进行评价,分为"符合""一般"和"不符合"三种情况,并要求专家提出一些新的条目或对原有的条目进行修改,附上具体的建议及其原因说明,然后进行统计处理。

第二轮,删除两个以上专家给出"不符合"或三个专家给出"一般"评价的条目,对各位专家提出的新条目及其意见进行汇总,再分发给各位专家,并尽量将各种意见客观地、准确地反馈给他们,让专家比较自己同他人的不同意见,修改自己的意见和判断,直到专家的意见基本趋于一致,从而形成一个企业对利益相关者压力反应的最终列表,包括公益捐款、社会责任、媒体宣传、公关预算、积极游说、市场信息分析、改变价格、开发新技术或产品、调节产能、改善服务水平、改变供货或销售渠道、市场推广、广告促销、进入新市场、降低盈利预期、战略联盟、收购兼并、组织结构变革等。

最后,在大样本问卷调查阶段,要求被调查者评价企业对每个利益相关者压力所对应的"感知性"和"主动性"进行描述。感知性是指企业察觉到对利益相关者压力进行反应程度,主动性是指企业愿意积极对利益相关者压力进行反应程度,并通过对每种反应赋予一个评估值来测量企业对利益相关者压力反应。"0"表示没有采取这种反应方式,"1"表示这种反应既没有表现出感知性又没有表现出主动性,"2"表示这种反应要么表现出感知性要么表现出主动性,"3"表示这种反应同时表现为感知性和主动性,计算每个企业所有反应的分值,分值越高表示企业对利益相关者压力反应越积极。

4. 控制变量

控制变量包括企业规模（Size）、企业年限（Age）和行业速度（Industry velocity）。首先，企业规模广泛地影响组织对外部事件的反应，被认为是一个用于控制基于资源的企业响应的重要变量（Brammer and Millington，2004），所以，我们控制了企业规模，采用员工总数的自然对数进行测量。其次，虽然年老的企业往往是更有惰性的，但是，比年轻的企业有更多的时间获取经验和发展能力（Julian et al.，2008）。我们也控制了企业年龄，采用年龄的自然对数进行测量。Nadkarni 和 Barr（2008）强调行业速度对管理认知的影响，进行了不同行业特点之间的比较研究，所以，将行业速度作为一个控制变量。高速行业包括个人电脑、电脑软件、玩具和游戏、运动鞋、半导体、电影和化妆品，低速行业包括飞机、家具、钢铁、造船、石油化工和造纸。我们采用一个二分虚拟变量，高速行业表示 1，低速行业表示 0。

（三）数据同源偏差检验

由于采用问卷调查时所有的题项都是由同一管理者填写的，虽然在数据收集过程中使用事前预防的控制，尽可能对填写者强调匿名性、保密性以及数据仅限于学术研究，但是，各个变量测量仍可能存在同源偏差（CMV）问题。根据 Podsakoff（2003）等的建议，采用哈曼单因子检验方法分析同源偏差的影响，同时对所有变量的题项进行未旋转的主成分因子分析。结果表明，共有 11 个因子的特征根值大于 1，第一个因子解释的变异量只有 23.39%，并没有占多数，同源偏差问题并不严重。

（四）数据分析与处理

本研究采用 SPSS 19.0 和 AMOS 18.0 对数据进行统计分析处理。根据 Anderson 和 Gergbing（1988）的观点，将主要采取以下三个步骤：首先，通过验证性因子分析来检验本研究涉及的五个变量之间的构思效度。其次，采用结构方程模型对理论假设模型进行验证，并根据 Baron 和 Kenny（1986）提出的关于中介作用检验的 4 个条件，以理论假设模型（完全中介模型）为基准与两个竞争模型（部分中介模型和修正的部分中介模型）进行比较，考察模型拟合度的差异，以确定一个最佳匹配模型，以检验可见性和脆弱性在企业的社会嵌入对利益相关者压力反应的影响中的中介作用。最后，分别采用层级回归分析法及 Edwards 和 Lambert（2007）所提出的拔靴法来分析冗余资源的调节作用和有调节的中介作用。

四 研究结果

（一）验证性因子分析

本研究对企业的结构嵌入、关系嵌入、可见性、脆弱性和利益相关者压力反应进行验证性因子分析。结果表明，五因子模型拟合度良好（$\chi^2 = 384.62$，$df = 218$，$\chi^2/df = 1.76$，$CFI = 0.93$，$NFI = 0.95$，$IFI = 0.96$，$RMSEA = 0.03$）。但是，四因子模型（将结构嵌入和关系合并为一个因子）、三因子模型（将可见性和脆弱性合并为一个因子）和单因子模型（五个变量全部合并）明显不如六因子模型，各拟合指数较差。因此，这表明五个因子有较好的区分效度，将这些变量用于下一步分析是可行的。

（二）变量的描述性统计分析

表 4-1 显示了各研究变量的描述性统计、相关系数、一致性系数、CR 值和 AVE 值。从表 4-1 可以看出，本研究所采用的 5 个主要变量内部一致性系数在 0.79—0.92，说明这些变量的信度是可以接受的。此外，5 个主要变量的组合信度 CR 值在 0.82—0.91，均大于 0.70，所以这些变量的组合信度也较为理想。其中，5 个主要变量的 AVE 值集中在 0.57—0.75，均大于 0.5 的临界值，表明这些变量具有较好的聚合效度。同时，5 个主要变量的 AVE 的平方根都比该行和该列的相关系数大，说明变量的区分效度得到进一步验证，确实是 5 个不同的构念。从表 4-1 还可以看出，企业在利益相关者网络中的结构嵌入与可见性、关系嵌入与脆弱性之间均显著正相关，结构嵌入和关系嵌入与企业利益相关者压力反应之间均显著正相关，可见性和脆弱性与企业利益相关者压力反应之间均显著正相关，这为进一步检验可见性和脆弱性的中介作用提供了必要的前提。

表 4–1　各研究变量的描述性统计、相关系数、一致性系数、CR 值和 AVE 值分析结果

变量	均值	标准差	α	CR	AVE	1	2	3	4	5	6	7	8
1. 结构嵌入	2.89	1.27	0.92	0.91	0.57	(0.75)							
2. 关系嵌入	3.04	0.98	0.88	0.88	0.75	0.04	(0.87)						
3. 可见性	2.94	0.90	0.86	0.87	0.60	0.48***	0.10*	(0.77)					
4. 脆弱性	3.58	1.15	0.91	0.90	0.66	−0.09	0.30**	−0.01	(0.81)				
5. 企业利益相关者压力反应	2.01	0.67	0.79	0.82	0.71	0.37***	0.14*	0.25**	0.22**	(0.84)			
6. 企业规模	4.02	1.76	—	—	—	0.12*	0.05	0.20**	0.10	−0.07	—		
7. 企业年龄	1.81	0.86	—	—	—	0.04	0.09	−0.08	−0.07	−0.06	0.11*	—	
8. 行业速度	0.63	0.42	—	—	—	0.06	0.27**	0.01	−0.18*	0.15*	0.05	−0.12*	—

注：N = 258；斜对角为各研究变量的 AVE 的平方根；显著性水平 *p < 0.05，**p < 0.01，***p < 0.001。

(三) 假设检验

本研究首先以结构嵌入和关系嵌入为自变量,企业利益相关者压力反应因变量构建结构方程模型对直接效应进行检验,该模型的 χ^2 值为 302.21,χ^2/df 为 1.45,CFI、NFI 和 INF 均在 0.90 以上,RMSEA 为 0.04,小于 0.05,拟合度符合要求。其研究结果表明,企业的结构嵌入和关系嵌入对利益相关者压力反应具有正向影响,路径系数在 0.01 的显著性水平下显著,分别为 0.27 和 0.23。

为了检验企业的可见性和脆弱性的中介作用,我们将基准模型(完全中介模型)与另外两个竞争模型(部分中介模型和修正的部分中介模型)进行比较分析,结果如表 4-2 所示。从表 4-2 可以看出,这些模型的拟合度指标尚可接受,需要进行 χ^2 检验比较模型的优劣。通过比较嵌套模型,首先发现模型 1(完全中介模型)与模型 2(部分中介模型)差异显著 [$\Delta\chi^2(1) = 75.93$,$p < 0.001$],取拟合度较优且相对复杂的模型 2,模型 2 应优于模型 1(完全中介模型)。但在模型 2 中,关系嵌入对企业利益相关者压力反应的路径并不显著,所以,去除这条路径之后修正了部分中介模型,我们建立了模型 3(修正的部分中介模型)。接着,再将模型 2 与模型 3 比较,结果发现模型差异不显著 [$\Delta\chi^2(0) = 1.89$,$p > 0.05$],但是,模型 3 的拟合度指数最好,所以,根据简约性原则,我们取路径较少的模型 3。因此,模型 3 是最佳匹配模型,结果如图 4-1 所示。

表 4-2　　　　　　　　　结构方程模型比较结果

模型	χ^2	df	χ^2/df	RMSEA	CFI	NFI	IFI	$\Delta\chi^2$
模型 1:完全中介模型	406.12	243	1.67	0.04	0.90	0.89	0.88	
模型 2:部分中介模型	482.05	244	1.98	0.04	0.92	0.91	0.90	75.93***
模型 3:修正的部分中介模型	483.94	244	1.98	0.03	0.95	0.97	0.92	1.89

注:模型 1:完全中介模型,即基准模型,结构嵌入和关系嵌入→可见性和脆弱性→企业利益相关者压力反应;模型 2:在模型 1 基础上增加结构嵌入和关系嵌入→企业利益相关者压力反应;模型 3:在模型 2 基础上减少关系嵌入→企业利益相关者压力反应;N=258;控制变量是企业规模、企业年限和行业速度;在所有模型中都包括控制变量对企业利益相关者压力反应的影响;显著性水平 * $p < 0.05$,** $p < 0.01$,*** $p < 0.001$。

综合考虑直接效应与模型 1、模型 2、模型 3 检验结果，我们可以从图 4-1 中的路径系数看出：

第一，在利益相关者网络中，企业的可见性在结构嵌入与利益相关者压力反应的关系中起着部分中介作用。其中，企业的可见性对利益相关者压力反应具有直接的正向影响（$\beta = 0.30$，$p < 0.01$），所以假设 H4-1 得到支持。企业的结构嵌入对可见性（$\beta = 0.54$，$p < 0.001$）和利益相关者压力反应（$\beta = 0.19$，$p < 0.05$）也都具有直接的正向影响，同时还借助可见性的中介作用对利益相关者压力反应产生间接的影响，Sobel 检验的 Z 值为 3.22（$p < 0.05$），说明中介效应显著。因此，假设 H4-3 也得到了支持，而假设 H4-4 得到部分支持。

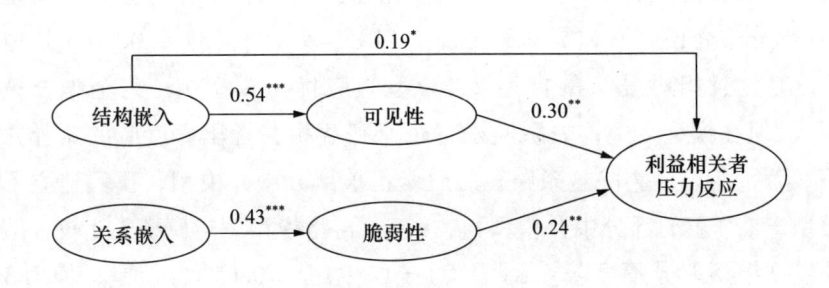

图 4-1 最佳匹配模型结果（研究一）

第二，在利益相关者网络中，企业的脆弱性在关系嵌入对利益相关者压力反应的影响过程中起着完全中介作用。其中，企业的脆弱性对利益相关者压力反应有着直接的正向影响（$\beta = 0.24$，$p < 0.01$），所以假设 H4-2 得到支持。企业的关系嵌入对脆弱性也具有直接的正向影响（$\beta = 0.43$，$p < 0.001$），且关系嵌入对利益相关者压力反应的影响是借助于脆弱性来传递的，Sobel 检验的 Z 值为 2.86（$p < 0.05$），说明中介效应显著。因此，假设 H4-5 和假设 H4-6 得到支持。

五 结果讨论

研究一的目的在于从社会嵌入角度探讨企业对利益相关者压力反应，以及企业在利益相关者网络中可见性和脆弱性的中介作用。研究

第四章 企业的可见性和脆弱性对利益相关者压力反应的影响 / 61

结果显示,企业在利益相关者网络中结构嵌入直接影响企业对利益相关者压力反应,从而支持了Rowley(1997)的观点,即利益相关者网络密度和企业在网络中心性会影响企业抵制利益相关者压力的程度。另外,研究结果也显示,企业在利益相关者网络中的结构嵌入有利于提高可见性,进而间接地影响对利益相关者压力反应,这与Carter(2006)、Svendsen和Laberge(2005)的研究是一致的,即结构嵌入对企业是有用的,不仅放大了企业获取利益相关者信息的能力,而且提高了企业在整个利益相关者网络中的可见性,当企业把可见性看作是组织对利益相关者的承诺以获取其合法性时,就会对利益相关者压力做出积极反应。只不过在利益相关者网络中,企业的可见性在结构嵌入与利益相关者压力反应之间起着部分中介作用。

研究结果还显示,企业在利益相关者网络中关系嵌入对脆弱性有着正向影响,并且通过脆弱性对利益相关者压力反应产生间接影响,说明在利益相关者网络中企业的脆弱性确实是维系关系嵌入与利益相关者压力反应关系的强有力的纽带。这支持了Anderson和Jap(2005)以及Whiteman和Cooper(2011)提出的观点,即企业越倾向于与利益相关者建立紧密的关系,就会逐步形成企业对利益相关者的资源依赖,这将使企业容易受到利益相关者的影响,进一步导致了企业的脆弱性。同时,脆弱性一旦被利益相关者压力激发出来,往往带来的都是较为严重的后果,企业必须通过自身的恢复功能进行积极反应。

然而,虽然企业在利益相关者网络中的可见性和脆弱性对利益相关者压力反应产生显著的正向影响,但值得注意的是,任何企业在对利益相关者的压力做出反应之前,必须察觉到这些压力,根据对这些压力特点的不同认知决定是否可能做出反应,这就可能致使组织认知与利益相关者压力反应的概念产生了联结。在这种情况下,来自研究一的实证证据并不能说明利益相关者压力反应是来源于企业可见性和脆弱性的直接影响,也可能其中存在企业对利益相关者压力认知的间接影响所致。但是,研究一并未考虑到组织认知的因素在这一过程中的作用,无法为这种内在的中介机制提供直接证据,而研究二将对此进一步展开深入探讨。

第二节　研究二：基于组织认知视角的企业利益相关者压力反应

组织认知理论对利益相关者压力的理解在概念上有别于基于社会嵌入的理论，认为利益相关者压力对企业的影响取决于它们是如何解释认知的，强调企业分析环境压力的方法之一是对利益相关者压力特点认知评估。

一　利益相关者压力认知

组织认知理论强调企业需要通过分析大量的环境信息以减少管理者对环境不确定性的感知，并将企业看作是一个扫描环境信息数据、对数据赋予含义和基于解释实施反应的系统（Preble，2005；Dutton and Duncan，1987）。对于利益相关者的诉求，需要企业通过组织认知进行确认和判断，以做出及时、合适的反应决策。因此，企业对利益相关者压力的解释和认知对组织的反应具有重要的意义（Crilly et al.，2012）。一些学者的环境战略研究支持了企业对利益相关者利益诉求的反应与管理者的判断力之间的关系，企业是否感知到利益相关者压力会影响反应方式的选择。Henriques 和 Sadorsky（1999）通过对致力于环保的企业调查分析，发现企业对不同利益相关者的相对重要性的感知会影响企业的环境响应方式。Murillo－Luna 等（2008）对西班牙工业企业的研究表明，企业对利益相关者的环境诉求反应建立在管理者对利益相关者的认知基础之上。此外，另一些学者根据注意力基础观分析了组织如何实现对利益相关者压力的认知，提出注意力的差异导致不同的企业对利益相关者关系的认识是不同的，应考虑企业对利益相关者压力认知的差异性。Crilly 和 Sloan（2012）强调传统的利益相关者理论过于关注利益相关者的环境特征，并不能充分解释不同企业在相同环境背景下经营运作的差异性。他们还探讨了管理认知在企业将注意力放在利益相关者上的作用，发现高层管理者将企业与社会的关系概念化为一种认知逻辑，将潜在地使企业能够更好地同时应对多个利益相关者要求。Bundy 等（2013）将利益相关者压力看成是一个战略事项，从认知视角分析了利益相关者事项的显著性，认为企业将优先响应那些被注意到是显著的事项，从而探讨企业对利益相关者压力的反应机制。

二 利益相关者压力认知与企业反应

基于组织认知理论，企业对利益相关者压力的解释主要是根据对紧迫性（Dutton and Duncan, 1987）和可管理性（Ginsberg and Venkatraman, 1995）认知进行概念化的。

（一）紧迫性认知

紧迫性认知是指企业对利益相关者压力要求立即关注的程度，这是源自 Mitchell 等（1997）对利益相关者显著性维度的识别，包括两个方面认知：第一，时间敏感性，即企业对利益相关者要求的延迟不被接受的认知程度；第二，危急性，即利益相关者的资源对企业的重要性认知程度。实际上，高度紧迫的利益相关者要求会引起管理者的注意，这种紧迫性认知对企业是否响应利益相关者压力起着关键作用。一些学者认为，时间敏感性表现为企业对利益相关者压力的紧迫性认知。根据事项管理理论，管理者往往将紧迫性与当前的问题联系起来，通常会响应利益相关者当前问题的要求，而推迟或忽略利益相关者未来问题的请求，因为企业对这些问题不采取行动，事情往往会变得更坏（Dutton and Duncan, 1987）。特别是当利益相关者深切地关注某个问题时，它们就会不断地对企业施加压力，让企业认识到这个问题的紧迫性，向企业传达这个问题需要引起注意，从而会对企业产生时间压力，并要求立即响应。另一些学者则认为，利益相关者压力的紧迫性认知是基于对利益相关者压力的结果评估。例如，Agle 等（1999）、Dutton 等（1990）认为，如果利益相关者通过中断资源而产生的压力对企业所造成的损失是很大的，企业会将利益相关者压力看成是紧迫的。当这种损失使利益相关者与企业的关系处于非常危险的境地时，让企业认识到对利益相关者压力不反应的成本是很高的，企业就会高度关注利益相关者的要求，管理者也将更倾向于采取果断行动，否则将会导致关系的破裂或恶化（Dutton and Duncan, 1987;

Eesley and Lenox, 2006)。因此,当企业面临利益相关者压力越大,并认识到压力的紧迫性越高时,企业就越可能采取行动进行反应,以应对利益相关者压力所带来的威胁。

假设 H4 - 7:企业的紧迫性认知对利益相关者压力反应具有正向影响。

(二)可管理性认知

可管理性认知是指企业感到能够有效应对利益相关者压力的程度,反映出企业对利益相关者压力的乐观和积极解释(Dutton and Duncan, 1987; Dutton et al., 1990),包括两个方面认知:第一,可识别性,即企业感到通过努力可以有效地识别利益相关者压力;第二,可用性,即企业感到很容易找到可用于响应利益相关者压力的手段。虽然利益相关者压力的特点是高度不确定的,但当企业认识到利益相关者压力是可管理的,就会激发企业处理利益相关者压力的信心,并传达出自己有能力对压力进行反应。Kassinis、Vafeas(2006)和 Crilly 等(2012)发现,虽然管理者认识到利益相关者压力的威胁对企业产生了明显的负面影响,但是,他们仍然没有进行反应,从而给企业带来重大的损失,这可能是由于管理者在心理上感到无法控制(或管理)这些利益相关者压力所造成的。然而,利益相关者压力的可管理性并不是不可能的,企业不断增加外部环境扫描,在利益相关者压力的威胁出现之前,就察觉这种来自外部环境的干扰。这样,管理者能够预见将要发生什么,就会给他们一种可掌控和管理利益相关者压力的感觉,相信利益相关者压力所带来的威胁是可以避免的,这会导致他们"后面瞬间选择反应",因为可管理性减轻了管理者的焦虑。此外,根据 Dutton 和 Dunca(1987)、Ginsberg 和 Venkatraman(1995)的观点,企业响应利益相关者压力的成功率也将决定它们是否能够有效地实现对利益相关者压力进行管理。企业感到处理利益相关者压力的成功率越大,管理者往往会形成乐观的估计,承诺努力响应利益相关者压力的程度越大,对利益相关者压力反应的结果就越有信心,从而倾向于相信如果施加一些额外的努力,利益相关者压力是可以控制、纠正或扭转的。因此,如果管理者对利益相关者压力形成可管理性认知，企业反应的结果不是随机的，管理者甚至知道他们想要的理想结果。在这种情况下，企业不对利益相关者压力进行反应的决策将会被减少到最低限度。

假设 H4-8：企业的可管理性认知对利益相关者压力反应具有正向影响。

三 企业的可见性和脆弱性对利益相关者压力认知及其反应的影响

许多学者不仅关注企业的可见性对源自制度领域内的利益相关者压力的敏感性（DiMaggio and Powell，1983），而且认为脆弱的企业对利益相关者环境中的关键资源依赖也较为敏感（Pfeffer and Salancik，1978），这种敏感性有助于解释企业对利益相关者压力的认知及其反应。

（一）可见性与紧迫性认知

企业的可见性对环境刺激认知的敏感性，反映了企业有意识观察利益相关者压力的程度，涉及利益相关者压力紧迫性认知评估（Dutton et al.，1990；Goodstein，1994）。Dutton 和 Duncan（1987）及 Julian 等（2008）认为，可见的企业具有较高的曝光率，会吸引较多的利益相关者关注，导致它们处于利益相关者严密的监督之下，往往对利益相关者的评价或批评很敏感，容易使企业感知到来自利益相关者压力的紧迫性。这是因为，可见的企业为了获取合法性，有意愿来感知利益相关者事项对企业的影响，通过反复接触，与利益相关者更熟悉，容易认识到利益相关者的迫切要求，将有助于提高企业对利益相关者压力紧迫性认知。此外，利益相关者压力通常发生在社会背景下，考虑到企业处于公众视野中的组织是"理所当然"的，可见性为企业提供了基本的合法性（DiMaggio and Powell，1983），管理者相信企业应该对利益相关者负有责任，这种责任的属性也增加了对利益相关者压力的紧迫性认知。Chiu 和 Sharfman（2011）以及 Mitchell 等（1997）认为，对于有责任和合法的企业来说，管理者表现出较高程度的社会导向，面对来自利益相关者压力，企业会感到对压力的产生负有责任，将其视为越紧迫。同时，如果利益相关者压力没有获得回应,企业可能感到有责任进行响应。总之,企业在利益相关者中的可见性越高,就迫切需要发展和保持利益相关者的关系,从而导致对利益相关者压力紧迫性更加敏感,为了得到社会公众的认同,不太可能不采取行为进行响应。

假设 H4-9：企业的可见性对利益相关者压力紧迫性认知具有正向影响。

假设 H4-10：利益相关者压力紧迫性认知对企业的可见性与利益相关者压力反应关系具有中介影响。

（二）可见性与可管理性认知

可见的企业会促使管理者实现对利益相关者压力的可管理性认知,而不仅仅是由于责任性与合法性对紧迫性认知。企业对可管理性认知是基于假定,管理者已经获得对利益相关者压力的充足信息和理解,更可能从事利益相关者环境信息的收集,减少利益相关者和企业之间的信息不对称。Chiu 和 Sharfman（2011）以及 Brammer 和 Millington（2006）认为,可见性有利于企业获取有关利益相关者压力的信息,并利用这些信息,能够更好地了解、解释和处理所面临的压力。根据认知心理和管理决策理论,当管理者具有更多可用的信息,他们会经常对一个决策或判断更加自信和很少不确定,往往认为对利益相关者压力认知处于他们的管理之下,利益相关者压力反应的结果不是随机的,也可能获得有效的管理,因为企业觉得可以预测反应的结果（Dutton et al.,1990；Savage et al.,1991）。Dutton 等（1990）、Whiteman 和 Cooper（2011）强调可见的企业比不可见的企业更可能感知到利益相关者压力,并认为自己有能力构造对利益相关者压力的解释。也就是说,在可见的企业中,管理者认知水平可以较全面地推定企业与利益相关者之间的因果关系,他们感知到这种因果关系是可管理的,就能有效应对利益相关者压力所带来的威胁。所以,可见性除了导致对利益相关者更多的曝光,也意味着企业更可能预测或评估压力的变化、趋势和事件,准确地感知到利益相关者压力的可管理性,从而有助于企业采取行动进行反应。

假设 H4-11：企业的可见性对利益相关者压力可管理性认知具

有正向影响。

假设 H4-12：利益相关者压力可管理性认知对企业的可见性与利益相关者压力反应关系具有中介影响。

(三) 脆弱性与紧迫性认知

脆弱性通常是企业暴露于压力之下的敏感性和易于破坏性。一些学者对企业的脆弱性研究也涉及利益相关者中断提供资源风险的感知，认为对利益相关者压力的易感性才是企业的脆弱性概念的准确表达 (Julian et al., 2008)。虽然任何企业依赖利益相关者的资源而生存，但是，当企业相对于利益相关者处于弱势地位时，掌控不同重要性资源的利益相关者对企业会产生不同的影响。一般来说，尽管企业对与利益相关者有关的任何灾害或极端事件反应敏感，但企业的脆弱性主要是由最紧迫的利益相关者压力引起的。Agle 等 (1999)、Adger 等 (2004) 认为，脆弱性导致企业很难具有足够的承受能力，总是对控制最紧要资源的利益相关者具有很强的认知，这些利益相关者对企业的冲击易于造成严重的破坏或损失，如果管理者不进行反应，将使企业陷入危机与困境之中。所以，脆弱性使企业要对利益相关者压力所造成的威胁有预先的判断，在对利益相关者压力进行反应之前，要分辨出紧迫的和非紧迫的利益相关者压力。Buckle 等 (2001)、Bundy 等 (2012) 强调脆弱的企业面对紧迫的利益相关者压力发生危机的概率要大一些，忽略对这些利益相关者压力将使企业危机发生的可能性加大，利益相关者压力最终将以危机的形式出现。Whiteman 和 Cooper (2011)、Mitchell 等 (1997) 认为，脆弱性决定了企业在经常受到利益相关者压力的冲击下要坚持效用最大化的理性选择，把有限的资源用于应对最紧迫的利益相关者压力中去。因此，脆弱性使企业极易感知到利益相关者的攻击，认为任何负面影响都可能造成的压力，导致企业对利益相关者压力紧迫性的认知及其反应。

假设 H4-13：企业的脆弱性对利益相关者压力紧迫性认知具有正向影响。

假设 H4-14：利益相关者压力紧迫性认知对企业的脆弱性与利益相关者压力反应关系具有中介影响。

（四）脆弱性与可管理性认知

虽然脆弱性是企业自身所具有的内在属性，但对外呈现出敏感性特征，只有在外力干扰的作用下，也就是通常所说的遇到突发事件发生时才会表现出来。而利益相关者压力往往是引发脆弱性的导火线，促使企业脆弱性增加，不利于管理者对利益相关者压力形成可管理性的印象。Kassinis 和 Vafeas（2006）、Buckle 等（2001）认为，脆弱性导致企业对利益相关者压力的冲击非常敏感，极易超出其承受能力和弹性调节限度。所以，脆弱的企业无法及时、准确地预测未来可能面对的利益相关者压力所带来的不利影响，使管理者会感到无法控制管理，难以采取有效的措施应对压力，控制压力影响范围和程度。究其原因，关键在于脆弱性使企业不仅缺乏应有的适应性和灵活性，更重要的是，缺乏能够迅速从利益相关者压力的冲击中恢复过来的能力。此外，企业对利益相关者压力的可管理性认知与心理症状是密切相关的（Dutton et al., 1990）。从心理上说，脆弱性是企业对于所面临的事项的无知以及在响应过程中的心理恐慌。如果企业在利益相关者压力发生时易受到伤害和损失，固有的脆弱性将使其处于崩溃或绝望状态，直接致使部分或全部功能丧失，产生"所有石头会翻转"的感觉，心理恐慌导致管理者不能预见响应利益相关者压力将要发生什么（Kassinis and Vafeas, 2006; Thomas et al., 1993）。在这种情况下，管理者对利益相关者压力反应的结果是没有信心的。当管理者没有形成乐观的估计，不相信对利益相关者压力反应会取得成功，他们就会接受一个事实，利益相关者压力本质上是不可能管理的。因此，高脆弱性意味着，企业认识到不能很好地管理利益相关者的压力，不太可能相信能有效地做出回应。

假设 H4-15：企业的脆弱性对利益相关者压力可管理性认知具有负向影响。

假设 H4-16：利益相关者压力可管理性认知对企业的脆弱性与利益相关者压力反应关系具有中介影响。

四 动态能力的调节作用

资源依赖理论强调企业对外部资源的依赖性，而资源基础理论更强调企业自身所拥有的资源和能力，是动态能力产生和发展的基础。资源基础理论（Mahoney and Pandian，1992）的提出和蓬勃发展从根源上说明了企业各种资源是否具有动态能力影响利益相关者，以及在随后响应利益相关者压力中是如何发挥作用的。动态能力是指当企业面对不可预料的环境压力时，能够有效地整合、构建和重新配置内外部资源，以应对快速变化环境的能力（Teece et al.，1997，2007）。然而，任何可见的或脆弱的企业并非都能够对利益相关者压力做出有效和及时的反应，之所以出现这种情况，是因为不同企业在应对利益相关者压力的过程中，其动态能力所带来的环境适应性存在明显的差异。

根据 Miles 等（2007）、Dimaggio 和 Powell（1983）的观点，可见的企业要取得合法性，实现利益相关者对组织核心价值的认同，就必须与利益相关者不断地进行着信息交流，因为这种认同与组织中的规范密切相关，体现为企业与利益相关者共同的信念，需要不断地与利益相关者保持一致。在利益相关者压力下，如果管理者不能按照利益相关者的要求及时调整组织规范，那么企业将难以获得利益相关者的合法性认同（Brammer and Millington，2006；Chiu and Sharfman，2011）。但是，合法性的规范嵌入一个组织的情境中，组织规范、程序及信念交织在一起，管理者可能习惯于利用原有规范进行经营运作，并产生路径依赖，使规范成为惯性，导致企业响应利益相关者合法性要求十分困难。而动态能力作为企业用于应对环境变化的能力，可以通过主动创新，克服组织规范中的惯性，并搜寻利益相关者认同的规范体系，实现组织规范与利益相关者价值观的匹配（Helfat et al.，2007；Clemens and Douglas，2005）。所以，可见性的形成实际上就是企业在与利益相关者沟通中不断地进行合法性识别的过程，这将促使可见的企业必须在具有较高的动态能力的情况下，建立起一种开放的自适应系统，引导组织合法性的获取以及组织规范的重塑，从而积极应对利益相关者压力对企业的影响。

此外，企业通常对利益相关者的资源较为依赖，导致企业被利益相关者充当成人质而产生脆弱性，面临较差的谈判地位（Whiteman and Cooper, 2011; Murillo – Luna et al., 2008)。所以,脆弱的企业所需要的资源并不局限于自身的积累,必须加强与利益相关者的沟通和联系,满足利益相关者的要求,以获取关键的、有价值的利益相关者资源。但是,如果脆弱的企业只是试图获取利益相关者的资源,而缺乏动态能力,也很难使资源在企业与利益相关者之间自由流动。例如,Bowman 和 Ambrosini(2003)、Kates 等(2001)认为,相对于强调企业资源内部化积累而来的传统能力,动态能力通过其开放性促使脆弱的企业不断地获取利益相关者资源,并在企业资源与利益相关者资源之间起到了桥梁作用。也就是说,动态能力理论强调建立获取利益相关者资源的特殊能力,脆弱的企业所具有的动态能力越强,也就越有机会把利益相关者的资源引入企业内部。Murillo – Luna 等(2008)、Ramakrishnan 和 Sekar(2002)还认为,除获取利益相关者资源之外,这些资源不能得到有效的整合和配置,它们不仅将失去原有的价值,让企业变得更加脆弱,而且企业无法进行及时调整,使其有能力与利益相关者的要求相适应。因此,动态能力的提升是高度可见和脆弱的企业在利益相关者压力下生存发展的必要条件,只有这些企业具备足够的动态能力,才能对利益相关者压力做出比竞争对手更加迅速的反应。

假设 H4 – 17:动态能力对企业的可见性与利益相关者压力反应的关系具有正向调节影响。

假设 H4 – 18:动态能力对企业的脆弱性与利益相关者压力反应的关系具有正向调节影响。

动态能力在企业对利益相关者压力认知及其反应的形成也具有重要影响(Wu, 2006; Dutton and Duncan, 1987),因为企业动态能力的提升关键在于其认知能力,企业能否快速地认识到环境的变化,及时做出调整。企业对利益相关者压力紧迫性和可管理性的认知无疑是一个扫描、搜寻、识别和解释的感知行为(Barney, 1991; Julian et al., 2008)。对利益相关者来说,企业在发展动态能力时存在两个重要的认知挑战:一是企业需要积极主动地认识到利益相关者压力的紧迫性,选择最重要的压力并迅速投入资源;二是企业对利益相关者压力可管理性认知，需要具有解除已有认知中不正常的固化状态，减轻或消除对利益相关者压力可管理性的认知惯性。

Mitchell等（1997）、Teece（2007）认为，企业对利益相关者压力的紧迫性认知通常有助于识别机会和威胁，实现高质量决策。在动态环境下，利益相关者的压力总是快于管理者的注意和理解，高度紧迫的利益相关者压力通常导致在管理者注意到并理解它之前，可能已被企业忽视或者已对企业产生重大影响（Kacperczyk，2009；Agle et al.，1999）。这种紧迫性要求企业培育和拥有动态能力，来搜寻利益相关者压力中转瞬即逝的机会和威胁，通过动态能力来识别这样的机会和威胁，以及时快速地调整来应对利益相关者的压力。此外，动态能力在某种程度上也是企业快速做出高质量决策并推动企业投入资源迅速行动的能力，这一能力与Teece（2007）所强调的抓住机会或威胁能力的内涵相一致。即企业具有动态能力之后，一旦准确识别了环境中最重要的利益相关者压力所带来的关乎企业生死存亡的发展机会或可能威胁，就可以快速进行反应，迅速做出高质量的决策并有效执行。不少企业在面对利益相关者压力时，尽管识别出了最紧迫的利益相关者压力所带来的机会与威胁，但由于没有能力及时进行有效的反应（决策与执行），往往也难以取得成功。

从可管理性来看，企业形成利益相关者压力认知刚性或惯性是很多企业难以发起有效响应的症结所在，因此，在利益相关者压力下发展可管理性认知，也要求企业具有动态能力。利益相关者压力的可管理性认知能够鼓舞管理者，为企业明确方向。然而，Staw等（1981）、Dutton等（1990）认为，随着时间的推移，初始的利益相关者认知很可能变得不再具有足够的说服力，管理者决策也会过度依赖这种认知模式去感知和解释利益相关者压力信息，以至于忽略利益相关者压力认知的偏差，导致企业对利益相关者压力认知越来越倾向于可管理性，从而形成利益相关者压力认知的刚性。这时，在没有动态能力的情况下，管理者对利益相关者压力的敏感度就会下降，无法对这些利益相关者压力进行归因判断，难以采取有效的解决方案来应对利益相关者的压力（贺小刚等，2008；Dutton and Stumpf，1990）。

此外，利益相关者环境对任何有限理性的企业来说太复杂和不可预测，可管理性认知过程需要大量的有关利益相关者压力的信息（Crilly and Sloan，2012）。实际上，大量的扫描和搜寻活动都是动态能力建立的基础，所以，较高的动态能力能够使企业对利益相关者压力的可管理性认知过程承载大量的信息，进行精确解释并采取适应性反应，避免企业陷入可管理性认知刚性的悖论中。因此，动态能力强的企业在面对利益相关者压力时，能够及时发现对企业产生重要影响的最紧迫的利益相关者，辨识与把握利益相关者压力的可管理性，并有利于做出相应的反应。

假设 H4-19：动态能力对企业的紧迫性认知与利益相关者压力反应的关系具有正向调节影响。

假设 H4-20：动态能力对企业的可管理性认知与利益相关者压力反应的关系具有正向调节影响。

五　研究方法设计

（一）数据来源与收集

为了验证研究二中的相关假设，本研究利用"中国企业利益相关者压力及其反应现状调查问卷（二）"所收集的数据资料进行实证分析，探讨企业对利益相关者压力认知的中介影响及其动态能力的调节影响。值得注意的是，除了对企业的可见性和脆弱性及其利益相关者压力反应进行了测量，这份调查问卷还包括对利益相关者的概念及其紧迫性和可管理性认知。本研究主要在武汉、北京、上海、深圳、广州、十堰等城市选取了 500 家企业，先通过电话联系确认然后采取发电子邮件方式给企业主管填写，获得调查结果。研究一已经详细描述了有关调查问卷的设计、无效问卷剔除的过程，这里不再重复性说明。在剔除掉无效问卷后，得到有效问卷 289 份，有效问卷回收率为 57.80%。

（二）研究变量与测量

1. 紧迫性认知和可管理性认知

学术界衡量企业对利益相关者压力认知包括紧迫性认知和可管理性认知。紧迫性认知是参考 Agle 等（1999）、Mitchell 等（1997）的研究成果，通过综合整理，进行编制的，包括时间敏感性和危急性两个维度。时间敏感性由4个题项构成，采用企业对利益相关者要求的延迟不被接受的认知程度来测量，例如，"贵企业深切地感到对利益相关者关注的问题负有责任"。危急性由4个题项构成，通过利益相关者的资源对企业重要性的认知程度来测量，例如，"利益相关者会对贵企业产生重大影响，甚至使企业处于危险境地"。可管理性认知是借鉴Dutton和Duncan（1987）、Dutton等（1990）所提出的可识别性与可用性两个维度。可识别性由3个题项构成，采用企业感到通过努力可以有效地识别利益相关者压力的程度来测量，例如，"贵企业有足够的信心和能力能够获得来自利益相关者的信息"。可用性由4个题项构成，通过企业感到很容易找到可用于响应利益相关者压力手段的程度来测量，例如，"贵企业具有足够的资源或手段有效地对利益相关者关注的问题进行响应"。

2. 动态能力

动态能力的测量包括环境感知、资源整合和资源重构三个维度。环境感知是指企业察觉环境变化、识别机会和威胁的能力，是借鉴焦豪等（2008）、Teece（2007）、黄俊等（2010）的研究，通过4个题项来测量。例如，"贵企业能先于大多数竞争对手察觉行业发展趋势的变化"。资源整合是指企业内部活动的协调以及企业外部活动与技术的整合能力，是基于贺小刚等（2008）、Wu（2006）等的研究，采用4个题项来测量，例如，"贵企业各部门之间可以共享相关的资源与信息"。资源重构是指企业对现有资源的重组成能够与变化环境相适应的能力，是参考黄俊等（2010）、Wu（2006）、Teece（2007）等的观点，采取4个题项来测量，例如，"贵企业能够基于环境变化调整内部组织结构"。

3. 数据同源偏差检验

为了分析同源偏差的影响，本研究仍然采用哈曼单因子检验方法，对所有变量的题项进行未旋转的主成分因子分析。结果表明，共有9个因子的特征根值大于1，第一个因子解释的变异量只有28.43%，同源偏差问题并不严重。

4. 数据分析与处理

本研究采用 SPSS 19.0 和 AMOS 18.0 对数据进行分析处理。根据 Anderson 和 Gergbing (1988) 的观点，将主要采取以下两个步骤：首先，通过验证性因子分析来检验本研究中涉及的 6 个变量之间的构思效度；其次，根据 Baron 和 Kenny (1986) 提出的中介检验方法，采用层次回归模型以紧迫性认知、可管理性认知和利益相关者压力反应为自变量依次检验对因变量（可见性和脆弱性）及中介变量（利益相关者压力认知）的影响，并进行 Sobel 检验；最后，采用 Edwards 和 Lambert (2007) 提出的总效应调节模型，将调节效应和中介效应纳入同一个架构中分析动态能力对整个中介模型的调节效应。

六 研究结果

（一）测量模型的信度和效度

为了检验测量模型的信度和效度，本研究对企业的可见性、脆弱性、紧迫性认知、可管理性认知、动态能力和利益相关者压力反应进行验证性因子分析，结果如表 4-3 所示。从表 4-3 可以看出，六因子模型拟合度最好（$\chi^2 = 421.23$，df = 234，$\chi^2/df = 1.80$，CFI = 0.92，NFI = 0.96，IFI = 0.94，RMSEA = 0.04）。除检验六因子模型之外，我们还验证了其他情况的因子模型：五因子模型和四因子模型分别是将可见性和脆弱性合并为一个因子，或将紧迫性认知和可管理性认知合并为一个因子所形成的，三因子模型则合并了动态能力，单因子模型将六个变量全部合并。但是，与六因子模型相比，各项拟合指数较差，所以，六因子模型能够更好地代表测量模型的因子结构。

在验证性因子分析中，平均提取方差（AVE）可以用来考察模型的收敛效度和区别效度。从表 4-4 可以看出，各变量的 AVE 值集中在 0.56—0.80，均大于 0.5 的临界值，表明各变量具有较好的收敛效度。Fornell 和 Larcker (1981) 认为，如果要确保各个构念之间存在内涵上的差异，测量模型中每个变量的 AVE 平方根值都不能低于该变量与其他变量之间的相关系数。从表 4-4 也可以看出，每个变量的 AVE 平方根都比该行和该列的相关系数大，说明变量的区分效度得到验证，确实是六个不同的构念，将这些变量用于下一步分析是可行的。

表4-3　　　　　　　　组织注意力的验证性因子分析结果

模型	χ^2	df	χ^2/df	CFI	NFI	IFI	RMSEA
六因子模型：VI, VU, UR, MA, DC, SR	421.23	234	1.80	0.92	0.96	0.94	0.04
五因子模型：VI+VU, UR, MA, DC, SR	588.27	240	2.45	0.89	0.84	0.88	0.06
五因子模型：VI, VU, UR+MA, DC, SR	609.73	240	2.54	0.84	0.78	0.82	0.08
四因子模型：VI+VU, UR+MA, DC, SR	668.52	242	2.76	0.73	0.75	0.76	0.10
三因子模型：VI+VU+DC, UR+MA, SR	725.31	245	2.96	0.65	0.67	0.70	0.13
三因子模型：VI+VU, UR+MA+DC, SR	772.49	245	3.15	0.69	0.72	0.74	0.11
单因子模型：VI+VU+DC+UR+MA+SR	997.30	247	4.04	0.55	0.63	0.66	0.19

注：VI表示可见性；VU表示脆弱性；UR表示紧迫性认知；MA表示可管理性认知；DC表示动态能力；SR表示利益相关者压力反应。

此外，本研究用Cronbach's α系数和组合信度（Composite Reliability，CR）两个指标来检验信度。从表4-4可以看出，本研究涉及的六个主要变量Cronbach's α系数在0.74—0.95，均高于最低标准0.7，说明这些变量的测量均具有良好的内部一致性，量表具有较高的信度。组合信度主要是评价一组潜在构念指标的一致性程度。根据Bagozzi和Yi（1988）的观点，CR值在0.60以上，表示潜在构念在显变量之间的组合信度良好。本研究涉及的六个主要变量的CR值在0.74—0.94，均大于0.60设限标准，所以，测量模型组合信度也较为理想。

（二）变量的描述性统计分析

本研究涉及主要变量为企业的可见性和脆弱性、紧迫性认知和可管理性认知、动态能力以及利益相关者压力反应，描述性统计分析如表4-4所示。从表4-4可以看出，企业与利益相关者互动中的可见性和脆弱性与紧迫性认知、可见性和可管理性认知之间均显著正相关；脆弱性与可管理性认知之间均显著负相关；可见性和脆弱性与利益相关者压力反应之间均显著正相关；紧迫性认知和可管理性认知与利益相关者压力反应之间均显著正相关，这为研究假设提供了初步的支持。

表4-4 描述性统计变量、相关系数、一致性系数、CR和AVE值

变量	Cronbach's α	CR	AVE	均值	标准差	变量相关系数矩阵					
						1	2	3	4	5	6
1. 可见性	0.90	0.91	0.63	2.85	1.38	(0.79)					
2. 脆弱性	0.83	0.83	0.56	3.26	1.07	0.07	(0.75)				
3. 紧迫性认知	0.92	0.94	0.67	3.08	1.13	0.40***	0.45***	(0.82)			
4. 可管理性认知	0.95	0.94	0.58	2.64	0.91	0.14*	-0.31***	-0.06	(0.76)		
5. 动态能力	0.74	0.74	0.74	2.87	0.85	0.28**	-0.06	0.19*	0.10	(0.86)	
6. 企业利益相关者反应	0.85	0.88	0.80	1.93	0.53	0.19*	0.21**	0.55***	0.47***	0.15*	(0.89)

注：N=289；斜对角为各研究变量的AVE的平方根；显著性水平 *p<0.05，**p<0.01，***p<0.001；变量相关系数矩阵用序号代替变量。

(三) 假设检验

由于企业的可见性和脆弱性对利益相关者压力的认知及其反应的影响理论模型中各变量之间的因果关系比较复杂,在数据分析时,采用多元回归方法,忽略了模型整体变量间的相互作用,所以,本研究采用结构方程模型分析软件 AMOS18.0,对整体模型进行假设检验。

1. 直接效应的检验

本研究以企业的可见性和脆弱性为自变量,利益相关者压力反应为因变量构建结构方程模型,该模型的 χ^2 值为 276.36,χ^2/df 为 1.34,CFI、NFI 和 INF 分别为 0.93、0.96 和 0.95,各项指标均在 0.90 以上,并且近似误差的均方根 RMSEA 为 0.03,小于 0.05,这说明直接效应检验模型的拟合度符合要求,验证后的企业可见性和脆弱性与利益相关者压力之间的路径系数如图 4-2 所示。从图 4-2 可以看出,企业的可见性和脆弱性都对利益相关者压力反应具有正向影响,标准化路径系数分别为 0.17 和 0.20,在 0.05 的显著性水平下显著,所以,假设 H4-1 和假设 H4-2 得到了验证。

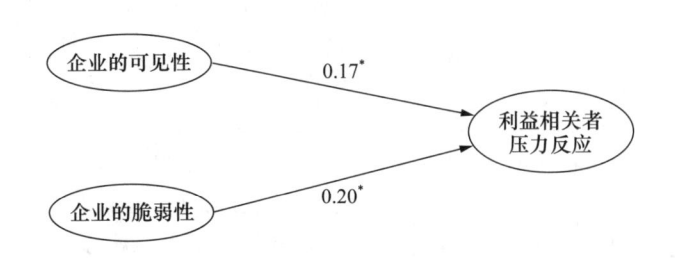

图 4-2 直接效应的检验结果

注:控制变量是企业规模和企业年限;*$p<0.05$,**$p<0.01$,***$p<0.001$。

2. 中介效应的检验

为了分析利益相关者压力紧迫性和可管理性认知的中介作用,我们将基准模型(完全中介模型)与另外四个竞争模型(三个部分中介模型和修正后的中介模型)进行比较分析,结果如表 4-5 所示。从表 4-5 可以看出,这些模型的拟合度指标尚可接受,需要进行卡方检验比较模型的优劣。通过比较嵌套模型,首先发现模型 1(基准模型）与模型 2 [$\Delta\chi^2(1) = 1.73$, $p > 0.05$]、模型 3 [$\Delta\chi^2(1) = 2.55$, $p > 0.05$] 和模型 4 [$\Delta\chi^2(2) = 3.70$, $p > 0.05$] 差异不显著，这三个竞争模型是部分中介模型，所以，根据简约性原则，我们取路径较少的模型 1。在模型 1 中，企业的可见性对利益相关者压力可管理性认知的影响并不显著，所以，去除这条路径之后，修正了中介模型，我们建立了模型 5。其次，再将模型 1 与模型 5 比较，结果发现，模型差异也不显著 [$\Delta\chi^2(0) = 2.84$, $p > 0.05$]，但是，模型 5 比模型 1 更为简约，且拟合度指数更好。因此，模型 5 是最佳匹配模型，如图 4-3 所示。

表 4-5　　　　　　　　结构方程模型比较结果

模型	χ^2	df	χ^2/df	RMSEA	CFI	NFI	IFI	$\Delta\chi^2$
模型 1：完全中介模型（基准模型）	413.78	216	1.92	0.04	0.94	0.90	0.93	
模型 2：部分中介模型	412.05	215	1.92	0.04	0.94	0.90	0.93	1.73^{NS}
模型 3：部分中介模型	411.23	215	1.91	0.04	0.94	0.90	0.93	2.55^{NS}
模型 4：部分中介模型	410.08	214	1.92	0.04	0.94	0.90	0.93	3.70^{NS}
模型 5：修正后的中介模型	410.94	216	1.90	0.03	0.95	0.94	0.95	2.84^{NS}

注：模型 1：完全中介模型，即基准模型；模型 2：在模型 1 基础上增加企业的可见性→利益相关者压力反应；模型 3：在模型 1 基础上增加企业的脆弱性→利益相关者压力反应；模型 4：在模型 1 基础上同时增加企业的可见性和脆弱性→利益相关者压力反应；模型 5：在模型 1 基础上增加企业的脆弱性→利益相关者压力反应；控制变量是企业规模和企业年限；在所有模型中都包括控制变量对利益相关者压力反应的影响。

从图 4-3 可以看出，除企业的可见性与利益相关者压力反应的关系不显著之外，其他的路径关系都通过了显著性检验。从初步的中介分析结果来看，企业的紧迫性和可管理性认知作为本研究所涉及的中介变量对利益相关者压力反应均具有显著的正向影响，但是，由于企业的可见性对利益相关者压力反应的直接影响不显著，所以，企业的可见性必须通过紧迫性认知才能起到显著的间接作用。同时，企的脆弱性还会对利益相关者压力的紧迫性和可管理性认知产生显著的正向影响。假设 H4-7、假设 H4-8、假设 H4-9、假设 H4-13 和假设 H4-15 得到支持，而没有支持假设 H4-11。

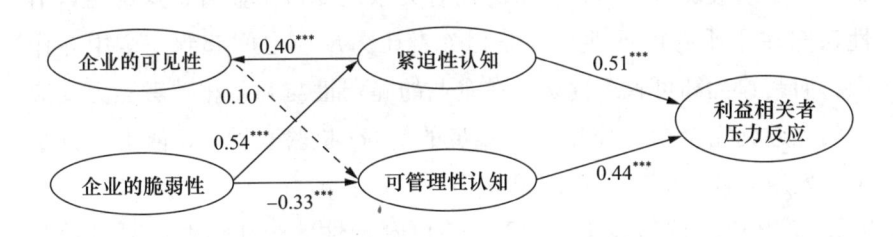

图 4-3　最佳匹配模型结果

此外，为了进一步验证利益相关者压力的紧迫性和可管理性认知在模型中究竟是否起到中介效应。因此，有必要通过 Sobel 检验（Z 值）中介变量的中介效应，并根据 Baron 和 Kenny（1986）提出的中介检验方法进行分析，中介效应的检验结果如表 4-6 所示。

表 4-6　　　　　　　　中介效应的检验结果

因变量	利益相关者压力反应			
中介变量	紧迫性认知		可管理性认知	
自变量	企业的可见性	企业的脆弱性	企业的可见性	企业的脆弱性
a	0.40***	0.10	0.54***	-0.33***
b	0.51***	0.44***	0.51***	0.44***
c	0.17*	0.20*	0.17*	0.20*
c′	0.04	0.07	0.04	0.07
Z	3.02*	0.58	2.95*	3.14*

注：a 表示自变量与中介变量之间的系数，b 表示中介变量与因变量之间的系数，c 表示只有自变量与因变量之间的系数，c′ 表示加入中介变量之后自变量与因变量之间的系数；Sobel 检验值 $Z = \bar{a}\bar{b}/\sqrt{\bar{a}^2 s_{\bar{b}}^2 + \bar{b}^2 s_{\bar{a}}^2}$，其中，$\bar{a}$ 和 $\bar{b}$ 分别是 a 和 b 的估计，$s_{\bar{a}}$ 和 $s_{\bar{b}}$ 分别是 $\bar{a}$ 和 $\bar{b}$ 的标准误；显著性水平 $*p<0.05$，$**p<0.01$，$***p<0.001$。

从表 4-6 可以看出，Baron 和 Kenny（1986）的中介效应检验结果表明，在企业的可见性与利益相关者压力反应的关系中，紧迫性认知作为中介变量被加入以后，原来的显著关系变得不显著；而在企业的脆弱性与利益相关者压力反应的关系中，紧迫性和可管理性认知作为中介变量被加入以后，原来的显著关系也变得不显著，这说明紧迫性认知在企业的可见性与利益相关者压力反应之间起到完全中介作用，而紧迫性和可管理性认知在企业的脆弱性与利益相关者压力反应之间也起到完全中介作用。进一步的 Sobel 检验表明，Z 值也支持了中介效应（Z = 3.02，p < 0.05；Z = 2.95，p < 0.05；Z = 3.14，p < 0.05）。因此，除假设 H4 – 12 中的可管理性认知在企业的可见性与利益相关者压力反应之间的中介效应未得到支持之外，假设 H4 – 14、假设 H4 – 10 和假设 H4 – 16 得到支持。

3. 动态能力的调节作用

根据 Edwards 和 Lambert（2007）的方法，本研究采用总效应调节模型以便更完整地分析动态能力对于整个中介模型的调节效应。结合上述的中介效应分析结果，建立一系列回归方程。首先，以可见性为前因变量：①采用可见性、动态能力、可见性×动态能力来预测紧迫性认知；②可见性、紧迫性认知、动态能力、可见性×动态能力、紧迫性认知×动态能力来预测利益相关者压力反应。其次，以脆弱性为前因变量：①采用脆弱性、动态能力、脆弱性×动态能力来预测紧迫性认知；②采用脆弱性、动态能力、脆弱性×动态能力来预测可管理性认知；③脆弱性、紧迫性认知、可管理性认知、动态能力、脆弱性×动态能力、紧迫性认知×动态能力、可管理性认知×动态能力来预测利益相关者压力反应。最后，计算出各个回归系数以及效应：第一阶段：前因变量（可见性和脆弱性）到中介变量（紧迫性认知和可管理性认知）的回归系数；第二阶段：中介变量（紧迫性和可管理性认知）到结果变量（利益相关者压力反应）的回归系数；直接效应：前因变量（可见性和脆弱性）到结果变量（利益相关者压力反应）的回归系数；间接效应：第一阶段与第二阶段的回归系数相乘；总效应：直接效应与间接效应相加；差异：高动态能力（高于 1 个标准差之上）情况下的系数或效应减去低动态能力（低于 1 个标准差之下）情况下的系数或效应所得的差。

为了检验间接效应、总效应和差异的显著性，将采用拔靴法以本研究中的 289 个样本作为原始样本，首先采取有放回的抽样方式从原始样本中随机抽取 289 个样本，共抽得 1000 组样本，由此计算出 1000 组对于单纯路径系数、间接效应和总效应的估计值。然后，通过这 1000 组估计值，导出偏差校正置信区间。最后，根据这些置信区间来确定各单纯路径系数、间接效应、总效应及差异的显著性，分析结果如表 4-7 和表 4-8 所示。

表 4-7　动态能力调节效应分析结果（以可见性为前因变量）

阶段与效应	低动态能力	高动态能力	差异
第一阶段： 可见性→紧迫性认知	0.41***	0.50***	0.09
第二阶段： 紧迫性认知→利益相关者压力反应	0.35***	0.62***	0.27**
效应：			
直接效应	0.09	0.16*	0.07
间接效应	0.14*	0.31***	0.17*
总效应	0.23**	0.47***	0.24**

注：在分析之前，所有变量均已做中心化处理；表中的数字为标准化的回归系数；高动态能力是指高于 1 个标准差的情况，低动态能力是指低于 1 个标准差的情况，差异是指高动态能力与低动态能力之间的差；显著性水平 $*p<0.05$，$**p<0.01$，$***p<0.001$。

从表 4-7 可以看出，就企业的可见性对利益相关者压力反应的影响来说，无论动态能力的高低，紧迫性认知对于企业的可见性与利益相关者压力反应的关系均具有完全中介效应。在动态能力高的情况下，紧迫性认知对利益相关者压力反应的正向影响较强（$\beta=0.62$，$p<0.001$）；在动态能力低的情况下，紧迫性认知对利益相关者压力反应的正向影响较弱（$\beta=0.35$，$p<0.001$），两者的差异也显著

（0.27, p<0.01）。从间接效应来看，通过紧迫性认知传递的间接效应的差异达到显著性水平（0.17, p<0.05），并且总效应的差异也显著（0.24, p<0.01）。

表4-8　动态能力调节效应分析结果（以脆弱性为前因变量）

阶段与效应	低动态能力	高动态能力	差异
第一阶段：			
脆弱性→紧迫性认知	0.48***	0.55***	0.07
脆弱性→可管理性认知	-0.32***	-0.47***	-0.15*
第二阶段：			
紧迫性认知→利益相关者压力反应	0.35***	0.62***	0.27**
可管理性认知→利益相关者压力反应	0.40***	0.59***	0.19*
效应：			
直接效应	0.11	0.17*	0.06
间接效应			
紧迫性认知为中介	0.17*	0.34***	0.17*
可管理性认知为中介	-0.13*	-0.28**	-0.15*
总效应	0.15*	0.23**	0.08

注：同表4-7。

从表4-8可以看出，就企业的脆弱性对利益相关者压力反应的影响来说，在动态能力高或低两种情况下，紧迫性认知和可管理性认知在企业的脆弱性与利益相关者压力反应之间均起完全中介作用。此外，紧迫性认知和可管理性认知对利益相关者压力反应的正向影响的差异都显著（0.27, p<0.01；0.19, p<0.05）。从间接效应来看，通过紧迫性认知和可管理性认知传递的间接效应的差异均达到了显著性水平（0.17, p<0.05；-0.15, p<0.05），但总效应及其差异却不显著。因此，结合表4-7和表4-8的结果，假设H4-17、假设

第四章 企业的可见性和脆弱性对利益相关者压力反应的影响

H4-19 和假设 H4-20 得到支持,而假设 H4-18 没有得到验证。

七 结果讨论

本研究的目的在于,试图从组织认知这一角度来探讨企业对利益相关者压力的反应,将利益相关者压力紧迫性和可管理性认知纳入同一中介机制之内,讨论企业的可见性和脆弱性对利益相关者压力反应的影响。研究结果表明,企业的可见性和脆弱性对利益相关者压力反应的影响基本上是通过利益相关者压力认知的中介作用来传递的,说明组织认知确实在企业对利益相关者压力的反应过程中扮演着十分重要的角色,只有准确、充分地认识到利益相关者压力的特点,才有可能做出快速而有效的反应。这一结论可以看作是对研究有关基于社会嵌入对利益相关者压力反应研究的有益补充。

值得注意的是,本研究发现,企业的可见性对利益相关者压力反应的影响只是受到紧迫性认知的完全中介作用。企业的可见性对利益相关者压力紧迫性认知有着直接的正向影响,而却对利益相关者压力可管理性认知没有直接的显著影响。这可能是因为,虽然一些研究指出,企业的可见性与组织规模有关,大型企业通常是公开可见的,但是,这并不意味着这些企业一定会投入更多的资源到对利益相关者环境扫描中,使其有能力预测或评估利益相关者的压力,以有效地管理和控制这些压力。然而,利益相关者压力通常发生在社会背景下,随着企业经历越来越多地来自合法性和责任性的压力,公众相信可见的企业应该对利益相关者负有责任,这种责任的属性增加了企业对利益相关者压力的紧迫性认知。这与 Chiu 和 Sharfman(2011)及 Mitchell 等(1997)的观点是一致的,即可见性有助于企业对利益相关者压力紧迫性认知,因为根据制度理论,可见性促使企业有责任感知环境刺激。此外,本研究还证明,企业的脆弱性对利益相关者压力反应的影响完全是借助于紧迫性和可管理性认知的中介作用来传递的。这就支持了 Buckle 等(2001)、Dutton 等(1990)的研究,即当企业的脆弱性越高,面对来自利益相关者的压力时,越有动机发展和保持利益相关者的关系,同时对利益相关者压力认知更加敏感,进而导致企业对利益相关者进行反应。

正如我们所假设的那样，企业的动态能力正向调节了紧迫性和可管理性认知对利益相关者压力反应，从而验证了 Teece（2007）、Dutton 和 Duncan（1987）提出的企业的组织认知与能力之间的平衡，也意味着企业基于对利益相关者压力认知及其反应需要一定条件，要求企业具有动态的能力。此外，动态能力对可见性与企业利益相关者压力反应的关系存在正向调节效应，而对脆弱性与企业利益相关者反应关系的调节效应不显著。这一结果与以往学者的研究结果有些不一致（Farjoun and Starbuck，2007），其可能的原因主要为以下两点：

其一，动态能力本身并不必然引起企业对利益相关者压力进行反应，但动态能力的建设需要企业投资很多的资源，这些会给企业带来额外的负担，进一步导致脆弱的企业没有足够的资源对利益相关者压力进行反应，从而可能会抵消动态能力所带给企业对利益相关者压力的影响。

其二，利益相关者压力导致不可预料的环境变化，当企业的脆弱性突然被利益相关者压力激发出来，往往带来的都是较为严重的后果，可能立刻就导致企业整个体系崩溃，即使企业具有较强大的动态能力，这种打击的突然性也无法有效地应对利益相关者压力。而相对于脆弱的企业来说，企业的可见性往往与组织规模有密切的关系。大企业通常具有较高的可见性，丰富的资源和较大的经营规模，使它们具有的动态能力能够支撑起对利益相关者压力的反应。

第三节 讨论及其管理意义

一 理论贡献

在企业与利益相关者这一复杂的互动过程中，企业应该如何把握复杂多变的利益相关者压力？如何对利益相关者压力进行反应？要回答这两个问题，一个十分重要的前提，就是正确地认识企业与利益相关者互动中的可见性和脆弱性。针对这两个基本的企业特征，国外学者已经进行了一些理论和实证探讨。其中，一些学者尝试探索利益相关者压力下企业的可见性，但企业对利益相关者压力的反应集中表现为履行社会责任行为，如 Brammer 和 Millington（2004）、Udayasankar（2008）、Chiu 和 Sharfman（2011）等。Brammer 和 Millington（2004）认为，较高的可见性促使企业为了取得社会认同或合法性更多地采取具有社会责任感的活动，因为它们在利益相关者和社会严格的监督之下想要更好地成为企业公民。而另一些学者则主要基于某一类利益相关者开展企业脆弱性研究，如 Goodstein（1994）、Nickerson 和 Silverman（1998）、Rehbein 等（2004）。Goodstein（1994）认为，女员工比例较高的企业在受到外部压力时更脆弱，因而采取默认态度响应来自员工的工作和家庭问题。尽管国外学者都承认应该将可见性和脆弱性视为企业对利益相关者压力反应的前因变量，但是，将这两个企业特征结合起来的研究及其相关的实证研究还较少（Julian et al., 2008；Pfeffer and Salancik, 1978）。所以，更需要基于中国背景将企业与利益相关者互动中所表现出来的可见性和脆弱性整合在一个框架中，同时分析这两个企业特征对利益相关者压力反应的影响。

事实上，利益相关者压力从组织认知角度理解，可以说是一种环境刺激，利益相关者压力能否引起企业反应，要看压力能否被企业正确地认知和解释（Henriques and Sadorsky, 1999；Bosse et al., 2009）。一些学者进一步提出，随着可见性和脆弱性不断增强，企业必须提高对利益相关者压力的认知能力，当它们认识到利益相关者压力是紧迫的和可管理的，企业对利益相关者压力反应的积极性就会增加。其中，虽然 Julian 等（2008）认为，企业对利益相关者压力的反应不仅取决于它们的可见性和脆弱性，还取决于它们对利益相关者压力的紧迫性和可管理性认知，但遗憾的是，没有明确地将利益相关者压力的认知作为中介变量来进行假设验证。此外，另一些学者则认为，企业只具有静态的资源还无法有效地应对利益相关者的压力，需要引入新的变量来维持企业对利益相关者压力的认知及其反应，这一变量就是动态能力。没有动态能力的支撑，企业就无法适时地认知利益相关者压力并调整自己的能力来响应利益相关者压力。但是，Julian 等（2008）只是将动态能力视为前因变量，而没有探讨动态能力作为调节变量对企业响应利益相关者压力过程的影响，忽略了动态能力的边界条件所发挥的作用和不同企业在动态能力方面的差异。

根据以上分析，本书基于社会嵌入理论和组织认知理论有助于更深刻地理解企业的脆弱性和可见性对利益相关者压力反应影响的过程（见图 4-4），其理论贡献表现在五个方面：

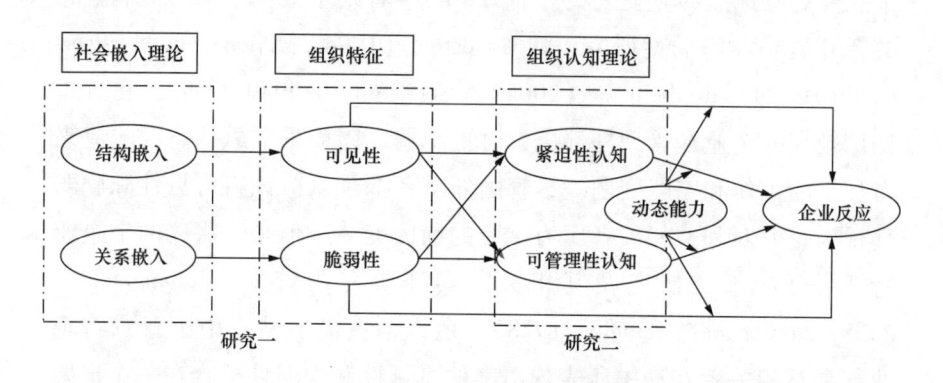

图 4-4 整体理论框架

第一，现有的利益相关者压力研究集中在 Mitchell 提出的权力性、合法性和紧迫性这三个利益相关者特征上（Agle et al., 1999; Eesley and Lenox, 2006），而国内很少有学者从组织特征角度对利益相关者压力进行分析。尽管部分西方学者不仅提出了企业的可见性和脆弱性特征，而且分析了利益相关者压力的紧迫性和可管理性认知，预测对利益相关者压力反应的影响，但是，各个研究对相关变量测量的维度和题项内容并不一致，而且多是采用替代变量。Julian 等（2008）分别采用组织规模（或社会地位）和二分替代变量来测量企业的可见性和脆弱性，运用单维度变量测量利益相关者压力的可管理性认知，而Eesley 和 Lenox（2006）则采用二分替代变量测量紧迫性认知，只强调紧迫性的时间敏感性维度。本研究通过企业受到不同利益相关者的注意及其依赖的程度对可见性和脆弱性进行测量，采用时间敏感性和危急性两个维度测量企业对利益相关者压力的紧迫性认知，提出了利益相关者压力可管理性认知的可识别性和可用性维度，具有较好的信度和效度，从而使其获得的研究结论更具有普遍意义，也为未来中国学者深入开展利益相关者压力的实证研究提供了有效的测量工具。

第二，大多数研究都承认企业嵌入在利益相关者所构成的网络之中，嵌入类型也相应划分为结构嵌入和关系嵌入，但是，这些成果对利益相关者网络形成过程的探讨只是处于理论层面。我们则将企业置于由利益相关者组成的结构性网络和关系性网络情境之下，将企业在网络中所表现出来的可见性和脆弱性整合在一个分析框架中，分析这两个企业特征对利益相关者压力反应的中介影响。

第三，企业对利益相关者压力的认知及其反应高度依赖情境的复杂活动，既要考虑企业特征的独特性，又要考虑其所处的独特行业环境。而Julian等（2008）的理论说明和假设推导只是基于美国的饭店行业背景，这样的单一行业环境中得出的论断，忽略了行业因素发挥作用的条件，存在很大的局限性。本研究将研究对象从饭店行业拓展至中国情境下的多个行业进行实证检验，进一步深化了相关理论的解释范围，提升了理论普适性和应用价值。换言之，即使脱离美国食品行业这一具体情境，本研究的理论框架仍然对处于其他行业环境下企业响应利益相关者压力具有启示意义，并且为后续研究进一步比较检验不同行业环境下企业响应利益相关者压力的差异奠定了基础。

第四，虽然组织认知理论强调企业对利益相关者压力会形成紧迫性和可管理性认知，提出形成有效的认知机制是企业响应利益相关者压力的必要条件，但是，关于企业的可见性和脆弱性对利益相关者压力认知的影响，以及利益相关者压力认知对企业反应的影响的论断是互相独立的，并没有深入分析利益相关者压力认知在其中所起到的中介作用。而本研究以紧迫性和可管理性认知为中介变量，探讨企业的可见性和脆弱性对利益相关者压力反应的影响机制，并通过实证研究直接检验了这一作用机制的具体中介路径，完善了前人在利用组织认知理论解释企业对利益相关者压力反应的理论框架，进一步丰富了利益相关者压力的研究理论。

第五，动态能力作为企业应对环境刺激的重要边界条件，也是企业的资源在利益相关者压力下发挥作用的关键因素，但是，相关研究忽视了企业的动态能力对利益相关者压力认知及其反应的调节影响。本研究分析了动态能力在企业的可见性和脆弱性—紧迫性和可管理性认知—利益相关者压力反应之间的"两阶段"关系中的调节作用，从理论和实证角度解释了可见和脆弱的企业面对利益相关者压力是如何由于动态能力的差异而导致产生不同的反应，以及动态能力的差异是如何导致企业对利益相关者压力特点认知及其反应产生不同的影响。这一结果更好地回应了当前关于动态能力到底在利益相关者压力研究中是调节变量还是驱动因素的争论，指出需要将其视为企业内生的调节变量，而非简单的前因变量，进一步强化了有关动态能力对利益相关者压力反应影响的研究。

二 实践意义

本书对于我国企业处理好国内的利益相关者环境，提高其在利益相关者压力下组织的反应能力，谋求企业的长期生存发展在实践中都具有重要的意义。

第一，企业在利益相关者网络中的可见性和脆弱性分别传导结构嵌入和关系嵌入对利益相关者压力反应的影响，并且结构嵌入对利益相关者压力的反应还具有直接影响。企业不仅需要在利益相关者网络中占据最中心的结构位置，而且也要试图尽可能地与利益相关者建立多方联系，从而具有更多机会获取关键资源和信息，以提高自己在整个网络中对利益相关者的可见性和吸引力。同时，企业与利益相关者的关系由于"过度嵌入"不可避免地存在脆弱性，所以，企业也应该关注关系嵌入的"黑暗面"，积极维持与利益相关者关系的稳定性，以避免这种关系破裂的风险，导致利益相关者中断资源的提供。

第二，虽然可见性不会使企业产生对利益相关者压力的可管理性认知，并且企业的脆弱性对利益相关者压力可管理性认知也是负向的，但还是可以形成对利益相关者压力紧迫性认知，从而传导对利益相关压力反应的正向影响。所以，当企业在利益相关者互动时是可见和脆弱的，通常受到来自大量利益相关者的更多关注以及利益相关者压力所带来的脆弱性时，就必须提醒这两种企业中的管理者在资源相对有限的情况下，要针对所在利益相关者环境的实际情况，应该将精力主要放在识别利益相关者压力对企业的紧迫程度，明晰各种利益相关者压力的主次和轻重缓急，而不是过多地考虑投入资源来提高企业的环境信息分析能力，搜索利益相关者的信息数据，以减少对利益相关者压力不确定性的感知，追求对利益相关者压力的可管理性认知。这样，企业才能避免试图对多个利益相关者压力进行控制和管理而导致资源分散，有针对性地选择最紧迫的利益相关者压力作为响应的对象，进而争取响应利益相关者压力的主动权，降低对利益相关者压力的反应成本，从疲于应付的状态中解脱出来，使企业有能力应对利益相关者环境的压力，并最终构建起企业对利益相关者压力反应的有效机制。

第三，企业的动态能力可以加强可见性对利益相关者压力反应的正向影响，但对脆弱性与利益相关者压力关系的调节影响并不显著。这一研究结果对企业的实践意义是，管理者要注意到，对于试图拥有动态能力的企业而言，可见性和脆弱性对企业利益相关者压力反应的影响具有显著的差异。企业在相对可见且资源充足的情况下，加强自身的动态能力来提高对利益相关者压力进行反应的能力将是一个很好的选择。而陷入缺乏资源的境地且变得相当脆弱的企业在面对利益相关者压力时，虽然需要得到利益相关者的支持，但通过投入大量资源构建企业的动态能力以获取急需的利益相关者资源在这时并不是明智之举。所以，在高度脆弱的情况下，企业如果一味地构建自己的动态能力来促进对利益相关者压力进行反应的效果是有限的，这其实在某种程度上是对其能力和反应决策的否定。

第四，动态能力在企业对利益相关者压力的紧迫性和可管理性认知及其反应都具有正向调节影响，这说明动态能力作为企业重要的正向能量，提高了企业对利益相关者压力的认知与理解水平，并为企业响应利益相关者压力起到了积极的作用。所以，为了促进企业对利益相关者压力进行反应，管理者应在提高对利益相关者压力的紧迫性和可管理性认知的同时，还必须全面了解企业动态能力的状况。此外，在好高骛远的反应行动与捉襟见肘的动态能力发生不匹配的时候，也往往无法形成有效的执行力，容易使企业对利益相关者压力的反应处于停滞状态，从而出现"高认知—低执行"的局面。而当企业对利益相关者压力的认知程度不高时，动态能力的调节作用能够在一定程度上弥补利益相关者压力认知程度不高的劣势。因此，就企业响应利益相关者压力的实际效果而言，通过动态能力提升的作用放大紧迫性和可管理性认知对企业响应利益相关者压力的积极影响效果是较为快捷有效的路径。就提升企业响应利益相关者压力的能力而言，既可以通过提升其利益相关者压力的认知，也可以从提升动态能力入手，更可以双管齐下。

三　研究局限性以及未来研究方向

本书的研究局限以及未来的研究方向主要表现在以下五个方面：

第一，企业对利益相关者压力的反应机制是一个复杂的过程，本研究仅仅从制度理论和资源依赖理论两个方面探讨了企业在利益相关者网络中的可见性和脆弱性两个特征变量作为中介变量对利益相关者反应的影响。但是，企业在利益相关者网络中所表现出的特征是多方面的，可见性和脆弱性可能并不能全面反映这些方面，所以，未来研究可以进一步深入地分析影响企业对利益相关者压力反应的其他中介变量。同时，在调节变量方面，本研究只关注了冗余资源这一情境因素的作用，可能还存在很多其他变量也对企业利益相关者压力反应起着调节作用，需要学者在未来研究中进行进一步探讨。

第二，各变量的测量都采用被调查者自我报告的形式，单一数据来源可能会引致共同方法偏差问题。尽管Harman单因素检验表明共同方法偏差对本研究结论没有造成重大影响，但是，未来的研究应该从每一被调查者所在组织的多个数据来源以及从不同的信息源获得数据来评价企业的结构嵌入和关系嵌入、可见性和脆弱性、冗余资源以及利益相关者压力反应。

第三，在研究设计方面，本研究只是采集同一时点上的数据对多变量进行的横截面研究，有可能限制我们对企业的利益相关者压力反应的动态过程的理解，使我们不能准确地反映各变量之间的因果关系。尽管横断面研究并不会影响调节效应分析的结果，但是，未来研究可以考虑对自变量、中介变量和因变量的测量采用多时点的纵向研究，对研究问题做出更为严格的检验，以揭示企业的可见性和脆弱性对利益相关者压力反应的中介作用的时间效应。

第四，虽然本研究从实证角度基于社会嵌入和组织认知理论通过问卷调查及统计分析了企业的可见性和脆弱性对利益相关者压力反应的影响过程，但是，我们仍必须进一步对这一过程进行深入的案例剖析，研究企业在利益相关者网络中的社会嵌入程度是如何影响其可见性和脆弱性，以及利益相关者压力的紧迫性和可管理性认知是如何导致企业对利益相关者压力反应。这样，才能够充分体现出实证检验所忽略的许多细节问题，特别是对当事人的深入访谈，可以揭示出许多企业对利益相关者压力反应的动机以及真实原因。

第五，本研究在样本选择上局限于武汉地区各高校 MBA 周末班学员，虽然有些员工来自上海、深圳和苏州等外地教学点，但是，这种取样可能对研究的普适性和可信性具有一定的影响。所以，未来的研究有待于我们从其他地区收集更多的样本，进行更广泛的调查以进一步验证本研究的研究发现。

第五章 注意力对利益相关者压力的机会与威胁认知

第一节 利益相关者压力的机会和威胁认知

根据战略事项理论，利益相关者压力作为在利益相关者环境中发生的引人关注的刺激，也是对组织具有重要影响的战略事项（Thomas and McDaniel，1990；Crilly and Sloan，2012）。这一理论要求管理者对环境刺激的潜在影响进行思考，从而引发事项的解释、界定和分类，并在管理者对利益相关者压力认知的研究中得到了应用。但是，这种分类基于两个标签：潜在的机会和威胁（Chattopadhyay et al.，2001；Denison et al.，1996）。机会和威胁认知源于对事项具有积极或消极、潜在的收益或损失、可控制或无法控制的感知。具体来说，"机会"意味着可能获得收益的积极情况，在这种情况下，管理者具有相当程度的控制力。"威胁"意味着可能存在损失的消极情况，在这种情况下，管理者具有相对较少的控制力。例如，Staw 等（1981）认为，控制的感觉与机会有关，源于有关如何响应事项的自主性以及选择是否响应的自由度，以获得解决事项的资源或手段；而低度控制的感觉与威胁有关，来自管理者的行为受到事项限制的认知。机会—威胁分类为管理者提供了认知捷径，类似于 Dutton（1993a）的无意识过程。这种无意识过程与决策者的情感或情绪反应是有关的，在事项和影响之间建立了一个直接的联系。机会—威胁分类解决了战略事项层面的情感利益问题，使管理者容易感知"热"或"冷"的事项（Dutton and Jackson，1987；Ginsberg and Venkatraman，1995）。

与战略事项理论相一致，Julian 等（2008）、Crilly 和 Sloan（2012）强调利益相关者压力是市场机会和威胁产生的源泉。利益相关者压力的机会是指利益相关者压力所导致的可以被利用的获得盈利的事件或情况。管理者也可以通过创造性地整合利益相关者关系，潜在地满足市场需求、利益以实现较高的价值（Surroca et al.，2013；Crilly and Sloan，2012）。所以，Jones（1995）、Kassinis 和 Vafeas（2006）认为，利益相关者压力所引发的"不确定的市场需求，或未充分开发的有吸引力的因素"会促进管理者的机会认知，为企业创造潜在客户，提供新价值。利益相关者压力的威胁是指与利益相关者有关的破坏组织的基本生存能力的任何事件或情况。关系的悲观主义强调企业与所有的利益相关者关系是充满风险的，管理者主要根据潜在的威胁来看待利益相关者关系。例如，Agle 等（1999）、McMullen 等（2009）认为，利益相关者压力作为重要的社会力量是"创造性破坏"的煽动者，所带来的风险使管理者对利益相关者压力产生消极的自我认知。因此，一旦企业面对强大的利益相关者压力，就会促使管理者赋予某种含义，有关的压力信息刺激将被分为机会或威胁，从而影响管理者对利益相关者压力刺激信息的记忆，他们所超负荷关注的压力刺激信息与已建立的认知相一致就更容易被记住。因此，提出如下假设：

假设 H5 – 1a – b：利益相关者压力对管理者的机会（威胁）认知具有显著的正向影响。

第二节　管理者注意力的中介作用

利益相关者压力的威胁和机会认知，既要考虑利益相关者对企业施加压力的强度，又要考虑管理者的注意力。虽然利益相关者的实际压力是清楚明确的，但是，如果管理者没有对它们给予相应程度的注意力，就不一定会认识到这些压力所带来的机会和威胁（Crilly，2012；McMullen et al.，2009）。这意味着即使利益相关者压力施加给不同的企业的强度是相同的，但是，"客观的"和"注意到的"压力之间存在差异，一些管理者可能比另一些管理者注意到更大的压力，因而他们建立起注意力机制来监测利益相关者关注的问题（Bosse et al.，2009；Ocasio，2011）。与利益相关者压力的实际强度无关，管理者将客观的压力转为注意（感知）到压力过程的不同，导致管理者很可能感知（注意）到的压力程度是不同的，进而导致管理者对利益相关者压力的机会和威胁认知也是不同的（Chattopadhyay et al.，2001；Murillo - Luna et al.，2008）。此外，一个企业所面对利益相关者压力的程度，也决定着管理者会花费"多少"时间和精力（注意力）来监测这种环境的刺激，从而影响管理者认识利益相关者压力的机会和威胁的"高低"（Durand，2003；Gebauer，2009）。例如，Crilly 和 Sloan（2012）、Chattopadhyay 等（2001）认为，利益相关者压力造成企业的环境动荡，所带来的积极和悲观情绪将诱发其管理者的注意力行为，主要的表现形式就是积极地寻求市场机会和风险存在。如果管理者具有较少的注意力水平，就无法去寻找发挥其注意力效能的空间和场所，很难了解利益相关者的压力是否与自己有关，难以感知到利益相关者压力背后的机会和威胁。随着管理者的注意力水平不断提高，管理者对利益相关者压力的认知能力也得到加强，注意力认识到利益相关者压力的机会和威胁程度也会不断提高。所以，管理者的注意力对利益相关者压力是敏感的，有利于对利益相关者压力强度的评估，在他们对利益相关者压力的威胁和机会认知中起着关键作用。因此，提出如下假设：

假设 H5 -2a – b：管理者注意力在利益相关者压力与机会（威胁）认知之间具有中介作用。

第三节　注意力的结构观和感知观

一　结构观

注意力结构观集中在管理者在组织结构中的位置对注意力配置的影响。结构位置是指管理者在不同部门或团体中的位置,如公司总部、具体业务单位等。这个概念源于组织结构中的劳动分工思想,被用于分析个体在社会群体中的差异,强调个体在组织中的角色和社会认同(Ocasio,1997;Jacobides,2007)。根据结构观,注意力涉及管理者的权力差异思想,结构位置作为管理者的利益和身份差异的来源,为组织提供了一个等级权威系统,体现在管理者在组织内所处的地位,可以控制他们的思考和行动(Bouquet and Birkinshaw,2008;Simon,1947;Perretti and Negro,2006)。例如,Hoffman 和 Ocasio (2001)、Crilly 和 Sloan(2014)认为,管理者的组织地位表现为他们在不同部门中的职位,当管理者占据某一职位,他们的注意力对某个利益相关者压力的关注,表现出与地位相应的解释和认知。管理者的利益、责任和地位所带来的结构位置为组织提供了一个注意力结构,在管理者的注意力与利益相关者压力认知之间建立了联系。

注意力总是包含"有偏见的解释",管理者对利益相关者压力信息存在模糊性,不同利益方可能试图扭曲或控制有关的信息以保护自身利益(Julian et al.,2008;Kacperczyk,2009)。在分层结构组织中,利益相关者压力的冲击往往是从下到上逐渐传递到较高层级(Barreto and Patient,2013;Surroca et al.,2013)。当管理者处于较低层级时,利益相关者压力对他们心理冲击的距离很短,管理者更多地以利益受到威胁的当局者身份来进行判断,而很少以旁观者的身份去关注利益相关者的机遇性。利益相关者压力对低层管理者的冲击距离越小,所造成的利益损失在他们心目中越大,导致他们对利益相关者压力的冲击形成更消极的认知,产生一种强烈的威胁感。此外,结构位置作为管理者认知信息过滤的一种方式,其角色和身份将导致管理者更多地关注与他们在组织中的特定角色和职责及任务领域相关的信息（Thomas and McDaniel，1990；Crilly and Sloan，2014）。但是，不同层级的管理者之间在角色和职责上并不相同（McMullen et al.，2009；Perretti and Negro，2006）。较高层级管理者通常比职能（较低层级）管理者考虑更广泛的组织发展问题（如成长性），更关注利益相关者压力所带来的机会，以使企业能够采取行动获取利益。相较于高层级管理者，较低层级管理者出于对企业自身经营的安全需求，他们对利益相关者压力认知更可能主观上是处于防御性的警觉状态，导致他们关注这种压力威胁的可能性将显著地增加。同时，较高层级管理者的职责和任务也决定了他们应该具有更高的信息处理能力，使其能够充分处理有关战略发展的信息，具有更多的"原材料"将利益相关者压力视为积极的或可控制的。较低层级管理者只具有有限的信息处理结构，这将使他们经常面临信息过载的情况，导致管理者认为对利益相关者压力采取任何行动的后果都是无法预测的或者结果不能被控制。所以，不同的管理层级使担任某一职位的管理者获得的利益、身份和职责不同，进而使管理者通过注意力对利益相关者压力所带来的机会和威胁产生不同的解释和认知。

二 感知观

注意力感知观试图解释管理者的心理模式在注意力配置中的作用。根据感知观，由于管理者认知的局限性，他们无法考虑所有可能的因果联系，往往只关注那些与过去经验相关的解释（Yu et al.，2005；Walsh，1995）。管理者经验往往与相对狭窄的某个具体领域有关（如行业或产品市场）（Kroll et al.，2008；Nadkarni and Barr，2008）。在多元化的企业中，管理者在企业所经营的不同行业中都可能具有特定领域的经验。领域经验是指管理者在相关行业或市场领域工作过程中所形成的知识、技能和能力（Barreto and Patient，2013）。实际上，领域经验及其知识结构具有信息的记忆或存储功能，使管理者选择复制过去的经验，从而把原来的领域经验应用于当前的注意力中。例如，Nadkarni和Barr（2008）探讨了高速及低速变化行业背景对管理者注意力焦点差异的影响，他们本质上探讨了行业（或领域）

经验如何使管理者采取特定的方式来解释注意力对环境刺激的认知。注意力作为利益相关者压力认知的基础,源于具有的不同市场或行业领域经验的管理者进行不同解释。

由于同行的企业业务的同质性、相似性和关联性,在类似的领域工作过的管理者对行业特性、规则、形势的了解和判断一般比领域外面的管理者来得真切、深刻和全面。所以,领域经验有助于管理者处理他们所熟悉的业务领域的信息,能提高对该领域内的利益相关者压力所带来影响的认识,使管理者认为通过他们的注意力能够对利益相关压力的未来结果产生控制力,表现出更强的风险承担能力和冒险精神,更积极地试图从利益相关者压力中识别新的业务发展机会。同时,较丰富的领域经验增强了管理者个人的自信心,使管理者对本行业领域的市场前景的判断更为自信,提高了他们的注意力将利益相关者压力解释为具有潜在价值的动机(Barreto and Patient,2013;Crilly and Sloan,2012)。相反,如果管理者的领域经验极为缺乏,当企业进入一个领域环境与以前进入的领域不同时,他们会面临大量相关领域的信息交易成本。因为领域经验缺乏的管理者往往需要投入更多的时间和资源来熟悉目标市场环境,并且要承担由于不能很好地处理利益相关者关系而带来的风险,促使管理者注意力产生对利益相关者压力的威胁认知。例如,Dutton(1993a)和 Bosse 等(2009)认为,缺乏领域经验的管理者很幼稚,因为他们没有过去因决策而获得收益的经验,无法比较和判断利益相关者压力对当前形势的影响,所以,不太愿意承认利益相关者压力的战略利益。同时,D'Aveni 和 MacMillan(1990)提出,"威胁认知"的一个特征就是"心理上的恐惧感"。由于管理者在相关领域中缺乏现有的专业知识或经验,加上利益相关者环境的模糊性、复杂性和结果不确定性等特点,使管理者很难科学客观地评价利益相关者压力,产生一种未知形势变化的恐惧感,导致管理者更倾向于利益相关者压力会带来威胁的主观认知。所以,领域经验代表了管理者对过去的利益相关者环境的了解,这种以往的经验有助于他们的注意力对利益相关者压力的机会认知,而管理者不具有特定的领域经验,更容易认为,利益相关者压力会给企业带来威胁。

第四节 冗余资源的调节作用

尽管传统的战略管理理论通过 SWOT（优势、劣势、机会、威胁）矩阵将公司战略与内部资源、外部环境有机地结合起来，但是，注意力基础观更强调企业的独特资源控制着管理者对环境刺激的认知和解释（Ocasio，1997）。根据资源基础理论，管理者的注意力是企业在一个时期内配置资源的特定模式，所以，注意力的形成是以企业拥有的资源为基础的。正如 Ocasio（1997）所指出的，管理者注意力意味着"企业资源基础的消耗"。但是，企业的资源分为两种：一种是维持企业最低需求的资源；另一种是冗余资源。冗余资源是指超过维持企业生存或运营所需要的，并保存在企业组织内部而被个人或小团体所控制的资源，也是一种过量的、能够被随时使用但未被使用的"闲置资源"（Bourgeois，1981）。Bourgeois（1981）认为，冗余资源实际上对环境的变化所带来的冲击具有潜在的缓冲作用，可以使企业成功地进行战略调整以适应组织内外部环境的变化，使企业不受环境动荡的影响。当企业遭遇利益相关者压力时，其本身就意味着企业战略与当前环境之间失去了匹配性，企业需要投入大量的资源（Chattopadhyay et al.，2001；Kassinis and Vafeas，2006）。虽然冗余资源是以闲置而存在的，但是，这种特定形式的资源能够投入使用，为注意力的形成提供一定的资源基础，使管理者在利益相关者压力情境下有更多资源和精力关注、编码、解释和聚焦（Stevens et al.，2014；Crilly and Sloan，2012）。

利益相关者压力不仅带来企业环境不可预知的变化，导致管理者需要关注的环境刺激信息快速增加，而且造成企业资源的需求急剧增加，短期内形成资源供给紧张的局面，这意味着维持日常运营的常规资源已不足以满足管理者建立注意力机制的需要。如果企业没有足够的冗余资源，必然导致已有的资源供给与当前的资源需求存在缺口，使资源转换为所需注意力的难度加大，暂时出现管理者的"视觉盲区"现象（Ren and Guo，2011；George，2005）。冗余资源的存在则减少了资源的束缚，带来了宽松的资源环境，使企业在利益相关者压力下通过不断地吸收和消耗冗余资源以弥补资源需求缺口，为管理者的注意力提供资源支持。同时，管理者的注意力本质上往往需要不断地进行资源配置，以最大限度地降低环境的不确定性，但是，利益相关者压力对企业所造成的环境不确定性，使资源需求和获得的不确定性增加，相应地使企业原有资源的适用性下降（March and Shapira，1992；Ocasio，2011）。这时，在企业资源变得稀缺的环境中，冗余资源给企业提供了较大的弹性，可以被迅速地应用到管理者注意力的建立中。在利益相关者压力的冲击下，资源的局限性要求企业有效地配置资源以促进管理者的注意力，而拥有较多冗余资源的企业能够比拥有较少冗余资源的企业更为有效地实现这一目标。所以，利益相关者压力能够引发管理者注意力，但丰富的冗余资源可以促进这一过程。因此，提出如下假设：

假设 H5-3：冗余资源对利益相关者压力与管理者注意力之间的关系具有正向调节作用。

除此之外，冗余资源对利益相关者压力认知效用的发挥也因管理者在企业情境中的结构位置（层级）与领域经验不同而有所不同。首先，冗余资源毕竟是一种闲置资源，也是一项费用的支出，增加了企业的成本压力，给企业绩效带来负面影响。如果企业的资源闲置越多，资源利用效率下降，那么管理者倾向于主动消耗这些富余资源，以获得更多的产出。相对于较低层管理者来说，较高层管理者负责制定企业未来的战略发展方向，通常有权力自由支配和控制冗余资源，往往试图为企业制定多个战略目标，有能力对那些平时不愿意接受的项目进行投资，以增加企业获得收益的机会（Dutton，1993a；George，2005）。所以，冗余资源的存在使较高层管理者注意力更愿意在利益相关者压力的范围内进行机会搜索，致力于通过寻求和利用更多的获利机会来帮助自身的冗余资源降至期望水平，以优化企业资源的结构。例如，Nohria 和 Gulati（1996）、Crilly（2012）认为，只有在利益相关者压力是获利预判的情况下，他们才更愿意消耗资源

（更多的是冗余资源），更有能力把握利益相关者压力所带来的机会而获得成长。当企业有着较多可用的冗余资源时，较高层管理者将利益相关者压力视为机会而潜在的投入资源以及开发利用冗余资源的可能性也会增加。而较低层管理者的主要职责是执行具体的工作任务，往往只掌握较少的冗余资源，倾向于关注那些组织中程序性的活动，这将造成狭隘和单一的目标。在面对利益相关者压力时，冗余资源少的企业比冗余资源多的企业拥有较少的战略选择，那么管理者所能选择的战略性投资活动将减少，通过注意力把握机会致力于成长的动机和能力将降低。同时，如果企业冗余资源较少，较低层管理者也会因可用资源较为匮乏，无法有效应对利益相关者压力而感到不可控，他们的注意力倾向于将利益相关者压力视为一种威胁。因此，提出如下假设：

假设 H5-4a-b：企业的冗余资源越多（少），管理者的结构位置越高（低），注意力对机会（威胁）认知就越强。

此外，大量冗余资源的存在说明企业资源的富足，进而给管理者带来更多的满足感。如果管理者具有某一领域的经验，也会使他们对该领域有更多的信心（Nohria and Gulati, 1996；Durand, 2003）。管理者的这种信心在冗余资源的作用下带来满足感的同时，相应地减弱了他们对未来绩效不确定性的担忧和关注，使其更为自信地认为利益相关者压力能够获得预期的利益，导致由利益相关者压力所带来的乐观收益预测，并更多地体现为管理者注意力对机会的认知。例如，Budescu 和 Yu（2007）、March 和 Shapira（1992）认为，在冗余资源丰富的企业中，如果管理者具有较多的领域经验，可能造成他们失去理性而过于乐观，注意力对利益相关压力的认知就是风险偏好，倾向于主动寻求风险和机会，消耗更多的资源用于风险性项目或投资。因为风险性项目或投资可以换来更大的回报，所以，管理者的注意力较多地将利益相关者视为机会。而冗余资源较少的企业对于前景的担忧使这种满足感变弱，并基于管理者对悲观的未来绩效判断而导致投资活动减少，这种情况在管理者具有较少的领域经验变得更加明显，这时冗余资源对利益相关者压力的作用将更多地体现为管理者注意力对威胁的认知。同时，领域经验的缺乏也会使管理者由于遭遇的冗余资源稀缺而不可避免地造成对利益相关者压力的心理恐慌，从而降低管理者注意力对环境感知的灵敏度，采取防御性的战略去减少损失，而不是去尝试新的突破，认为利益相关者压力只会对企业带来伤害。因此，指出如下假设：

假设 H5-5a-b：企业的冗余资源越多（少），管理者的领域经验越多（少），注意力对机会（威胁）认知就越强。

第五节　有调节的中介作用

以注意力的结构观和感知观为依据，我们预测结构位置和领域经验对管理者注意力与机会认知关系的正向调节作用，与威胁认知关系的负向调节作用。实际上，管理者注意力对利益相关者压力的机会和威胁认知也受到组织资源禀赋的影响，尤其是冗余资源的水平。具体来说，冗余资源被当作一种应对环境变化的缓冲器，不仅有助于管理者注意力的形成，而且还是一种促进企业对利益相关者压力的认知，但它的作用主要是体现在对机会认知上，而不是体现在威胁认知上。所以，我们也提出了冗余资源对管理者注意力与利益相关者压力认知的研究，即冗余资源增加管理者的结构位置或领域经验对机会认知的调节作用，但会减轻对威胁认知的调节作用。

鉴于管理者注意力对利益相关者压力与机会或威胁认知之间关系起到中介作用，我们通过对上述研究假设的梳理和分析，进一步提出了一个有调节的中介模型，即企业的冗余资源及其管理者的结构位置（层级）或领域经验调节了利益相关者压力对机会和威胁认知的中介作用，管理者注意力传导了利益相关者压力对机会和威胁认知的影响，但是，这种中介作用的大小依赖于企业的冗余资源及其管理者的结构位置或领域经验的水平。具体来说，当企业的冗余资源较多、管理者的结构位置或领域经验较高时，管理者注意力与机会认知之间的关系越强，那么通过管理者注意力传导的利益相关者压力对机会认知的影响就越大；反之，当企业的冗余资源较少、管理者的结构位置（层级）或领域经验较低时，管理者注意力较易影响威胁认知，所以，利益相关者压力通过管理者注意力传导的对威胁认知的正向作用也就随之增强。因此，提出如下假设：

假设 H5-6a-b：企业的冗余资源越多（少），管理者的结构位置越高（低），注意力在利益相关者压力与机会（威胁）认知之间的中介效应越强。

假设 H5-7a-b：企业的冗余资源越多（少），管理者的领域经验越多（少），注意力在利益相关者压力与机会（威胁）认知之间的中介效应越强。

根据上述研究假设，本研究基于结构观和感知观构建出管理者注意力及其企业冗余资源对利益相关者压力认知的影响研究框架，如图5-1所示。

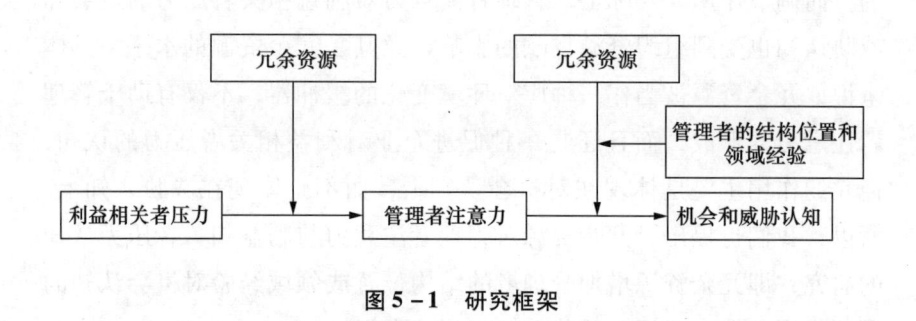

图 5-1 研究框架

第六节 研究方法设计

一 数据来源与收集

本研究利用"企业的利益相关者压力及其管理者注意力现状调查问卷"所收集的数据进行实证分析。除了对管理者的注意力进行了测量，这份调查问卷还包括利益相关者压力的概念及其威胁和机会认知、企业的冗余资源以及管理者的结构位置和领域经验。为了验证相关假设，研究样本是来自不同企业中不同层级的管理者。选择不同企业的管理者作为调查对象，首先，因为我们需要研究不同企业冗余资源的差别，所以，选择不同企业使我们能够研究组织间的差异。其次，当企业面对不同的利益相关者压力时，同一企业将导致追溯性研究，不同企业的样本可以避免方法性的问题，有助于开展调查。最后，因为企业的不同层级及其领域经验的管理者对利益相关者压力所带来的威胁和机会具有不同的理解，所以，在调查对象的选择上应该涉及企业的各个组织层次的管理者。问卷调查获得来自武汉、上海、深圳、苏州、黄石和十堰等地区企业的支持，采用保密和匿名的方式邀请了从基层到高层450名管理者进行问卷填写。395名管理者完成了调查问卷并返回，在剔除掉无效问卷后，得到有效问卷317份，有效问卷回收率为70.44%。

二 研究变量与测量

管理者注意力的测量采用与研究一相同的方式，而研究二还需要利益相关者压力及其威胁和机会认知、企业的冗余资源以及管理者的结构位置和领域经验进行测量。

（一）自变量

根据 Murillo–Luna 等（2008）的观点，利益相关者分为公司治理（管理者和股东）、内部经济（员工和工会）、外部经济（消费者、供应商、金融机构、保险公司和竞争者）、监管（环境立法和政府管制机构）和社会外部（媒体、社区公民和生态保护组织）五类，各类型的利益相关者显示出高度的异质性，都会对企业形成一套独特的压力。基于此，我们要求被调查者按5点李克特式量表法回答不同类型利益相关者压力的题项（例如，"在您看来，下列利益相关者对贵企业施加多大程度的压力"），从而建立了一个包括14个题项的量表。因此，这些题项代表五类利益相关者，五个维度的 Cornbach's α 系数分别为0.82、0.91、0.79、0.92和0.81，总体的内部一致性信度为0.87，表明该量表具有良好的信度。

(二)因变量

Jackson 和 Dutton (1988) 认为,机会和威胁表现为事项解释的两个维度,将威胁和机会的特点归结为积极或消极、潜在损失或收益、可控或不可控。基于此,我们将这三个特点分别作为 1 个题项,使用 3 个题项来分别测量威胁和机会,要求被调查者按 7 点李克特式量表法回答他们对利益相关者压力的认知。为了提高内容效度,我们使用现有的理论来指导对题项的选择,尽量采集与相关概念领域有关的题项。所以,借鉴 Thomas 和 McDaniel (1990)、Barreto 和 Patient (2013) 的研究,从他们的积极或消极、损失或收益、可控或不可控量表中选择了 3 个最具代表性特点的题项,构建了机会和威胁测量量表,Cornbach's α 系数分别为 0.78 和 0.83,表明量表的信度较好。

(三)调节变量

本研究将企业的冗余资源以及管理者的结构位置和具体领域经验作为调节变量。对于冗余资源,我们选择 Bourgeois (1981) 的问卷调查方法,按照 7 点李克特量表采用吸收和未吸收两个维度来测量。根据 Tan 和 Peng (2003) 的观点,已吸收冗余资源评估企业在低于技术生产能力下进行运作的程度。未吸收冗余资源评估:第一,企业的留存收益满足市场扩张的程度;第二,企业具有一个财务资源池可以任意使用的程度;第三,企业能够确保随时获得必要的银行贷款的程度。所以,冗余资源量表由 4 个题项构成,Cornbach's α 系数为 0.76,表明量表具有良好的信度。管理者的结构位置采用管理层级来测量,管理层级分为高层、中层和基层,通过一个虚拟变量进行测量:基层管理者赋值为 0;中层管理者赋值为 1;高层管理者赋值为 2。对于具体领域经验,简单地采取管理者是否具有某个领域经验进行测量,并采用一个二分虚拟变量来测量(1 表示具有领域经验,0 表示没有领域经验)。

(四)控制变量

管理者注意力以及利益相关者压力研究认为,在个体、组织和行业层面存在一些控制变量。在个体层面上,控制了与管理者个人特点有关的年龄和教育(Barreto and Patient, 2013)。年龄采用被调查者自我报告数值。教育采用一个虚拟变量进行测量，1表示高中及以下，2表示大专及本科，3表示硕士及以上。在组织层面上，Kacperczyk（2009）认为，企业规模影响管理者对利益相关者压力的注意力，作为控制变量，采用被调查者报告的企业员工数量的自然对数值。企业的业务结构影响外部压力评估，所以，控制了企业多元化。借鉴Durand（2003）的方法，采用一个二分虚拟变量进行测量（企业销售额90%来自同一个业务表示0，低于90%表示1）。在行业层面上，Nadkarni和Barr（2008）强调行业速度对管理认知的影响，进行了不同行业特点之间的比较研究，所以，将行业速度作为一个控制变量。高速行业包括个人电脑、电脑软件、玩具和游戏、运动鞋、半导体、电影和化妆品，低速行业包括飞机、家具、钢铁、造船、石油化工和造纸。我们采用一个二分虚拟变量，高速行业表示1，低速行业表示0。

三　数据初始处理

由于问卷调查时所有的题项都是由同一管理者填写的，所以，采用哈曼单因子检验方法分析，哈曼单因子检验的结果表明，数据没有受到共同方法偏差的影响。对于主要变量的测量，标准化的因子负荷最小值为0.66，均明显高于0.60的临界水平，说明各测量模型具有较好的内敛效度。此外，我们还检验了研究中可能存在的潜在多重共线性问题，结果表明，在回归模型中所有变量的方差膨胀因子VIF值均低于可接受的水平。

第七节　数据分析与结果

一　区分效度的验证性因素分析

为了检验主要变量"利益相关者压力""管理者注意力""冗余资源""机会认知"和"威胁认知"之间的区分效度，本研究对关键变量进行验证性因素分析，对五因子模型、四因子模型和单因子模型进行对比。结果表明，五因子模型拟合优度比较好〔χ^2（331）= 562.42，df = 431；RMSEA = 0.04，CFI = 0.90，TLI = 0.92〕，并且要显著地优于其他四因子模型和单因子模型的拟合优度，表明五因子测量模型具有较好的区分效度，能够更好地代表测量模型的因子结构。

二 变量的描述性统计分析

表5-1显示了变量的均值、标准差以及皮尔逊相关系数。从表5-1可以看出，利益相关者压力与管理者注意力（r=0.20，p<0.01）、机会认知（r=0.31，p<0.01）以及威胁认知（r=0.54，p<0.01）存在显著的正相关关系；管理者注意力与机会认知（r=0.36，p<0.01）和威胁认知（r=0.25，p<0.01）也存在显著的正相关关系。从表5-1还可以看出，主要变量Cornbach's α系数中最小值是0.76，均大于最低临界水平0.7，内部一致性信度得到了较好的满足，同时AVE均大于最低临界值0.5，并且各主要变量的AVE均高于它与其他变量的相关系数，进一步说明变量之间具有较好的区分效度。

三 假设验证

主效应：为了验证假设H5-1a和H5-1b，我们首先将机会和威胁认知设为因变量，其次加入控制变量（年龄、教育、企业规模、多元化和行业速度），最后将自变量（利益相关者压力）放入回归方程，分析结果如表5-2所示。从表5-2可以看出，在模型6和模型13中，利益相关者压力对机会认知（β=0.50，p<0.01）和威胁认知（β=0.31，p<0.01）都具有显著的正向影响。因此，假设H5-1a和H5-1b得到了数据的支持。

中介效应：我们根据Baron和Kenny（1986）建议的分析步骤，验证管理者注意力在利益相关者压力与机会和威胁认知之间所起的中介作用。从表5-2可以看出，在模型6和模型13中，利益相关者压力对机会认知（β=0.50，p<0.01）和威胁认知（β=0.31，p<0.01）都具有显著的正向影响。在模型7和模型14中，管理者注意力对机会认知（β=0.35，p<0.01）和威胁认知（β=0.28，p<0.01）也具有显著的正向影响。在模型8和模型15中，加入了中介变量管理者注意力以后，利益相关者压力对机会认知（β=0.09，n.s）和威胁认知（β=0.10，n.s）的影响变为不显著，而管理者注

表 5-1 各变量的描述性统计和相关性分析

变量	平均值	标准差	α	1	2	3	4	5	6	7	8	9	10	11	12
1. Age	32.63	8.05	—	—											
2. Education	1.41	0.99	—	0.10	—										
3. Size	8.15	3.19	—	0.60**	0.19**	—									
4. DV	0.65	0.78	—	0.05	0.13*	0.27**	—								
5. IV	0.43	0.61	—	0.25**	0.01	0.07	0.44**	—							
6. SP	2.53	0.95	0.87	−0.03	0.05	−0.04	−0.02	0.06	(0.67)						
7. MA	2.65	1.10	0.85	0.04	−0.03	−0.16*	0.07	0.24**	0.31**	(0.64)					
8. Opportunity	3.58	0.83	0.78	0.08	−0.17**	−0.05	0.20**	0.01	0.54**	0.33**	(0.72)				
9. Threat	2.63	1.21	0.83	0.33**	0.10	−0.09	−0.17*	0.15*	0.36**	0.25**	0.06	(0.69)			
10. SR	3.48	0.69	0.76	−0.06	−0.02	0.32**	0.34**	−0.06	0.03	0.22**	0.30**	0.26**	(0.76)		
11. SP	1.63	1.11	—	0.08	0.30**	−0.03	−0.11	0.22**	0.17*	0.49**	0.35**	0.09	0.22**	—	
12. DE	0.47	0.52	—	0.43**	−0.07	0.21**	0.01	0.16*	0.08	0.29**	0.12	0.50**	0.10	0.27**	—

注:n=317;**p<0.01,*p<0.05;表中有变量说明以下各表相同。Age 表示年龄,Education 表示教育,Size 表示企业规模,AVE 的平方根在对角线上,DV 表示企业多元化,IV 表示行业速度,SP 表示利益相关者压力,MA 表示管理者注意力,Opportunity 表示机会,Threat 表示威胁,SR 表示冗余资源,SP 表示结构位置,DE 表示领域经验。表中第一栏用序号代替变量。

表 5-2　管理者注意力、结构性位置、领域经验和冗余资源之间的三维交互对威胁和机会认知的分层回归分析

		管理者注意力				机会认知							威胁认知						
		模型1	模型2	模型3	模型4	模型5	模型6	模型7	模型8	模型9	模型10	模型11	模型12	模型13	模型14	模型15	模型16	模型17	模型18
控制变量	Age	0.08	0.07	0.06	0.06	0.07	0.07	0.06	0.06	0.05	0.05	0.04	0.26**	0.26**	0.24**	0.23**	0.23**	0.22**	0.21**
	Education	-0.06	-0.05	-0.04	-0.04	-0.12	-0.12	-0.11	-0.10	-0.10	-0.09	-0.09	0.08	0.08	0.04	0.04	0.02	0.02	0.03
	Size	-0.17*	-0.15*	-0.14*	-0.13*	-0.09	-0.07	-0.07	-0.05	-0.05	-0.04	-0.03	-0.10	-0.10	-0.09	-0.06	-0.06	-0.05	-0.05
	DV	0.05	0.04	0.02	0.01	0.23**	0.22**	0.22**	0.19*	0.18*	0.19*	0.17*	-0.16*	-0.16*	-0.15*	-0.15*	-0.14*	-0.13*	-0.11
	IV	0.18*	0.17*	0.17*	0.16*	0.03	0.03	0.03	0.04	0.04	0.06	0.07	0.10	0.10	0.09	0.08	0.08	0.07	0.07
自变量	SP	0.35**	0.32**	0.30**	0.35**		0.50**		0.09	0.07	0.05	0.04		0.31**		0.10	0.08	0.06	0.05
中介变量	MA							0.35**	0.33**	0.32**	0.30**	0.28**			0.28**	0.27**	0.25**	0.24**	0.21**
调节变量	SR			0.19*	0.18*					0.11	0.17*	0.15*					-0.15*	-0.15*	-0.13*
	SP									0.19*	0.16*	0.15*					0.11	0.10	0.10
	DE									0.10	0.09	0.06					-0.01	-0.02	0.01
二维交互项	MA × SP										0.13	0.18*						-0.09	-0.07
	MA × DE										0.11	0.09						-0.10	-0.16*
	MA × SR										0.25**	0.32**						-0.30**	-0.36**
	SP × SR				0.16*						0.02	0.06						-0.06	-0.05
	SP × DE										-0.04	-0.02						0.08	0.06
	DE × SR										-0.07	-0.07						-0.05	-0.04

续表

	管理者注意力				机会认知							威胁认知						
	模型1	模型2	模型3	模型4	模型5	模型6	模型7	模型8	模型9	模型10	模型11	模型12	模型13	模型14	模型15	模型16	模型17	模型18
三维交互项 MA×SP×SR					−0.15*				0.24**									
MA×DE×SR					−0.23**				0.17*									
MA×SP×DE					−0.06				0.09									
SP×DE×SR					−0.02				0.04									
R^2	0.05	0.09	0.11	0.15	0.04	0.09	0.12	0.17	0.23	0.28	0.39	0.05	0.11	0.19	0.23	0.25	0.31	0.41
ΔR^2	0.04	0.04	0.02	0.04		0.05	0.03	0.05	0.06	0.05	0.11		0.06	0.08	0.04	0.02	0.06	0.10
F值	4.01**	4.78**	5.45**	6.09**	3.67**	2.72*	4.14**	6.45**	7.45**	5.75**	8.48**	3.96**	5.87**	6.94**	6.90**	7.84**	12.23**	17.80**

注：n=317；在构造自变量和调节变量的交互项时，将自变量和调节变量分别进行了标准化以消除共线性；回归系数β均为标准化的回归系数；** $p < 0.01$，* $p < 0.05$。

意力仍对机会认知（$\beta = 0.33$，$p < 0.01$）和威胁认知（$\beta = 0.27$，$p < 0.01$）具有显著的正向影响。由此，数据支持了假设 H5-3a 和 H5-3b。本研究还运用 Sobel 的方法来检验中介效应，分析结果表明，管理者注意力在利益相关者压力与机会认知之间（$Z = 5.11$，$p < 0.01$）以及利益相关者压力与威胁认知之间（$Z = 3.87$，$p < 0.01$）起着显著的中介作用，假设 H5-2a 和 H5-2b 进一步得到数据支持。

调节效应：为了验证假设 H5-3，我们首先将管理者注意力设为因变量，其次依次引入控制变量、自变量（利益相关者压力）和调节变量（冗余资源），最后加入自变量和调节变量的交互项。从表5-2可以看出，在模型4中，利益相关者压力与冗余资源之间的交互对管理者注意力会产生显著的正向影响（$\beta = 0.16$，$p < 0.05$），从而支持了假设5-3。

此外，为了验证假设 H5-4a-b 和 H5-5a-b，我们首先将机会和威胁认知设为因变量，其次依次引入控制变量、自变量（管理者注意力）和调节变量（冗余资源、结构位置和领域经验），最后分别加入自变量和调节变量的二维和三维交互项。从表5-2可以看出，在模型11和模型18中，管理者注意力、结构位置和冗余资源之间的三维交互项对机会认知具有显著的正向作用（$\beta = 0.24$，$p < 0.01$），而对威胁认知具有显著的负向作用（$\beta = -0.15$，$p < 0.05$），研究结果支持了假设 H5-4a-b。在模型11和模型18中，管理者注意力、领域经验和冗余资源之间的三维交互项对机会认知具有显著的正向影响（$\beta = 0.17$，$p < 0.05$），而对威胁认知具有显著的负向影响（$\beta = -0.23$，$p < 0.01$），研究结果支持了假设5-5a-b。

有调节的中介效应：为了验证假设 H5-6a-b 和 H5-7a-b，本研究根据 Edwards 和 Lambert（2007）的建议，运用拔靴法分析了企业在不同冗余资源水平以及管理者的结构位置和领域经验下，管理者注意力在利益相关者压力与机会和威胁认知之间所起的中介效应，简单效应分析结果如表5-3所示。

从表5-3可以看出，利益相关者压力通过管理者注意力对机会认知的间接影响（$r = 0.68$，$p < 0.01$；$r = 0.53$，$p < 0.01$）在管理者

表 5-3 简单效应分析结果

	机会认知										威胁认知									
	第一阶段 P_{MX}		第二阶段 P_{YM}		直接效应 P_{YX}^b		间接效应 $P_{YM}P_{MX}$		总效应 $P_{YX}+P_{YM}P_{MX}$		第一阶段 P_{MX}		第二阶段 P_{YM}		直接效应 P_{YX}^b		间接效应 $P_{YM}P_{MX}$		总效应 $P_{YX}+P_{YM}P_{MX}$	
	SP	DE	SP	DE	SP	DE	SP	DE	SP	DE	SP	DE	SP	DE	SP	DE	SP	DE	SP	DE
(1) 高 SP (DE), 高 SR	0.54**	0.54**	1.25**	0.98**	0.18*	0.21*	0.68**	0.53**	0.86**	0.74**	0.54**	0.54**	0.17	0.20*	-0.06	-0.01	0.09	0.11	0.03	0.10
(2) 高 SP (DE), 低 SR	0.25*	0.25*	0.31**	0.19*	0.14	0.10	0.08	0.05	0.22	0.15	0.25*	0.25*	0.30**	0.25*	0.03	0.04	0.08	0.06	0.11	0.10
(3) 低 SP (DE), 高 SR	0.54**	0.54**	0.16	0.25*	0.15	0.11	0.09	0.14	0.24	0.25*	0.54**	0.54**	-0.02	0.01	0.10	0.07	-0.01	0.01	0.09	0.08
(4) 低 SP (DE), 低 SR	0.25*	0.25*	-0.02	0.03	0.10	0.08	-0.01	0.01	0.09	0.09	0.25*	0.25*	1.80**	1.34**	0.05	0.12	0.45**	0.34**	0.50**	0.46**
(1) 和 (2) 的差异	0.29*	0.29*	0.94**	0.79**	0.04	0.11	0.60**	0.48**	0.64**	0.59**	0.29*	0.29*	-0.13	-0.05	-0.09	-0.05	0.01	0.05	-0.08	0.02
(1) 和 (3) 的差异	0.00	0.00	1.09**	0.73**	0.03	0.10	0.59**	0.39**	0.62**	0.49**	0.00	0.00	0.19*	0.19*	-0.16	-0.08	0.10	0.10	-0.06	0.02
(1) 和 (4) 的差异	0.29*	0.29*	1.27**	0.95**	0.08	0.13	0.68**	0.52**	0.77**	0.65**	0.29*	0.29*	-1.63**	-1.14**	-0.11	-0.13	-0.36**	-0.23**	-0.47**	-0.36**
(2) 和 (3) 的差异	-0.29*	-0.29*	0.15	-0.06	-0.01	-0.01	-0.01	-0.09	-0.02	-0.10	-0.29*	-0.29*	0.32**	0.24**	-0.07	-0.03	0.09	0.05	0.02	0.02
(2) 和 (4) 的差异	0.00	0.00	0.33**	0.16	0.04	0.02	0.08	0.04	0.13	0.06	0.00	0.00	-1.50**	-1.09**	-0.02	-0.08	-0.37**	-0.28**	-0.39**	-0.36**
(3) 和 (4) 的差异	0.29*	0.29*	0.18	0.22*	0.05	0.08	0.09	0.13	0.15	0.16	0.29*	0.29*	-1.82**	-1.33**	0.05	-0.05	-0.46**	-0.33**	-0.41**	-0.38**

注：n=317; *p<0.05, **p<0.01。

结构位置（领域经验）很高和企业冗余资源很高的情况下显著地强于其他三种情况：

第一，管理者结构位置（领域经验）很高和企业冗余资源很低的情况（r = 0.08，n.s.，Δr = [0.68] – [0.08] = 0.60，p < 0.01；r = 0.05，n.s.，Δr = [0.53] – [0.05] = 0.48，p < 0.01）。

第二，管理者结构位置（领域经验）很低和企业冗余资源很高的情况（r = 0.09，n.s.，Δr = [0.68] – [0.09] = 0.59，p < 0.01；r = 0.14，n.s.，Δr = [0.53] – [0.14] = 0.39，p < 0.01）。

第三，管理者结构位置（领域经验）很低和企业冗余资源很低的情况（r = –0.01，n.s.，Δr = [0.68] – [–0.01] = 0.69，p < 0.01；r = 0.01，n.s.，Δr = [0.53] – [0.01] = 0.52，p < 0.01）。

利益相关者压力对机会认知的间接影响在其他三个情况之间的差异是不显著的：

第一，管理者结构位置（领域经验）很高和企业冗余资源很低的情况与管理者结构位置（领域经验）很低和企业冗余资源很高的情况之间的差异（Δr = [0.08] – [0.09] = –0.01；Δr = [0.05] – [0.14] = –0.09）。

第二，管理者结构位置（领域经验）很高和企业冗余资源很低的情况与管理者结构位置（领域经验）很低和企业冗余资源很低的情况之间的差异（Δr = [0.08] – [–0.01] = 0.09；Δr = [0.05] – [0.01] = 0.04）。

第三，管理者结构位置（领域经验）很低和企业冗余资源很高的情况与管理者结构位置（领域经验）很低和企业冗余资源很低的情况之间的差异（Δr = [0.09] – [–0.01] = 0.10；Δr = [0.14] – [0.01] = 0.13）。这些研究结果支持了假设 H5–6a 和 H5–7a。

从表 5–8 还可以看出，利益相关者压力通过管理者注意力对威胁认知的间接影响（r = 0.45，p < 0.01；r = 0.34，p < 0.01）在管理者结构位置（领域经验）很低和企业冗余资源很低的情况下显著地强于其他三种情况：

第一，管理者结构位置（领域经验）很高和企业冗余资源很高的情况（$r = 0.09$, n.s., $\Delta r = [0.09] - [0.45] = -0.36$, <0.01; $r = 0.11$, n.s., $\Delta r = [0.11] - [0.34] = -0.33$, $p < 0.01$）。

第二，管理者结构位置（领域经验）很高和企业冗余资源很低的情况（$r = 0.08$, n.s., $\Delta r = [0.08] - [0.45] = -0.37$, $p < 0.01$; $r = 0.06$, n.s., $\Delta r = [0.06] - [0.34] = -0.28$, $p < 0.05$）。

第三，管理者结构位置（领域经验）很低和企业冗余资源很高的情况（$r = -0.01$, n.s., $\Delta r = [-0.01] - [0.45] = -0.46$, $p < 0.01$; $r = 0.01$, n.s., $\Delta r = [0.01] - [0.34] = -0.33$, $p < 0.01$）。

利益相关者压力对威胁认知的间接影响在其他三种情况之间的差异是不显著的：

第一，管理者结构位置（领域经验）很高和企业冗余资源很高的情况与管理者结构位置（领域经验）很高和企业冗余资源很低的情况之间的差异（$\Delta r = [0.09] - [0.08] = 0.01$; $\Delta r = [0.11] - [0.06] = 0.05$）。

第二，管理者结构位置（领域经验）很高和企业冗余资源很高的情况与管理者结构位置（领域经验）很低和企业冗余资源很高的情况之间的差异（$\Delta r = [0.09] - [-0.01] = 0.10$; $\Delta r = [0.11] - [0.01] = 0.10$）。

第三，管理者结构位置（领域经验）很高和企业冗余资源很低的情况与管理者结构位置（领域经验）很低和企业冗余资源很高的情况之间的差异（$\Delta r = [0.08] - [-0.01] = 0.09$; $\Delta r [0.06] - [0.01] = 0.05$）。这些研究结果支持了假设 H5-6b 和 H5-7b。

第八节 讨论及其管理意义

一 理论贡献

利益相关者压力在不同组织的管理者中所赋予的含义是不同的，

因为对环境刺激的认知都是由管理者注意力主观构造的（Thomas and McDaniel，1990；卫武等，2011），个体特性差异变量与组织情境结构变量的互动影响管理者注意力对利益相关者压力认知。组织中个人的认知特点以及组织的背景特征（例如，过去的领域经验、结构位置和资源）都会固化在管理者的"头脑中"，"头脑中"所提供的认知框架决定了管理者关注什么刺激和如何解释这些刺激。所以，管理者，作为组织在利益相关者环境中相对稳定的感知压力个体，往往在某个领域具有相关的经验，并在组织中处于某个管理层级，这种经验和层级的高低可能导致管理者对利益相关者压力所带来的机会和威胁具有不同的认知。同时，不同的管理者在不同企业中可用的冗余资源存在显著的差异（Agle et al.，1999；George，2005），这种差异也将导致利益相关者压力对管理者注意力的影响也会存在差异，决定管理者注意力对利益相关者压力的机会和威胁的认知存在差异（Chattopadhyay et al.，2001；Crilly and Sloan，2012）。了解利益相关者压力所带来的机会和威胁关键是要探讨影响管理者注意力在什么情况下形成对利益相关者压力认知的因素。

　　本书基于管理者注意力的结构维度及其量表，通过建立一个二项和三项交互调节模型，发现企业的冗余资源调节了利益相关者压力与管理者注意力的关系，企业的冗余资源与管理者的结构位置或领域经验的调节作用对利益相关者压力与机会认知关系的影响是最强的，而对利益相关者压力与威胁认知关系的影响是最弱的。也就是说，当企业的冗余资源较高时，管理者层级和领域经验从低到高的变化会让他们更加注意利益相关者压力的机遇性方面，而更不会注意到其威胁性方面。相反，当企业的冗余资源较低时，管理者层级和领域经验从高到低的变化才会导致更加注意利益相关者压力的威胁性，更加忽略其机会性。同时，我们也验证了一个有调节的中介模型，并认为，管理者注意力中介了利益相关者压力与机会和威胁认知的关系，而企业的冗余资源与管理者的结构位置（或领域经验）同时调节了管理者注意力的中介影响。相关的研究结果对注意力基础观和利益相关者压力研究至少具有以下两个潜在的理论贡献：

其一，本研究首次探讨了不同企业的管理者注意力对利益相关者压力具有不同的认知，并认为，不同管理者注意力的异质性是由于每个企业不同的冗余资源以及管理者的结构位置（层级）和领域经验之间的相互作用所致的，从而弥补了有关注意力和利益相关者压力的组织及个人层面的研究。具体来说，在组织层面上，虽然传统的注意力基础观研究集中在组织特点，假定行为并不仅仅依赖个体特点，但是，基于组织资源的实证研究还很少见。本研究中冗余资源的作用是强调资源作为调节变量的重要性，而不仅仅是早期研究所提到的注意力驱动因素，从资源角度来拓展传统的注意力基础观。

在个体层面上，我们根据注意力的结构观和感知观，并将其应用于注意力基础观中。一方面，注意力结构观认为，结构位置作为一种具体的机制，主要强调企业内部不同的利益，能够调整不同管理者的注意力。例如，Bouquet 和 Birkinshaw（2008）认为，高层管理者对企业某个子部门的关注取决于该部门在企业整个系统中结构位置的重要性。然而，他们有关管理者注意力的研究集中在单一层级的主体中。虽然注意力结构观承认在注意力形成过程中存在不同管理层级，但没有分析较高层管理者的认知是否与较低层管理者的存在差异。相比于现有的研究，我们的研究模型弥补了注意力结构观的缺陷，我们认为，影响管理者注意力的结构位置是他们在组织内部结构中的层级，捕获了组织中不同层级管理者之间注意力的差异，探讨了这种结构位置的差异如何影响管理者对利益相关者压力的认知。

另一方面，除结构性的因素之外，我们也基于注意力感知观考虑了另一个注意力驱动因素——领域经验。虽然战略领域一直都承认管理者经验在组织流程中的重要性，但是，很少有学者试图将管理者经验整合到注意力基础观中。认知是指个人用来认识、建立和理解世界的信念体系（或心理模式），注意力感知观表明由此产生的认知可以形成个人的注意力（Yu et al., 2005）。例如，Walsh（1995）认为，在只有少量信息可用时，管理者对相同的信息可能会得出不同的解释和判断，因为他们依赖于不同的心智模式和理念。我们的研究认为，管理者的领域经验是以心智模式和理念形成为基础，捕捉了由不同个人认知因果关系而产生的注意力,有助于我们理解领域经验在管理者的注意力中所起的作用,从而验证了注意力感知观。

其二,虽然注意力基础观和利益相关者压力理论强调利益相关者压力作为一种环境刺激对管理者认知的重要性,从不同的角度提出形成有效的注意力机制是管理者评估来自环境刺激的必要条件。然而,对管理者如何通过注意力认知及利益相关者压力所产生的机会和威胁的研究却少之又少,相关学者主要探讨了管理者注意力与企业绩效之间的关系,或者认为利益相关者特征会影响利益相关者的显著性,较少将管理者注意力同特定的利益相关者压力认知结合起来。本书探讨了管理者注意力如何实现对利益相关者压力的机会和威胁认知,并基于注意力基础观和利益相关者压力理论给予解释,整合了这两个理论领域,提出并验证一个理论模型,将管理者注意力作为研究利益相关者压力及其认知的中心,从而解释了不同企业或者不同管理者对相同的利益相关者压力具有不同的机会和威胁认知的原因。

二 实践意义

本书在企业实践中给我们以下三点启示:

其一,管理者注意力包括关注、编码、解释和聚焦四个维度,为企业培育和开发管理者注意力提供了很好的理论支持及路径指引。企业可以从管理者注意力量表中的具体要素入手,加大对关注、编码、解释和聚焦过程的引导,从以下途径提升管理者的注意力水平:重视建立扫描以及获取环境刺激的渠道;广泛收集环境刺激方面的信息;基于对环境信息的编码,及时开展整理或分类管理;加强企业的环境信息分析流程与制度建设;通过分析、评价和形成报告等方式,尽可能为这些刺激信息提供合理的解释,从而形成对环境刺激的聚焦。这些做法对提升管理者注意力的水平将具有显著的推动作用,使管理者注意力不仅是学术界研究的热点,更是企业关注的热点,从而支持管理者的战略决策。

其二,管理者注意力对利益相关者压力与机会和威胁认知具有显著的中介作用,这说明管理者注意力机制的建立为利益相关者压力的认知提供源源不断的动力。实际上,管理者注意力是企业适应竞争激烈和复杂多变的市场环境而被提出的，在利益相关者压力环境中，如果管理者具备较高的注意力水平，能够高瞻远瞩，具有良好的决策判断能力，以及时抓住市场中的机遇和威胁，就能够给企业带来更好的认知，这也与构建管理者注意力模型的初衷不谋而合。所以，企业构建管理者注意力机制的最终目的是要更全面地审视复杂的利益相关者环境，有意识地提高管理者在利益相关者压力下对环境刺激信息的注意力，这将是提高企业对机会和威胁认知的重要途径，因为管理者注意力将使利益相关者压力认知更具体、更微观和容易操作，从而有利于企业争取响应利益相关者压力的主动权。

其三，企业的冗余资源及其管理者的结构位置和领域经验对管理者注意力的相关研究成果在利益相关者压力下的认知模式实践也具有参考意义。企业的冗余资源对利益相关者压力与管理者注意力的关系具有显著的调节影响，这说明除了利益相关者压力可以促进管理者注意力，企业管理者注意力建立过程中还需要具有足够的冗余资源。所以，企业在利益相关者压力下，要善于利用冗余资源去撬动企业内的资源，或判断所需要的冗余资源的程度，通过预留一部分冗余资源，避免无资源可用的尴尬境地，从源头上获取建立管理者注意力的资源。此外，我们还发现，管理者的层级越高，领域经验越丰富，意味着他们所控制的企业冗余资源越多，这将激发他们对机会认知的动机；反之，对威胁认知越强。因此，不同冗余资源的企业也需要认清不同管理者的领域经验及其层级的差异，而不是在组织中完全采取统一的无差别的认知模式，尽量提高管理者的领域经验和层级的差异性，决策中适当地增加具有不同的领域经验和层级的管理者。因为不同冗余资源导致不同层级以及领域经验的管理者对利益相关者压力的机会和威胁认知是不同的，所以，管理者的领域经验和层次的多样化，可以使企业对利益相关者压力所带来的机会和威胁做出更为理性的判断。

三　研究局限性以及展望

本书由于各种主客观原因和条件的限制，在研究过程中存在一些局限性，同时提出未来的研究方向。

首先，虽然本书基于注意力基础观模型，验证了管理者的关注、编码、解释和聚焦过程，但只注重探讨注意力形成的阶段性过程，忽视了注意力本质是上一个多层次的认知现象，未来的研究仍然有待于从个人、团队和组织三个层次，深入地调查注意力结构维度中的多层次特点以及跨层次效应。

其次，本书所提出的模型侧重于将企业的冗余资源以及管理者的结构位置和领域经验作为影响管理者注意力及其利益相关者压力认知的调节变量。虽然填补了相关学术领域的空白，但管理者注意力还可能受到团队层面结构因素的影响，例如，外部导向性、团队组成和团队异质性等。所以，未来的研究有必要进一步推进管理者的注意力情境因素在团队层次上的实证研究。

最后，利益相关者压力作为关键变量会导致企业所面对的行业环境不断发生变化，这种变化对管理者的利益相关者压力认知所造成的影响在研究中无法考察，造成本研究的结论可能不是很精确。所以，未来的研究应考虑企业所处的行业环境，不仅只是作为一个控制变量，而有必要分析不同行业的企业的差异对管理者注意力的影响，以探讨相同特征的企业管理者在不同的行业环境中会对利益相关者压力机会和威胁认知不同的原因。

第六章 企业逻辑对利益相关者压力的机会与威胁认知

第一节 理论背景与框架

本书试图解释不同企业对利益相关者注意力配置的差异,所涉及的主要概念包括主导逻辑、战略事项认知、注意力以及社会责任等。

一 主导逻辑与利益相关者

主导逻辑是指"一种思维模式,或者是一种世界观,或者是一种商业和管理工具的概念化,并在占主导地位的联盟之中作为一种共享的认知地图(或者一组模式)进行储存以实现目标和做出决策"。早期有关主导逻辑的研究集中在理解企业业务范围,强调主导逻辑通过减少战略多样性,将可以限制企业增长和多元化的可能性。Prahalad and Bettis(1986)在研究多元化与企业绩效之间的关系时,认为主导逻辑包含企业在发展核心业务过程中的一些经验性的认知,并且对于其他相关业务也同样适用。Grant(1988)则从公司层面和运营层面探讨了业务相关性与战略相似性以及如何进行正确的多元化战略决策,识别了主导逻辑这一"思维模式"的存在,并进一步使主导逻辑概念可操作化。实际上,主导逻辑的概念最早是源自认知心理学领域,表现为一系列的内部因素诸如管理者特点(Ginsberg,1990)、管理者共同的经验和组织发展历史(Von Krogh and Roos,1996)。主导逻辑类似于组织的"DNA",它深深地植入于企业标准化的操作流程中,塑造着组织成员的行为方式甚至他们的思维方式。随着信息技术的迅猛发展，企业所处的环境发生了剧烈的变化，管理者面临过多的信息，但却不能做出合理的、及时的解释与反应。所以，Reger 和 Huff（1993）、Bettis 和 Prahalad（1995）认为，主导逻辑从企业过去经验中所总结出的一套思维范式，可以作为一个信息过滤器，使管理者能够处理大量的信息。但是，在大量环境信息的传播过程中，管理者往往关注那些与自己的兴趣、习惯、需求、过去经验等相关的数据信息。所以，管理者会关注那些能为当前主导逻辑提供支持的数据，而其他潜在的重要数据就会被忽视，因此，主导逻辑类似于认知心理学领域的选择性认知这一概念（Miller, Burke and Glick, 1998）。Lampel 和 Shamsie（2000）采用"主导逻辑"思维来解决更加复杂的战略问题，在多元化企业的多个业务单元与整个企业战略之间如何寻求一致与平衡，并且这种一致的思维范式能够促使企业做出统一的决策。主导逻辑代表了 CEO 和高层管理团队的基本战略信念、战略认知以及战略目标的整合。

最近的研究主要探讨了主导逻辑是如何影响企业在多元化过程中参与风险投资和战略联盟（Lampel and Shamsie, 2000; Lane and Lubatkin, 1998），涉及跨越不同市场和层级的关系，这有助于管理者概念化企业与其他社会参与者之间的关系（Freeman, 1984）。Crilly 和 Sloan（2012）明确提出了主导逻辑与企业逻辑两个不同概念，将企业逻辑定义为高层管理者概念化企业与经济、社会政治环境的参与者之间关系的方式。根据管理者的认知模式，企业逻辑对利益相关者的注意范围具有重要的贡献（Floyd and Lane, 2000），相关研究涉及加强两者之间的联系（Rouleau, 2005）。Georg von Krogh、Pablo Erat、Mark Macus（2000）强调主导逻辑必须从"与公司的利益相关者环境紧密联系"视角去解读，他们将主导逻辑划分为两种对利益相关者环境要素的概念化方式：内部环境概念化和外部环境概念化。内部环境概念化的对象包括员工、企业文化、产品与商标等，外部环境概念化的对象包括竞争者、顾客以及政府因素。所以，嵌入于一个组织的主导逻辑能够帮助企业获得良好的发展，有可能影响企业对利益相关者环境的观察。管理者需要跳出企业所处行业以及地域的边界，从利益相关者环境发现机会和威胁，重新思考业务范围以及企业的主导逻辑。因此，我们对主导逻辑的关注可以超越企业的边界。利益相关者理论批判性地关注企业环境不同部分之间的价值创造和分配，其出发点是将公司描述为"具有内在价值的合作与竞争利益的星座"（Donaldson and Preston，1995）。一些学者设想一个利益相关者的层级结构是优先考虑股东（Jensen，2002）。此外，公司也可以被看成是一个对多个利益相关者负有责任的延伸性企业（Post et al.，2002；Freeman，1984）。股东的支持者主要关注为股东创造经济价值。公司的支持者将公司看成是一个延伸性企业，并关注为更广泛的利益相关者创造经济和社会价值（Kacperczyk，2009）。社会价值包括增加健康、教育、环境监控的社会资本，或者减少诸如人权倡议的社会不幸。

二 战略事项认知与利益相关者

战略事项这一概念最早在1975年由学者安索夫提出，它是指存在于环境中的能潜在地对组织目标实现有重大影响的一系列事件或者发展趋势。"战略事项可能作为一种在企业运营环境中能被掌握的机会存在，也可能是企业内部的力量，加以利用能成为企业的优势和机会，或者也可能是并不受欢迎的外部威胁以及内部的劣势。"安索夫认为，为了使战略决策者能够对企业内外环境中的重大趋向与事件做出迅速的回应，企业建立一个战略事项管理系统是很重要的（Ansoff，1980）。但是，战略事项通常都是含混不清的，需要被解释。而如何解释战略事项取决于这些事项所能被管理者认识到的特征，这决定了战略决策者将其解释为机会还是威胁。所以，Dutton 和 Jackson（1987）将战略事项分为机会与威胁两个类别。机会和威胁认知源于对事项具有积极或消极、潜在的收益或损失、可控或无法控制的感知。具体来说，"机会"意味着可能获得收益的积极情况，在这种情况下，管理者具有相当程度的控制力。"威胁"意味着可能存在损失的消极情况，在这种情况下，管理者具有相对较少的控制力。例如，Staw 等（1981）认为，控制的感觉与机会有关，源于有关如何响应事项的自主性以及选择是否响应的自由度，以获得解决事项的资源或手段；而低度控制的感觉与威胁有关,来自管理者的行为受到事项限制的认知。机会—威胁分类为管理者提供了认知捷径,类似于 Dutton (1993a) 的无意识过程。这种无意识过程与决策者的情感或情绪反应是有关的,在事项和影响之间建立了一个直接的联系。机会—威胁分类解决了战略事项层面的情感利益问题,使管理者容易感知"热"或"冷"的事项(Dutton and Jackson, 1987; Ginsberg and Venkatraman, 1995)。

但是,利益相关者是既可能给企业带来机会也可能带来威胁的重要战略事项(Frooman, 1999)。一方面,利益相关者对资源的控制可能会给企业带来威胁,并且影响企业的生存和表现;另一方面,利益相关者也可以为企业带来机会,机会可以通过社会资本(Krause et al., 2007)和知识创造(Dyer and Hatch, 2006)的形式体现出来。唐跃军和李维安(2008)将利益相关者视为企业的机会因素,并支持利益相关者的"共同治理"机制,他们认为,"公司管理层应从股东的压力中分离出来,将更多的权力交给其他的利益相关者",这将有助于提高上市公司的盈利能力和成长发展潜力(唐跃军,2005),也能够对我国上市公司的过度投资行为产生抑制作用(李维安、姜涛,2007)。所以,对事项的机会与威胁分类属于战略事项认知的关键(Dutton and Jackson, 1987),也是组织在决策过程中至关重要的一环,同时环境中的机会与威胁也是企业在配置注意力过程中的重要议题(Ocasio, 1997)。因此,机会与威胁认知和企业对利益相关者的注意力配置一定存在某种内在联系。尽管现有利益相关者的文献提出需要关注与利益相关者相关的机会与威胁,但迄今为止,现有研究更多地强调利益相关者的属性——权力性、合法性和紧迫性(Mitchell et al., 1997)——是使管理者关注利益相关者的关键因素,有关利益相关者的理论并没有研究战略事项认知对于利益相关者注意力配置的影响。

三 注意力与利益相关者

注意力是最早在1890年由认知心理学家James首次提出的,在他看来,注意力本质上是个人意识的焦点集中,导致个人不关注某些事项，以便有效地处理其他事项。随后，Titchener（1908）将注意力定义为一种通过感觉和视觉获得更大的"清晰性"的认知框架。Fiske 和 Taylor（1984）认为，注意力是指一些占据个人意识的事情（包括事件、趋势、理念等）。这些学者对注意力的探讨隐含着认知心理学家所关注的一系列心理概念，例如，记忆、感知、情感、意识等。然而，Johnston 和 Dark（1986）进一步提出，注意力是一个选择性的认知过程，决定了什么被或不被个人感知和记住。由此，Sproull（1984）认为，注意力整合了整个环境刺激信息处理顺序，他将注意力定义为随着时间的推移分配给环境刺激的信息处理能力。Johnston 和 Dark（1986）提出，注意力是对同时获得的环境刺激信息来源进行有差别的处理。所以，注意力是人们认知模式与环境刺激之间相互作用的结果，认知模式会对人们如何必然地会注意他们所遇到的环境刺激产生一个根本性影响，有差别的处理意味着个人会基于信息在内部认知模式中的表现形式，有选择性地注意环境刺激。在这个过程中，Simon（1947）将注意力这一概念引入管理理论中，认为管理者的注意力能够感知到的刺激是有限的。基于此，Ocasio（1997）所提出的注意力基础观将注意力定义为决策者个人花费自己的时间和精力来关注、编码、解释和聚焦组织的事项及应答的过程。从总体来看，学术界认为，应该从内容和过程两个角度来界定管理者注意力的概念。从内容来看，注意力是指在与决策相关的众多刺激因素中占据管理者意识的那个刺激因素。从过程来看，注意力是指管理者把自己有限的信息处理能力配置给与决策相关的刺激因素的过程，包括对刺激因素的关注、编码、解释和聚焦。其中，刺激是指组织环境中能够引起管理者在心理或行为上产生反应的事项，如机会与威胁。

从利益相关者角度来说，注意力意味着管理者在股东和非股东利益相关者相互之间利益取舍上的行为方式，非股东利益相关者包括员工、顾客、供应商、社会团体或者环保组织（Kacperczyk，2009）。但是，并不是所有利益相关者的诉求都可能准确地传达给管理者，不同的利益相关者在管理者心目中的重要性存在显著的差异（Mitchell et al., 1997; Agle et al., 1999; Kaler, 2006），这种差异将导致管理者对不同利益相关者的关注程度也会存在差异，决定着管理者在对不同利益相关者诉求所分配的时间和精力是存在差异的（Randel et al.，2009；Gonzalez – Benito and Gonzalez – Benito，2010）。事实上，利益相关者管理作为其关键属性，需要同时注意所有利益相关者的合法权益（Donaldson and Preston，1995），所以，同时注意多个利益相关者已经成为有效管理利益相关者普遍接受的观点。利益相关者文献忽略管理者的局限性，同时注意多个利益相关者，隐含假定管理者个人注意力的能力是相同的。利益相关者文献认为，可以忽略人们的认知局限性，管理者会同时注意多个利益相关者，隐含假定组织的注意力会产生异化。利益相关者管理作为其关键属性，需要同时注意所有利益相关者的合法权益（Donaldson and Preston，1995）。虽然企业可能依次关注目标，在不同时间满足不同的利益（Cyert and March，1963），他们也可以从差异化的注意力获得利益，从而使管理者将注意力集中在环境中的不同利益相关者（March and Simon，1958）。弗里曼（1984）将利益相关者定义为"任何能够影响或受到实现组织目标影响的团体或个体"，他强调管理者在引导组织注意力到利益相关者的作用。管理者可能依次关注不同的利益相关者，在不同时间满足不同利益相关者的利益（Cyert and March，1963），它们也可以从差异化的注意力获得利益，从而使管理者将注意力集中在环境的不同部分（March and Simon，1958）。

四 利益相关者与社会责任

企业社会责任的概念最早由英国学者 Oliver Sheldon 提出。他认为，企业不能把最大限度地为股东盈利或赚钱作为自己的唯一存在的目的，还必须最大限度地增进除股东之外的所有其他利益相关者的利益（Sheldon，1924）。随后，Bowen（1953）将企业社会责任定义为企业按照社会的价值观与目标期望，做出有关决策并采取符合社会理想的行动义务。Davis 和 Blomstrom 认为，企业社会责任是指企业管理者在追求企业自身利益的同时所具有的采取措施保护和增进社会整体福利的义务（Davis and Blomstrom，1975）。综观国外学术界对社会责任的界定，基本上反映了工业革命以来企业被赋予的经济使命基础之上的延伸，倡导以社会整体福利为核心。Carroll（1979）对企业社会责任的定义推动了对其维度的研究。他认为，企业社会责任是社会对组织所寄托的一种期望，这种期望包括经济、法律、伦理和自由决定（慈善）四个方面。这四个维度的关键点分别在于盈利（股东、员工、政府）、守法（供应商、债权人）、行事合乎伦理（消费者、环境）以及成为一个好企业公民（社区、社会公众）。实际上，Carroll这四个方面的企业社会责任相当于一个利益相关者模型，在这个模型中，每一类责任对应体现着企业与不同利益相关者的关系。因此，Carroll的研究使利益相关者理论开始成为企业社会责任研究的"有力武器"。随后，Edwin M. Epstein 也主张把企业社会责任与企业对利益相关者和伦理规范日益增多的关注联系起来，认为企业社会责任主要与组织对特别问题的决策结果有关，决策要达成的结果应对利益相关者是有益而不是有害的（Epstein，1987）。Stanwick 等在 Carroll 提出的企业社会责任绩效（CSP）模型的基础上，认为企业社会责任绩效的多维度就包括企业慈善（用捐赠来反映）、高层管理人员（用薪酬和奖金来衡量）、员工（用董事会和企业中女性和少数民族人数来体现）、自然环境（用有害物质排放量来表现）以及股东（用企业的获利能力来说明）等相关利益者，至此企业社会责任绩效的多维度概念被替换成相关利益者的多重关系（Stanwick et al.，1998）。

中国企业的社会责任有着中国社会环境所赋予的独特特性，比如，在就业、商业道德、社会稳定以及环境方面所凸显的特殊问题。总体来说，我国对于社会责任的研究开始较晚，但发展迅猛。一些学者针对中国企业的特定利益相关者提出了相关意见，如刘俊海（1999）认为，企业所应增进的社会整体利益应包括股东利益、雇员利益、债权人利益、中小竞争者利益、当地社区利益、环境利益、社会弱者利益及整个社会公共利益等内容。卢代富（2001）也是从利益相关者的角度出发，认为企业社会责任除谋求股东利益最大化之外，还应该包括对雇员的责任，对消费者的责任，对债权人的责任，对环境、资源保护与合理利用的责任，对所在社区经济发展的责任，对社会福利和社会公益事业的责任。但是，关于企业社会责任的维度划分,截至目前,还没有统一的说法。在国外学者中,上述 Carroll 的四层次观被广为接受。还有国外学者从利益相关者出发,认为企业社会责任有七个维度,即对股东和债权人的责任、对员工的责任、对政府的责任、对合作者的责任、对消费者的责任、对社区的责任和对自然环境的责任。我国一些学者对此则持三层次观,但在各层次包括的具体内容上有差异。如席建国认为,基本层是法律责任;中间层是遵守商业道德、生产安全、职业健康和保护劳动者的合法权益等;更高层是企业对社区建设、环境保护、支持慈善事业、捐助社会公益和保护弱势群体等社会责任(席建国,2005)。陈讯等则认为,基本层包括对股东负责和善待员工;中间层是对消费者负责、服从政府领导、搞好与社区的关系和保护环境;高级层是慈善捐助和热心公益(陈讯、韩亚琴,2005)。另外,张玲丽直接从利益相关者角度出发,将企业社会责任绩效的评价分为股东、客户或者消费者、员工、环境、商业伙伴和公益事业六类(张玲丽,2008)。这些研究由于视角不同,维度的划分也有差异,但基本上确定了社会责任的范围。

五 理论框架

企业对利益相关者的关注程度,不仅仅取决于客观的外部因素的影响,它也依赖一种内在的管理认知,那就是管理者如何概念化他们所经营的企业和社会的关系,"企业的行为都来源于管理者如何构想企业所处的环境"(Porac et al.,1989),这里就有个隐含的概念,就是认知。认知已经被用于研究各种与战略相关的问题,包括识别竞争者(Porac et al.,1989)、定位(Reger and Huff,1993)、工业和技术变革(Barr et al.,1992),等等。另外,认知也可应用于理解管理者怎样将交易伙伴进行概念化,并且潜在地延伸到对更广泛的利益相关者进行概念化。在整个认知过程中,管理者会对利益相关者的信息进行解读(Henriques and Sadorsky,1999),这些信息存在大量不确定性,决策制定者会判断这些环境要素会给企业带来机会还是威胁(George et al.,2006)。这种对机会与威胁的认知判断也就是管理者进行战略事项界定的过程(Jackson and Dutton,1988)。

企业的主导逻辑(Prahalad and Bettis,1986)作为企业内部的重要特质,同样也作为管理认知的一种形式,在解释对利益相关者的注意力问题上能起到关键作用。主导逻辑是一种集体认知,或者说是企业对待问题的一种思维模式,它反映了高层管理者如何对企业的业务进行概念化。主导逻辑能够影响战略决策的制定,并且指引企业应该关注哪些对象(Bettis and Prahalad, 1995)。早期对主导逻辑的研究通常用它来解释企业针对多种业务的战略多样性,从而影响企业的战略决策(Prahalad and Bettis, 1986)。然而,当企业同时关注与处理多个利益相关者的问题时,同样,也面临企业外部多样性的困扰与挑战。与解决战略多样性问题不同的是,这种挑战的核心在于"理解企业作为环境中的一个要素应该扮演什么角色以及理解自身与其他社会组织的关系"(Freeman, 1984)。迄今为止,很少有从企业内部因素出发、从管理者如何概念化企业与社会的关系角度来研究与对利益相关者的注意力问题的研究。

具体来说,我们延伸了主导逻辑这一概念,从而将企业定位于一个包括经济、社会和政治要素的大环境中(Post et al., 2002)。在本书中,基于上述的理论分析,我们使用"企业逻辑"来反映主导逻辑这一概念,并依据有关文献将企业逻辑进行了划分,由此提出,不同的企业逻辑通过影响管理者对战略事项的界定,从而导致不同水平的利益相关者注意力(Crilly and Sloan, 2012)。我们主要使用案例方法,结合了高层管理者访谈与问卷调查的方案,对服务行业的三个企业进行了组内研究。我们发现,企业在看待利益相关者视角以及处理利益相关者事务方面存在差异的原因,从内部来说,是因为企业管理者在对企业与社会的关系进行概念化的方式迥然不同。我们确定了三种不同的企业逻辑,从第一种将利益相关者设想为合约交易的相关方的"竞争优势逻辑",到与利益相关者紧密合作从而共同创造价值的"商业网络逻辑",再到强调利益相关者利益与企业可持续发展的相互依存作用的"持续适应逻辑"。我们将企业逻辑、战略事项界定(Dutton and Jackson, 1987)以及企业对利益相关者的注意力(Nadkarni and Barr, 2008)放在一个模型之中,一方面解释了在同一背景下不同企业之间的异质性,另一方面也提供了一种思考企业内部特质的新方式。综上所述，本书的整体理论框架如图 6-1 所示。

```
        ┌─────────────────────────────┐
        │         企业逻辑             │
        │ 竞争优势逻辑、商业网络逻辑、持续适应逻辑 │
        └─────────────┬───────────────┘
                      ↓
┌──────────────┐    ┌──────────────────┐
│ 战略事项认知  │ →  │ 对利益相关者注意力配置水平 │
│ 机会、威胁   │    │                  │
└──────────────┘    └────────┬─────────┘
                             ↓
                    ┌──────────────┐
                    │  企业社会责任 │
                    └──────────────┘
```

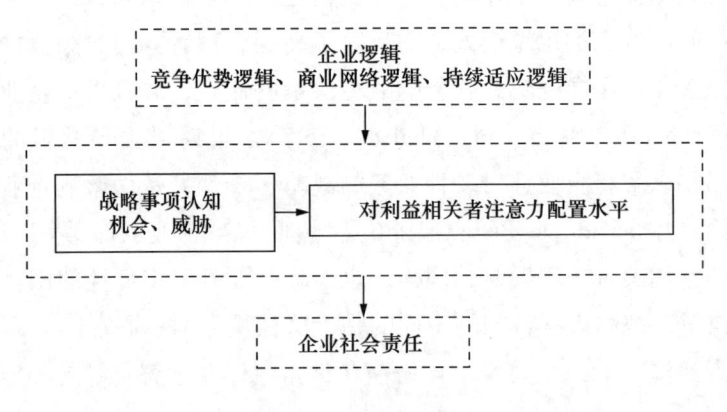

图 6-1　理论分析框架

第二节　研究方法与研究设计

一　研究方法

本书采用多案例研究的方法，并遵循 Yin（2009）的建议，在形成基本理论分析框架的基础上，通过多个案例材料的重演和验证，归纳形成企业对利益相关者的注意力配置上存在显著差异的有关理论命题。采用多案例研究方法的原因大致归结于以下几点：

第一，案例研究是管理理论创建的重要研究方法之一（Eisenhardt, 1989; Harrison and Freeman, 1999），与其他研究方法相比，案例研究，不但有助于创建新的理论，而且能够产生具有现实有效性的结论（Eisenhardt, 1989），而多案例研究则能形成更具现实性解释力的理论。

第二，多案例研究方法适合于过程和机理类问题的研究，本书研究的问题正好属于这个研究范畴。企业对利益相关者注意力的形成是一个复杂的认知形成过程与决策过程，其影响机制既可以是外部的，也可以是内部的。传统的利益相关者理论倾向于关注外部因素的影响，但基于前一部分的理论回顾，本书提出，企业内部的主导逻辑以及由此形成的战略判断是企业对利益相关者注意力配置以及决定企业社会责任表现的重要因素。需要进一步说明的是，本书通过视角的转换，主要是对原有利益相关者理论进行补充，从而丰富企业对利益相关者注意力影响机制，并将过程与机理阐述清楚，并不揭示内部和外部影响哪一个因素更为重要，而采取多案例研究方法正好能够达到这个目的。

第三，从研究内容来说，我们遵循的从内而外的研究视角所选择的关键变量——主导逻辑——是一个认知层面的概念，并不容易用定量的数据进行测量。另外，问题属于机会还是威胁的界定，虽然可以通过设计一些相关问题给予倾向性评分，但是，这种评分都是相对而言的，没有绝对的匹配关系。我们将对利益相关者的注意力配置分为范围与程度两个方面，其中，范围可以有效测量，而关注程度只能引用访谈对象的访谈材料进行补充说明。因此，用案例研究的方法则是较为合适的。

二 样本选择

案例研究方法中的样本选择应该基于理论抽样而不是随机抽样（Yin，2009；Eisenhardt，1989），即应该服务于案例研究的主题。依据样本选择标准，并结合本书研究内容与样本的匹配性，我们选择三个企业作为样本。在选择样本时，本书主要限定了两个因素：第一，地区。不同地区对本书研究企业内部因素对利益相关者注意力的影响机制存在的制度约束等方面的影响，必须予以排除。第二，企业规模。不同规模的企业在战略配置上存在差异，从而会影响本书研究的针对性。我们没有在行业和企业性质上做相关控制，因为本书的研究出发点是企业逻辑，根据上文的理论回顾，我们知道，企业逻辑的形成本身就代表了一个企业的独特文化与核心价值观等认知层面的元素，而不同的行业和企业性质也是形成不同企业逻辑的重要因素。在行业的选择上，我们分别选择来自广告、咨询和物业管理领域的三个企业，这三个行业都属于社会嵌入性较高的行业，在社会关系中的节点较多，保证本书理论研究中对于利益相关者注意力与社会责任方面的比较分析。三个企业均位于湖北省武汉市，年收益均在5000万—1亿元，员工总人数均在50—100人，规模相差无几。根据企业提出的保密要求，本书隐去公司名称、受访者姓名等信息，并用英文字母简写替代样本企业名，分别为 YCM 公司、HUJE 公司和 WY 公司（见表 6-1）。三个企业的其他基本信息以及我们在每个企业选择的受访高层管理者人数如表 6-1 所示。

表 6-1　　　　　案例企业的基本信息以及访谈情况

企业名称	基本信息				访谈情况		
	行业	公司性质	规模	成立时间（年）	访谈时间（小时）	访谈人数	访谈对象
YCM	广告	外资	中	6y	15h	5	销售经理和（副）总经理
HUJE	咨询	合资	大	31y	12h	4	营业部经理和（副）总经理
WY	物业管理	民营	中	12y	12h	4	人力、财务和总经理

三　数据来源

本书主要通过两种途径收集数据：档案文件和高层管理者访谈。档案文件主要包括公司年报和其他内部资料。我们通过编码来识别企业年度报告中的相关内容。在征求公司主管人员的同意后，通过查阅企业的内部以及公开的文件资料，包括运营部门与风险控制部门的有关文件以及公司宣传组的宣传材料等，我们尽量收集企业高层管理者对于环境要素整体诠释方面的文件与数据，从而便于我们获得有关组织认知上的有效数据。接着，我们对 3 家公司的共 13 位高层管理者进行了访谈来获得对利益相关者和战略事项分类方面的数据，以及企业所涉及领域的历史事项、对利益相关者关注的政策以及项目落实到位与否的证据。在每个公司中，我们都选择了总经理和对主要功能板块负责的总监和经理人员，或者其他负责可持续发展战略的管理者进行访谈，并且保证访谈对象中至少有 1—2 名对于企业整体方向的控制具有直接决定权（这样，我们所收集的材料才能够反映主导逻辑这一认知层面的概念）。每次访谈均持续 100—180 分钟，均为半结构化的访谈。在对每个高层管理者访谈结束后，我们还要求他们填写一份利益相关者重要性排序表和一份关键节点关联问卷，便于我们识别企业逻辑以及测量企业的利益相关者注意力水平。

四 变量分类方法与测量方法

本书对测量方法的选择主要涉及四个方面，分别是企业逻辑划分与识别、企业战略事项界定方式识别、利益相关者注意力水平测量和社会责任履行情况测量。这四个方面所涉及的测量子目标和测量方法如表6-2所示。

表6-2　　　　　　　　　测量目标与方法

测量内容	测量子目标	测量方法
企业逻辑划分与识别	企业逻辑划分	通过提炼出企业在看待企业内部与外界环境要素关系方面的三个关键点，从而将企业逻辑划分为三种不同的类型
	企业逻辑识别	列出中心节点关键词，通过问卷获得节点之间的逻辑认知，从而创建邻接矩阵，通过UCINET软件识别中心节点，结合节点图的形态判断企业逻辑
战略事项界定方式识别	计算威胁—机会比率，从而判断企业进行战略事项界定是偏向机会还是威胁	通过对与机会和威胁相关的四个陈述性命题分配分数并对不同高层管理者的分数取简单算术平均来获得每个企业的威胁—机会比率
利益相关者注意力水平测量	企业主要关注利益相关者数量	列出17个利益相关者类型供被访谈高层管理者选择，取平均数得到注意力范围
	企业主要利益相关者所属类别	将利益相关者分为具有直接经济价值的利益相关者、具有间接经济价值的利益相关者和不具明显经济价值的利益相关者，并对被访谈高层管理者所选择的利益相关者进行归类
社会责任履行情况测量	判断社会责任各个层次的履行情况	将社会责任的履行情况分为三个层次
		直接从访谈中识别企业对于社会责任各个层次要素的认知情况与执行情况

（一）企业逻辑划分与识别

我们基于相关文献归纳出企业如何看待内部与外部环境关系的三个关键要素，将企业逻辑划分为三种不同的类型。

首先，根据企业逻辑划分的三个要素，列出了16个反映企业基于环境的战略目标、互动模式以及关系网络结构的关键词，它们分别是经济效益、竞争优势、市场力量、效率、市场知识、契约、声誉、创新、协作、遵守法规、承诺、沟通、信任、环境、可持续性、社会发展。接着，将这16个关键词作为中心节点，并按顺序依次排列，靠前的节点反映的是企业重视任务的完成与经济效益的获得而不注重社会关系的维护，靠后的节点反映的是企业注重社会关系的维护以达到一种协同与持续的状态而不仅仅是获得经济利润。

其次，通过调查问卷获得了三个案例企业对于这些节点之间的逻辑关系的认知，同时为每个企业建立了一个邻接矩阵，并将问卷中定性的数据转换成一个定量的计量汇总，用 +1 表示一个肯定的因果关系，用 -1 表示一个否定的因果关系，用 0 表示在两个节点之间没有因果联系。

最后，采用社会网络分析软件 UCINET 来识别每个案例企业的中心关键节点，并根据结构图的集成性、中心关键节点所处的位置及其反映的侧重点来判断企业逻辑的类型。

（二）战略事项认知测量方法

我们采用管理者对战略事项所带来的机会与威胁认知进行测量，进而对与企业有关的战略事项给予客观评价。提供给被访者四个与关注利益相关者所存在的威胁与机会的陈述性命题，并要求他们根据自己所感知到的重要性与相关性来给这四个陈述性的命题打分，总分为10分。其中，两个命题侧重于关注机会：一是有必要利用环境中的一切资源与力量提升企业业绩，获得更高的利润率；二是发现新的市场机会，并极力消除环境的限制。另外两个命题侧重于减少威胁以及缓解资源压力：一是对各类合作、担保协议进行严格审查，对资金流向进行严格控制，在相关方的利益冲突中保持第三方的中立性，从而降低或者避免潜在的企业风险；二是严格控制各个流程环节的成本。基于企业高层管理者对这四个与关注利益相关者所存在的潜在威胁与机会的陈述性命题的打分，我们用简单算术平均法将分数折算成了一个威胁—机会比率，并根据对他们的询问取证获得了支持性的解释。

（三）利益相关者注意力配置水平测量方法

我们列出了17个利益相关者类型，包括股东、顾客、雇员、管理当局、非政府组织、政府及官员、社会大众、供应商、经销商、商业合作伙伴、大学、工会、行业协会、债权人、本地居民及社区、媒体、环保机构或环保主义者。在对每个企业的高层管理者进行半结构化访谈中，要求每位被访谈者勾画出他们所主要关注的利益相关者，进行重要性排序，并且给出关注理由以及排序理由。对于每个案例企业，我们对被访谈者所选择的有效利益相关者个数取平均数进而从数值上判断企业对利益相关者的注意范围，并结合每个企业所关注的主要利益相关者所属大类（具有直接经济价值的利益相关者、具有间接经济价值的利益相关者和不具明显经济价值的利益相关者）及其分布状况，从而判断企业对利益相关者的注意程度。同时，被访谈者所给出的关注某一利益相关者的理由也为我们的研究结果提供了逻辑上的佐证。

（四）企业社会责任测量方法

根据企业社会责任维度中的利益相关者划分方法，我们将三个案例企业履行社会责任的情况从三个层面予以分析：第一层是对股东利益负责与善待员工；第二层是满足客户需求、维护商业合作伙伴的利益；第三层是热心慈善捐助与社会公益。年报与访谈材料中的有关摘录充分显示了被访企业高层管理者在对待股东、员工、客户、商业合作伙伴以及社会公益等利益相关者方面所做的履行社会责任的实际行动，所以，三个案例企业社会责任的履行情况可以通过年报以及访谈材料中的内容进行判断以提取证据。

第三节 基于主导逻辑的利益相关者注意力模型

不同的企业具有完全不同的企业逻辑,从而使企业在战略事项界定过程中采取不同的方式,进一步影响企业对各个利益相关者的注意力配置,最终导致企业在社会责任的履行上表现出差异。

本书采用案例研究的方法,选取了三个企业案例。首先,我们参考了相关文献材料,并采用了多维度概念提取的方法将企业逻辑划分为三种类型,并对案例企业的企业逻辑进行了识别,主要通过调查问卷获取企业高层管理者对中心节点关键词之间的逻辑认知并用UCI-NET软件绘制了企业逻辑节点图,从而识别出了案例企业的逻辑,最终通过提取高层管理者的访谈信息对企业逻辑进行了验证。其次,我们讨论了企业逻辑对企业战略事项界定方式的影响,主要通过被访高层管理者对四个涉及机会与威胁的陈述性命题分配分数计算出一个威胁—机会比率,这个威胁—机会比率反映了企业对利益相关者属于威胁还是机会的判断,即战略界定方式。企业逻辑对战略事项界定方式的影响关系也通过高层管理者访谈进行了验证。然后,我们进一步讨论了企业逻辑通过战略事项界定对利益相关者注意力配置发挥的作用,主要通过被访谈对象对利益相关者进行选择与排序并进一步通过访谈内容来测量。最后,企业社会责任的履行情况也就自然而然地通过访谈内容识别出来了。

一 企业逻辑的划分与识别

(一) 企业逻辑类型的划分

企业逻辑是指高层管理者对企业与社会之间的关系所进行的概念化。本书通过提炼出企业在看待企业内部与外界环境要素关系的三个关键点,将企业逻辑划分为三种不同的类型。三种企业逻辑分别是竞争优势逻辑、商业网络逻辑和持续适应逻辑,分别代表商业利益中心概念化、商业生态系统概念化和生态圈紧密依存概念化(Crilly and

Sloan，2012），如表 6-3 所示。

表 6-3　　　　　　　　企业逻辑类型的划分

	竞争优势逻辑	商业网络逻辑	持续适应逻辑
	商业利益中心概念化	商业生态系统概念化	生态圈紧密依存概念化
基于环境的战略目的	单纯追求利润而不关注其他要素	通过维护与内外环境中各种要素的关系而利用它们为本企业创造价值	选择某种战略，使本企业与利益相关者均能获得利益
互动模式	任务型	任务—关系折中型	关系型
关系网络结构	疏松负相关	中等密集型联系	密集正相关

竞争优势逻辑是指非常注重交易关系，希望不断进行企业经济价值的创造，获取最大可能的利润，在经济与社会价值创造的权衡中追求经济价值的创造而将社会价值创造看作对企业和企业战略不利的因素的这样一层概念化的方法。

商业网络逻辑是指着重于经济价值的创造并以之为中心，但是，也承认经济价值创造过程中的合作伙伴关系的重要性，认为经济价值创造的中心地位也是由与利益相关者之间的相互依存关系作为基础支撑的这样一层认知体系。

持续适应逻辑是指既看重经济价值创造又看重社会价值创造，关注企业和利益相关者的共同利益，追求企业福祉与社会福祉相互依存的认知概念化方式。

我们采用对企业逻辑进行分类的三个关键点分别基于环境的战略目的、互动模式和关系网络结构。

在这三个关键要素中，企业做出各种战略部署的目的都是获取利润与创造价值，或者是使企业在整个产业中保持一定的竞争优势，但最终目的都脱离不了利润。

基于环境的战略目的描述的是企业在利润与价值创造的过程中是否关注以及如何对待企业所处内外环境中的各种要素。我们将基于环境的战略目的分为三种类型：第一种是单纯追求利润而不关注其他要素；第二种是通过维护与内外环境中各种要素的关系而利用它们为本企业创造价值；第三种则是选择某种战略，使本企业与利益相关者均能获得利益，这是一种正和策略。

互动模式反映的是企业与其利益相关者之间是以何种风格以及行为思路进行交往的。这一层概念借鉴经典管理学理论中对于领导风格的划分。20世纪40年代，密歇根大学对领导者行为特征的研究将领导方式分为员工导向和工作导向。后来，由保罗·赫塞和肯尼思·布兰查德提出的情境领导理论仍然将领导行为分为任务行为和关系行为两个维度。同样，我们将企业与利益相关者之间的互动模式分为任务型、关系型和任务—关系折中型，反映企业作为一个整体，是如何表现其与利益相关者之间的行为的。

关系网络结构反映的是企业与利益相关者之间关系的紧密程度。我们同样将其分为代表低度、中等和高度的紧密性三类。第一类描述在经济利益与社会价值之间权衡的疏松负相关；第二类强调合作伙伴关系在经济价值创造过程中重要性的中等密集型联系；第三类强调企业和利益相关者共同利益的密集正相关。

这三个关键要素与一个企业的内在特质（包括企业文化、作为整体的企业对于特定问题的思维方式等）息息相关。另外，这三个关键点之间也有着特定的对应关系。比如说，如果一个企业基于环境的战略目的是第一种，即单纯追求经济利润而不关注其他要素，那么显而易见的是，其与利益相关者之间的互动模式属于任务型，进而它的关系网络结构也是属于第一种，呈现出疏松负相关。将这三个关键点进行对应组合，我们就得到了三种企业逻辑，这三种不同的企业逻辑使企业将其与社会和环境的关系进行着不同的概念化。

（二）三个案例企业的逻辑识别及特点介绍

通过UCINET软件，我们得到了三个企业的企业逻辑节点图（见图6-2、图6-3、图6-4）以及各自的中心节点（见表6-4）。另外，结合通过软件测算的每个节点的中心度数值，我们可以判断三个企业分别属于哪一种企业逻辑。

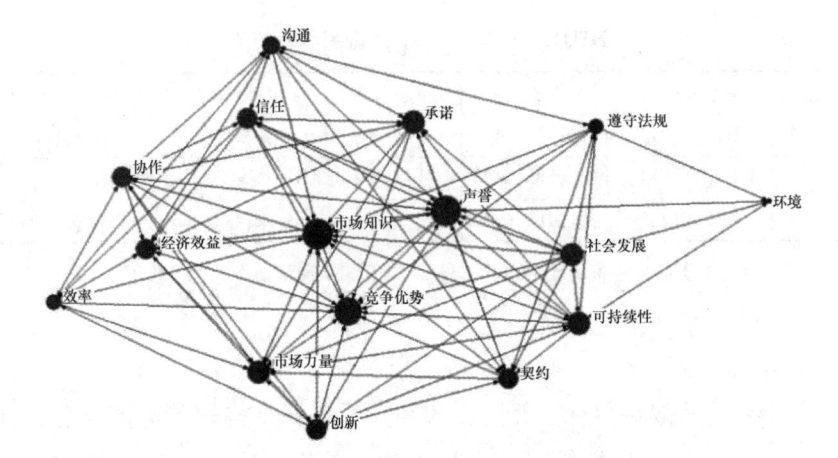

图6-2　HUJE 的企业逻辑节点

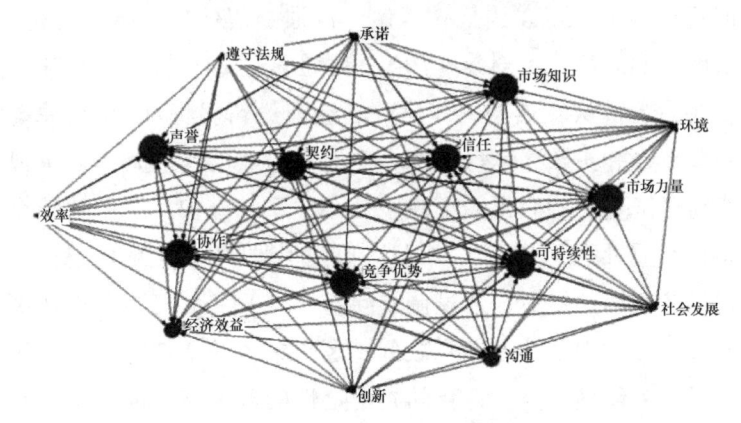

图6-3　WY 的企业逻辑节点

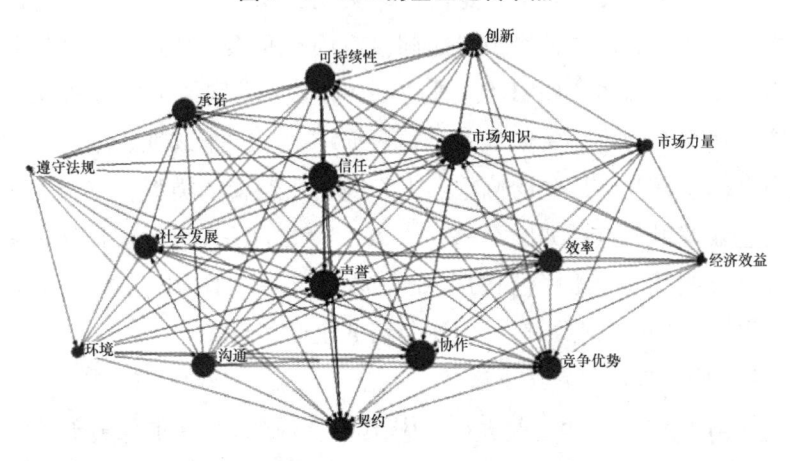

图6-4　YCM 的企业逻辑节点

表6-4　　　　　HUJE、WY、YCM 公司的中心节点

企业	中心节点1	中心节点2	中心节点3	中心节点4	中心节点5
HUJE	竞争优势（12）	市场知识（11）	声誉（11）	经济效益（10）	市场力量（9）
WY	竞争优势（14）	市场力量（13）	可持续性（12）	声誉（10）	信任（9）
YCM	声誉（12）	市场知识（11）	信任（10）	承诺（9）	可持续性（8）

注：中心节点后括号里的数字表示该节点在 UCINET 网络图中的连接数。

首先，根据企业逻辑划分的三个要素，我们列出了 16 个反映企业基于环境的战略目标、互动模式和关系网络结构的关键词，它们分别是经济效益、竞争优势、市场力量、效率、市场知识、契约、声誉、创新、协作、遵守法规、承诺、沟通、信任、环境、可持续性、社会发展。我们认为，对这 16 个关键词的逻辑关系的认知基本上反映了企业的逻辑认知结构，即反映了企业逻辑。将这 16 个关键词作为中心节点，并按顺序依次排列，靠前的节点反映的是企业重视任务的完成与经济效益的获得而不注重社会关系的维护，靠后的节点反映的是企业注重社会关系的维护以达到一种协同与持续的状态而不仅仅是获得经济利润。然后，通过调查问卷获得了三个案例企业（主要通过企业最高层）对于这些节点之间的逻辑关系的认知，同时为每个企业建立了一个邻接矩阵，并将问卷中定性的数据转换成一个定量的计量汇总，用 +1 表示一个肯定的因果关系，用 -1 表示一个否定的因果关系，用 0 表示在两个节点之间没有因果联系。最后，将结果录入社会网络分析软件 UCINET，通过 UCINET 这个网络分析软件来识别每个案例企业的中心关键节点，并根据结构图的集成性、中心关键节点所处的位置及其反映的侧重点来判断企业逻辑的类型，三个案例企业的企业逻辑节点图如图 6-2、图 6-3 和图 6-4 所示。详细识别过程参见下文三个案例企业的企业逻辑分析，即 HUJE 公司的企业逻辑、WY 公司的企业逻辑、YCM 公司的企业逻辑。

1. HUJE 公司的企业逻辑

如图 6-2 和表 6-4 所示，HUJE 公司显示了竞争优势逻辑。从其自身的节点图特征以及与另外两个企业进行比较，HUJE 具有相对

简单的企业逻辑，在建立关系方面所做的努力相对较少。图6-2显示，HUJE的企业节点图存在更多空白的空间，表6-4显示，最中心的节点是竞争优势，以及经济效益和市场力量等与公司股东存在直接利害关系的要素。这也就意味着，获取利润对股东来说是一个关键性的问题；相反，社会价值的创造与经济增长经常是负相关的。竞争优势逻辑的HUJE公司将环境中的要素都看作为本企业利润最大化服务的因素，对于其他要素的特征均表示较少的关心，为了实现经济价值全心全意进行自身的战略部署。企业与利益相关者之间的联系都是依托于完成自身的经营任务，对于"合作伙伴"这个词的认识非常狭隘。从HUJE的访谈中我们可以获得对其企业逻辑进行判断的佐证："雇员跟股东是没法比的，因为雇员都是服务于股东的。利益相关者的利益诉求不可能全部满足。经常会有矛盾，比方说管理当局有事交代，行业协会也分配一些事务，肯定以我们的上级主管为主。""我们在市场上竞争是很少与别人合作的，但一旦有合作，在合作的过程中出现利益问题，我们肯定更多考虑股东。"（HUJE公司，访谈）

2. WY公司的企业逻辑

如图6-3和表6-4所示，WY公司显示了商业网络逻辑。这一层逻辑相对于竞争优势逻辑更为复杂，不同节点之间具有更多的联系。企业仍然最为关注企业本身的竞争优势和市场力量，但是，在关注企业切身利益的同时，也在极力维护自身与环境要素之间相互信任的氛围。非常关注自身的声誉，从而实现在行业中的可持续性发展。我们从WY公司收集的资料反映了商业网络逻辑这一商业生态系统概念化思想。WY公司的战略目的是通过提供专业服务从而获得企业价值的成长并且获得强大的市场力量。但是，与HUJE的竞争优势逻辑不同的是，虽然最终的战略目的相同，但是，WY公司偏向于转换了思路，或者说更加灵活变通一些，WY公司并不一味地"死盯"公司利益，而是懂得要广泛利用一些可以利用的因素，通过维持与内外部环境中的各种有利要素来为企业创造价值。在这个基础上，企业与利益相关者之间维持着一种中等密集型联系，一方面维护关系，另一方面从这种关系中获得利益。从WY公司的访谈摘录与内部资料我们可以获得了对其企业逻辑进行判断的佐证:"我们经营企业项目、与我们的顾客或者是合作伙伴打交道,首先是要符合市场规律,也就是我们常说的'你情我愿',对我来说要有投标价值,要有利润;同时我们必须要展现我们真实的企业状况,考虑是否符合他们的要求。"(WY 公司,访谈)"因为这个行业节点比较多。比方说 A 业务,我现有的能力可能做不了,但是整个项目中的 B 业务是我在做,所以我需要找一个有能力承接 A 业务的合作伙伴来与我合作。"(WY 公司,访谈)"利润分成是这样的,第一原则是大家都有钱赚。分包业务也是分包风险,基于这个原则,这个合作的实现基于一定的条件——一方面合作方愿意做,也能赚取经济利润;另一方面不能偏离我们的成本控制区间。"(WY 公司,访谈)

3. YCM 公司的企业逻辑

如图 6-4 和表 6-4 所示,YCM 公司显示了第三种企业逻辑——持续适应逻辑。这层逻辑与商业网络逻辑类似,不同节点之间的联系较为复杂。只是持续适应逻辑在商业网络逻辑的基础上更进了一步,并在互动模式与关系网络结构上显示了巨大的差别,在基于环境的战略目的上存在细微的差别。这一层逻辑所对应的网络图中心节点就发生了根本的变化,如图 6-4 所示。企业已经不再将注意力的焦点放在企业经济利益的获取上,而似乎是将自身赋予了更高的使命。这类似于个人所拥有的价值观的不同层次,就像有的人努力工作是为了获得更强的经济实力,但是,一旦拥有了客观的经济能力,人可能开始追求其他价值的实现,就像马斯洛需求层次理论所揭示的,基本层次的需求被满足之后,诸如自我实现价值这样更高层次的需求将会成为一段时期内的主导需求。YCM 公司最为中心的节点是声誉,这也就意味着它格外关注外部环境要素对它的评价。另外,企业注重履行承诺,从而保证外部对企业的信任。整个社会的可持续性发展也是企业所力求维护的。YCM 公司的战略部署倾向于采用一种使自己与利益相关者均能获得利益的共赢策略。持续适应逻辑的企业与利益相关者打交道不再是立足于利益,而是立足于关系,通过维护关系保证持续性的合作。从 YCM 的访谈摘录中我们可以获得对其企业逻辑进行判断的佐证:"我们公司对社会新闻的嗅觉也比较灵敏,因此,我们会主动去做很多履约社会责任的事情。跟其他企业不一样,我们做这个并不是在哪里宣传什么,如果要说是为了什么,我们可以将其归结为企业文化建设,我们告诉我们的员工都要有社会责任感,有回报心,有感恩心,企业会带着员工一起去做公益。""同业竞争基本不存在,因为每一家企业的生存都是有它的道理的。我们的关系是互补的。在运营一段时间之后,大家都能找到自己的方向,找到了自己的服务点,所以不可能是完全同质化的。""在商业合作中,如果不是'双赢'是做不好事情的。我们的合作都是'双赢'的……""关系维护非常重要,绝对重要,我们这个行业我甚至觉得就是个关系网……最基本的员工关系,对于现存的状态,我敢说,员工已经完全不需要去鞭策,基本上都是主动完成工作任务的。"(YCM 公司,访谈)

基于以上分析,我们得到以下命题:

命题1:基于环境的战略目的、互动模式和关系网络结构三个变量能将企业逻辑划分为竞争优势逻辑、商业网络逻辑和持续适应逻辑三种类型,不同的企业根据此维度对应其中一种企业逻辑。

二 企业逻辑对战略事项界定的影响

我们对理论的研究表明,企业逻辑是一种思维模式或者说是一种思考战略问题并做出战略决策的世界观。在本书中,我们将战略事项界定定义为企业在思考自身与利益相关者关系的过程中,倾向于将维持与某一利益相关者的良好关系看成是企业的机会还是威胁。通过前人对战略事项界定的研究,我们知道,企业所遇到的战略事项经常都是含混不清的,因此,它们需要被解释(McCaskey,1982;Daft and Weick,1984)。如何来解释这些战略事项取决于这些事项所能被感知到的特征,并且,这些特定问题被感知到的特性决定了战略决策者将其解释为机会还是威胁(Jackson and Dutton,1988)。既然战略事项的解释取决于决策者的认知,而企业逻辑正好反映了企业及其决策者的认知状态,那么,可能企业的主导逻辑直接决定了企业对战略事项的机会与威胁划分。也就是说,在我们的研究中,三个样本企业因持有不同的企业逻辑,从而在战略事项界定上存在差异。

表6-5反映了不同的企业逻辑所形成的战略事项界定方式的差异。从表6-5第三列的数据可以看到，竞争优势逻辑的HUJE公司的威胁—机会比率最高，这说明在对涉及与关注利益相关者所存在的威胁与机会的陈述性命题的打分中，竞争优势逻辑的HUJE公司格外关注两个与威胁相关的命题。也就是说，HUJE公司在对利益相关者及其环境要素进行威胁与机会的界定过程中倾向于侧重考虑特定要素带给企业的威胁。同样的道理，持续适应逻辑的YCM公司的威胁—机会比率最低也就意味着它在对利益相关者及其环境要素进行威胁与机会的界定过程中倾向于侧重考虑特定要素带给企业的机会。商业网络逻辑的WY公司的威胁—机会比率处于HUJE公司与YCM公司之间，我们可以认为，它在思考利益相关者及其环境要素与企业的关系时，更倾向于无偏倚地综合考虑某一要素给企业带来的机会与威胁，既考虑其能给企业带来的机会，又不忽视其潜在的威胁。

表6-5　　　　　　　　企业逻辑与战略事项认知的关系

企业名称	企业逻辑	威胁—机会比率	战略事项认知
HUJE	竞争优势逻辑	2.87	侧重考虑威胁
WY	商业网络逻辑	1.23	既关注机会，又不忽视威胁
YCM	持续适应逻辑	0.76	侧重考虑机会

对企业来说，机会是一种积极的情境，在这种情境中，存在正的收益，并且会让企业感受到能对情境进行有效控制的力量。而威胁意味着消极的情境，可能会出现损失，企业对其控制能力也较弱（Dutton and Jackson，1987）。竞争优势逻辑非常看重企业的既得利益，将竞争优势、经济效益等要素的实现作为核心目标的原因是它们希望对现有市场有足够强大的控制力并且拒绝风险和不确定性。这类企业也往往有着较为谨慎的成本观，控制不利因素所产生的成本是战略决策与行动过程中的重要考虑因素。正如HUJE公司的一位高层管理者所述："在为非股东利益相关者服务方面，我们也做了很多事情，但是，经常超出我们自身能够承担的限度，对我们也造成了一些负担。""任

何事情都是有成本的，企业存在的最终目的就是为股东创造利益。"（HUJE公司，访谈）正是因为这些成本的客观存在以及由此对企业形成的负担，竞争优势逻辑倾向于识别威胁并消除由威胁所引起的成本。机会和威胁往往是相对的，"不同人对于机会与威胁的认知存在差别，可能被有些人视为机会的问题被另外一些人视作威胁。"（Dutton and Jackson，1987）对于持续适应逻辑来说，这类企业则更为乐观，在企业成长过程中，主观认为自己对于环境要素都具备一定的控制能力，因此也能在主观上容纳其他要素的存在以及企业自身与环境要素之间的联结，而不用处处担心成本与收益的问题。持续适应逻辑关注机会，但并不认为一定能通过某件事得到机会，而是认为通过积蓄力量，机会可能会悄然而至。YCM公司的一位高层管理者说："有些回报是自然而然的，多关注他人的利益则可能为你带来声誉或者品牌，最显著的好处就是公众的信任，或者可以由此获得吸引优秀人才的机会。"（YCM公司，访谈）商业网络逻辑处于竞争优势逻辑与持续适应逻辑中间，对于机会与威胁的感知水平也处于两者之间，如WY公司的一位高层管理者所言："即使是股东利益最大化，但还是会有社会责任和道德问题，只是首先考虑股东利益，但是考虑一个均衡。不能说争得了一点利益，而丢了名声。""我们经常会反复思考一些问题……到底是好是坏……经常被用于我们在客户服务过程中的SWOT分析工具也是我们思考公司内部问题的重要工具。"（WY公司）

基于以上分析，我们得到以下命题：

命题2a：竞争优势逻辑的企业在对利益相关者及其环境要素进行威胁与机会的界定过程中倾向于侧重考虑特定要素带给企业的威胁。

命题2b：商业网络逻辑的企业处于竞争优势逻辑与商业网络逻辑之间，在思考利益相关者及其环境要素与企业的关系时，既考虑其能给企业带来的机会，又不忽视其潜在的威胁。

命题2c：持续适应逻辑的企业在对利益相关者及其环境要素进行威胁与机会的界定过程中倾向于侧重考虑特定要素带给企业的机会。

三　企业逻辑、战略事项界定与利益相关者注意力水平

利益相关者是一个范围相对广泛的概念，它是指任何一个影响企

业目标完成或受其影响的团体或个人（Freeman，1984），既包括为企业提供获得经济价值基础的利益相关者（Lepak et al.，2007），诸如股东是提供资本的人，雇员是提供劳动、技能和知识的人，顾客是提供收入的人，还包括不能为企业带来直接经济价值的利益相关者，诸如媒体、非政府组织以及环保机构等。这些利益相关者对资源的控制可能会给企业带来威胁从而影响企业的生存和表现；相反，利益相关者通过社会资本等形式又给企业带来了机会（Krause et al.，2007）。因此，利益相关者是既可能给企业带来机会也可能带来威胁的重要战略因素（Frooman，1999）。另外，对问题的机会和威胁分类属于战略事项界定的关键（Dutton and Jackson，1987），也是组织在决策过程中至关重要的一环，同时环境中的机会和威胁也是企业在配置注意力过程中的重要议题（Ocasio，1997）。因此，判断机会和威胁要素与企业对利益相关者的注意力配置一定存在某种内在联系。尽管现有利益相关者的文献提出需要关注与利益相关者相关的机会和威胁，但迄今为止，有关利益相关者的理论并没有研究战略事项界定对于利益相关者注意力配置的直接影响。相反，现有学者更多地强调利益相关者的属性——他们的权利、合法性和紧迫性（Mitchell et al.，1997）——是让管理者特别关注利益相关者的关键因素。同时，他们也认识到这种归因最终取决于管理判断（Mitchell et al.，1997）。将注意力归因于管理判断的这种认识为我们引入主导逻辑这一概念对利益相关者注意力问题进行调查研究提供了一个出发点。对于每一个独立的利益相关者群体，判定关注这些利益相关者能给企业带来的是机会还是威胁必然影响企业对利益相关者的关注范围与程度，而在本书上一部分我们提出机会与威胁的判断是植根于企业逻辑之中的，那么我们可以认为，对利益相关者的注意力水平是由企业逻辑决定的，而机会与威胁分类这一战略事项界定的过程在其间充当了中介作用。

从表6-6中可以看到，竞争优势逻辑的HUJE公司关注利益相关者的范围较窄，我们所访谈的12位高层管理者关注的利益相关者的平均个数仅4.5。而持续适应逻辑的YCM公司关注利益相关者的范围更宽，我们所访谈的10位高层管理者关注的利益相关者的平均个数为 7.3，商业网络逻辑的 WY 公司处于两者之间。另外，我们强调对利益相关者的关注范围主要有两个层面的含义：第一层面对于每一种特定的利益相关者类型的关注，上述每个企业的平均关注范围的分值代表的就是这第一个层面的范围；第二个层面的范围指的是某一种特定的利益相关者所属大类。从表 6-6 中可以看到，竞争优势逻辑的 HUJE 公司的 12 名高层管理者普遍关注的利益相关者仅有股东、管理当局、雇员、商业合作伙伴，这些利益相关者基本属于与企业具有直接经济价值关系的利益相关者，而商业网络逻辑的 WY 公司的 10 名高层管理者普遍关注的利益相关者包括股东、管理当局、雇员、顾客、商业合作伙伴、经销商、行业协会、居民与社区，这些利益相关者不仅包含与企业具有直接经济价值关系和间接经济价值关系的利益相关者，还包含个别与企业不具明显经济价值的利益相关者。最后，持续适应逻辑的 YCM 公司被访谈的 10 名高层管理者普遍关注的利益相关者包括股东、管理当局、政府及官员、雇员、顾客、商业合作伙伴、行业协会、媒体、大学、非政府组织、环保机构，全面覆盖了与企业具有直接经济价值关系和间接经济价值关系的利益相关者以及与企业不具明显经济价值关系的利益相关者。

表 6-6　　企业逻辑对利益相关者的注意力配置水平

企业名称	企业逻辑	平均关注范围	主要关注的利益相关者	注意力配置水平
HUJE	竞争优势逻辑	4.5	股东、管理当局、雇员、商业合作伙伴	低
WY	商业网络逻辑	6.2	股东、管理当局、雇员、顾客、商业合作伙伴、经销商、行业协会、居民与社区	中等
YCM	持续适应逻辑	7.3	股东、管理当局、政府及官员、雇员、顾客、商业合作伙伴、行业协会、媒体、大学、非政府组织、环保机构	高

注：普遍关注的利益相关者我们这里罗列了关注某一特定利益相关者的人数占所访谈人数的 1/2 及以上的那部分。

企业高层管理者的工作时间与工作精力都是有限的，这就决定了企业对利益相关者的注意力是有限的。因此，高层管理团队一般都将注意力转向了他们认为自己有更大控制力的内部问题（Chattopadhyay et al., 2001; Nadkarni and Barr, 2008）。相比于那些与企业不具明显经济价值关系的利益相关者，企业普遍对与企业具有直接经济价值关系的利益相关者有更大的控制力（Lepak et al., 2007），包括股东、管理当局、雇员等。值得注意的是，这里的控制力指的是对于环境要素进行把控的认知状态，而且是一个相对强弱的概念。在本书上一部分，我们提出对环境要素较强的控制力是与机会相匹配的，而对环境要素较弱的控制力往往使企业热衷于规避风险与威胁。显然，竞争优势逻辑对应较弱的控制力认知，因此，在战略事项界定过程中倾向于考虑威胁，也必定将注意力的范围集中于这些普遍有更大控制力的内部因素之上，侧重关注股东、雇员和管理当局。正如HUJE公司的高层管理者访谈资料中提到的："商业伙伴没那么深厚的感情，股东才是真正的衣食父母。""合作伙伴一定要能够创造价值。合作关系也都是建立在共同利益之上的。""行业协会比较空，比较松散，没有什么比较有意义的事情。不管是民间组织的还是政府组织的，都比较散，没什么价值。"（HUJE公司，访谈）

相较于竞争优势逻辑，商业网络逻辑则对控制力的自我认知有着更为乐观的态度，从而在战略事项认知过程中倾向于发现潜在机会，在注意力的分配上，兼顾内部和外部利益相关者，不仅关注股东和雇员的利益，还关注诸如商业合作伙伴、社会大众的需求。WY公司的高层管理者访谈提到："作为一种理想化模式，如果是我自身的合作伙伴，我也还是希望最后我和我的伙伴能够对行业达到一种精通，从而上升到一种高度，并不是一定为了利益，可能只是为了提升自己的一种资历、实力以及社会公信力。""战略联盟是建立在有一定的行业地位和品牌的基础之上的，不管是主动联盟别人还是别人来联盟你，都是要有地位和品牌，才有合作的可能性。"

持续适应逻辑的企业在战略事项认知过程中倾向于关注所有利益相关者，期望获取所有的机会，在注意力的分配上则更全面。但是，由于企业的注意力是有限的,所以,关注范围越广,在某一利益相关者上所分配的时间和精力就越少。这意味着企业的注意力产生了分化,不同的管理者关注不同的利益相关者。因此,持续适应逻辑的企业对与它们具有不同价值关系的各层利益相关者给予关注,除了内部股东、雇员等,外部的顾客、政府及商业合作伙伴,还会考虑松散层的非政府组织和环保协会等组织的利益。在 YCM 公司的高层管理者访谈中提到:"一般都是我们跟合作伙伴形成利益共同体为第三方服务,如果伙伴出现了问题,我们也一定要承担本来由合作双方共同承担的义务。如果商业合作伙伴出现其他难题,责任我们全部扛下来都可以。""有一些甲方,特别是民营企业的项目,它会通过中介组织或者咨询服务来达到目的,可能有些方面违反了国家的法规或者标准,但是我们在这方面是绝对不会做的。做了可能没人觉察,我们也不会去做。""在社会公益方面我们形成了一个常态,组织员工到贫困山区做一些公益。""我们也注重节能环保,像我们办公室这一整层采用的这种节能灯,初期投资是非常高的,但是,相信一两年内就会看到效益。"(YCM 公司,访谈)

综上所述,我们得到以下三个命题:

命题 3a:竞争优势逻辑的企业在进行战略事项界定时倾向于考虑关注利益相关者所带来的威胁,因此,平均关注范围较窄,对利益相关者注意力水平相对较低。

命题 3b:商业网络逻辑的企业在进行战略事项界定时倾向于综合考虑关注利益相关者所带来的机会与威胁,因此,平均关注范围处于中等水平,对利益相关者注意力水平等中。

命题 3c:持续适应逻辑的企业在进行战略事项界定时倾向于考虑关注利益相关者所带来的机会,因此,平均关注范围较宽,对利益相关者注意力水平相对较高。

四 企业逻辑、利益相关者注意力与企业的社会责任

目前,学术界普遍认为,利益相关者理论具有丰富的企业社会责任思想,是研究企业社会责任问题的"最为密切"的理论武器(Wood and Jones, 1995)。更进一步说,利益相关者理论对企业履行

社会责任的对象做出了明确界定。从理论回顾部分可以看到,企业社会责任与利益相关者的利益要求是紧密结合在一起的(陈宏辉、贾生华,2003)。因此我们说,如何满足股东以及非股东的利益相关者的要求是企业履行社会责任的一个主要问题。反过来,我们认为,企业对于利益相关者的关注水平的高低也能说明企业社会责任的履行情况,三个访谈企业的社会责任履行情况如表6-7所示。

表6-7 企业逻辑、利益相关者的注意力配置与企业社会责任

企业名称	企业逻辑	利益相关者的注意力配置	社会责任的履行情况
HUJE	竞争优势逻辑	低	差
WY	商业网络逻辑	中等	一般
YCM	持续适应逻辑	高	好

我们直接通过年报以及访谈材料中的内容从三个层面来判断企业社会责任的履行情况。这三个层面分别是:股东与员工层面、客户与商业合作伙伴层面、慈善与社会公益层面。以下是从访谈中提取的关于HUJE公司、WY公司、YCM公司三个企业在社会责任的三个层面上的考虑与实际行动。

股东方面:"在您选择的5个关注对象中,你觉得如何权衡您说得最为关注的和排名第五的利益相关者?——基本上是股东的利益最为重要,其他方面都是为了利益而结合在一起,所以,没那么深厚的感情,股东才是真正的衣食父母。"(HUJE公司,访谈)"即使是股东利益最大化,但还是会有社会责任和道德问题,只是首先考虑股东利益,但是考虑一个均衡。不能说争得了一点利益,而丢了名声。"(WY公司,访谈)"我们在经营公司的过程中希望能跟做人一样,讲究'格局',做人要有格局,做企业也要有格局。股东很重要,各个利益相关者也都很重要,我甚至不太愿意说哪些比另外一些更重要,我更愿意说我们在为股东做事、为股东思考的过程中要有'格局',目光更加长远,有格局的人更容易成功,有格局的企业也更能为股东谋利益。"(YCM公司,访谈)

员工方面:"股东利益至上,但是这跟雇员的利益也是不矛盾的。因为雇员为股东服务,如果把雇员报酬提高了,可以吸引更优秀的雇员,对企业的创造的价值更高。并不能说看重员工利益就牺牲了公司利益,关注雇员也还是在为股东服务。"(HUJE公司,访谈)"会有一些福利发放,保障员工的权利,对于员工提出的需求我们都会好好考虑的。""以员工和股东两者关系为例,这个是这样的,没有员工,股东利益是没法实现的。你股东再有钱,没有团队来跟你实施,你的钱也不能最大化,投资也不会有产出,所以我认为第一是员工。"(WY公司,访谈)"我们认为,企业的发展源于每个员工的劳动和创造,而员工实现自我价值的过程,也就是企业蓬勃发展的过程,员工的发展与企业的发展是相辅相成的。"(YCM公司,访谈)

客户方面:"有没有照顾一下客户的利益呢?——那个不用照顾,不想照顾也要照顾。作为客户可能会直接就给你提了,我们现在有点困难,汇款能不能推迟一下。不过总的来说,现在对商业合作伙伴的照顾不太多,都是自身难保,先顾自己。"(HUJE公司,访谈)"我们会将一部分精力放在客户差异化的创新上。要做到人无我有,人有我新,人新我变。当然,不是说在一些大的投资方面,只是说在一些微小、细节的方面。比方说,我会非常注重培训,我觉得通过加强我们的内部培训来提升我们的品质。"(WY公司,访谈)"我们一贯奉行'客户至上'的原则,对客户,我们甚至可以提供免费的服务,为了证明我们能够达到怎么样的一种服务水平和能力,哪怕做完一笔不会再做第二笔我们也没关系,只要客户满意了,我们的名声和影响至少不会差。"(YCM公司,访谈)

商业合作伙伴方面:"我觉得我们选择商业合作伙伴,不是指客户,指平行的。第一个看价值,第二个看信誉。如果信誉再好,但这个和你的要求不匹配,不能创造价值,那我们也是不考虑的。""如果你的商业合作伙伴遇到一些问题的时候,或者经历了困难,怎么办呢?我会尽可能回避。不能叫回避,叫规避,回避不了,我们只能尽可能规避。如果实在不行,我会换掉。"(HUJE公司,访谈)"所有的合作伙伴都是为了自身的利益吗?也不是。作为一种理想化模式,如果是我自身的合作伙伴，我也还是希望最后我和我的伙伴能够对行业达到一种精通，从而上升到一种高度，并不是一定为了利益，可能只是为了提升自己的一种资历、实力以及社会公信力。"（WY 公司，访谈）"有没有你们的商业合作伙伴经营遇到了困难呢？有啊，行业里起起落落的肯定都有啊。一般来说，如果你遇到了困难，只要不影响你继续提供服务，我们也会继续帮你做事，在利润方面我们甚至可能会倾斜一部分业务与利润给他们，关系比较好的，我们会帮助他渡过业务难关。"（YCM 公司，访谈）

　　社会公益与慈善方面："非政府组织、环保机构、社会大众这些，你觉得是否应该关注他们呢？是否关注过？还是很少？他们不找我们，我们也不会关注他们。你是觉得如果企业投入资源去关注他们会给企业带来损失吗？我觉得没必要去关注他们。"（HUJE 公司，访谈）"企业不是慈善家，最主要的目的还是要赚取利润，我们除了回报股东，还得养活这么多员工。所以，我们会去尝试做一些公益事业，也希望能通过做这些事情提升我们的声誉来给予一些回报，毕竟我们这个公司也没大到真正可以为社会做贡献的地步。"（WY 公司，访谈）"每年都会对山区贫困学生进行捐赠，还在一些山区贫困学校捐赠物资，我们还是比较注重社会形象的。我们是湖北省内的企业，我们希望我们通过努力发展壮大了也能力所能及地造福整个湖北省。""我是中国老年事业基金会敬老志愿者湖北服务中心的志愿者。我觉得公益呀，是能够弘扬一个人思想境界的一个方式。""我觉得做慈善是会花费，但是我会觉得更充实。"（YCM 公司，访谈）

　　从这些访谈与内部资料中可以看到，HUJE 公司对利益相关者的注意力配置水平较低，管理者认为，股东利益是最重要的，其他利益相关者都是在为股东服务，较少关注客户或者商业合作伙伴的利益，对于社会公益以及利益相关方也觉得没必要花费时间和精力，所以，HUJE 公司的社会责任履行情况比较差。相对于 HUJE 公司，WY 公司对利益相关者的注意力配置水平居中，管理者认为，在股东与众多利益相关者的利益之间应该维持一种均衡，对待员工、客户以及商业合作伙伴都秉承团结协作的理念，但是，在社会公益方面，WY 公司认为，没必要付出太多。而 YCM 公司对利益相关者的注意力配置水平较高，并且认为，公司存在的价值不仅仅是为股东谋利益，企业尽量关注更多的利益相关者，他们应关注员工的发展，关注其与客户与商业合作伙伴的可持续性合作，更重要的是，他们认为，企业的根本价值乃是为社会创造价值，因此，也热衷于公益与慈善事业，YCM 公司的社会责任履行情况是最好的。

企业社会责任总是与企业利益相关者关系紧密联系在一起的，本书在测量对利益相关者的注意力水平时所选择的方法之一就是根据弗里曼、陈宏辉和贾生华等的分类方式，进而将利益相关者分为具有直接经济价值的利益相关者、具有间接经济价值的利益相关者和不具明显经济价值的利益相关者三种类型。这三种类型正好对应了本书在席建国、陈讯、张玲丽等的研究基础上对社会责任的三个层面的划分。竞争优势逻辑基于其威胁偏向型的战略事项界定方式形成了较低的注意力水平，关注对象在很大程度上集中于对企业具有直接经济价值的利益相关者，因此，也格外照顾股东与员工的利益，对于商业合作伙伴以及企业社会价值考虑得非常少。商业网络逻辑在战略事项界定过程中属于威胁—机会平衡性，关注对象从具有直接经济价值的利益相关者延伸至具有间接经济价值的利益相关者，兼顾股东、员工、客户以及商业合作伙伴的利益，但在社会贡献方面参与较少。持续适应逻辑的，由于广泛容纳潜在机会，关注对象非常广泛，考虑比较全面。

基于以上分析，我们得到以下三个命题：

命题 4a：竞争优势逻辑的企业导致了较低水平的利益相关者注意力，并进一步使企业履行社会责任的情况较差。

命题 4b：商业网络逻辑的企业在对利益相关者的注意力水平处于竞争优势逻辑与持续适应逻辑的企业之间，社会责任的履行情况也处于适中水平。

命题 4c：持续适应逻辑的企业带来了较高水平的利益相关者注意力，并进一步使企业更好地履行社会责任。

将以上命题综合起来，得到图 6-5。

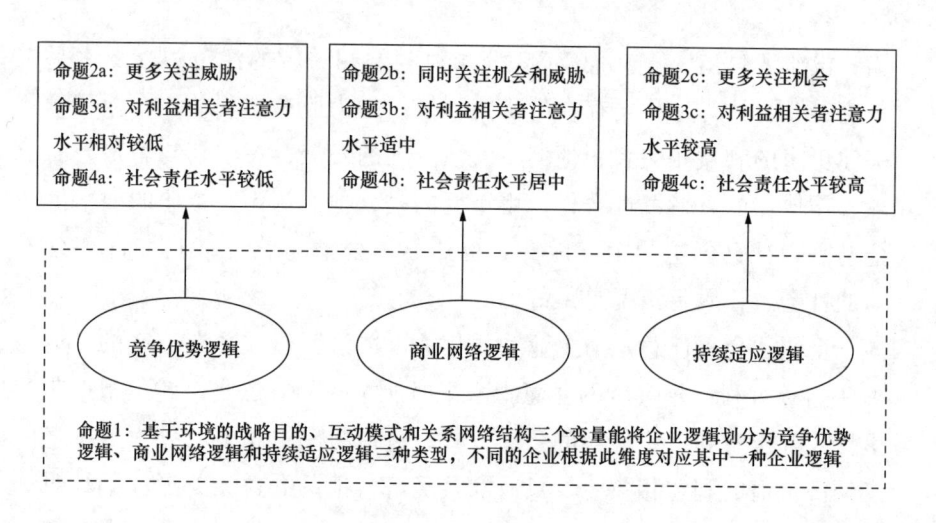

```
┌─────────────────────┐   ┌─────────────────────┐   ┌─────────────────────┐
│ 命题2a: 更多关注威胁 │   │命题2b: 同时关注机会和威胁│   │ 命题2c: 更多关注机会 │
│ 命题3a: 对利益相关者注意力│ │命题3b: 对利益相关者注意力│ │命题3c: 对利益相关者注意力│
│ 水平相对较低          │   │ 水平适中             │   │ 水平较高             │
│ 命题4a: 社会责任水平较低│   │ 命题4b: 社会责任水平居中│   │ 命题4c: 社会责任水平较高│
└─────────▲───────────┘   └──────────▲──────────┘   └──────────▲──────────┘
          │                           │                         │
     ( 竞争优势逻辑 )            ( 商业网络逻辑 )             ( 持续适应逻辑 )

命题1: 基于环境的战略目的、互动模式和关系网络结构三个变量能将企业逻辑划分为竞争优势
逻辑、商业网络逻辑和持续适应逻辑三种类型，不同的企业根据此维度对应其中一种企业逻辑
```

图 6-5　命题汇总

第四节　结论与讨论

一　企业逻辑、战略事项界定、利益相关者注意力与企业社会责任的整体模型

图 6-6 反映了三种不同的企业逻辑、战略事项界定方式以及对利益相关者注意力水平的影响，从而最终导致不同程度的社会责任的履行情况的整体框架。本书的出发点即为企业逻辑这一企业内部的认知要素，我们认为，正是企业的内部认知存在差异，即使是在相似的外部环境下经营的企业在思考战略问题以及构建多要素的内外关系体系等方面采用不同的方式并产生不同的结果。企业高层管理者在对内外部环境要素进行认知的过程中，既有可能将某一情境要素视为可以获得回报的机会并能有力地控制与把握机会，也有可能将其视为隐藏潜在成本的威胁甚至有些威胁可能无法规避。由此我们认为，企业逻辑在对情境因素进行战略事项界定的环节中具有直接的影响作用。另外，企业逻辑通过影响战略事项界定从而直接决定了企业关注哪些利益相关者，这就意味着具有不同企业逻辑的企业在对利益相关者的注

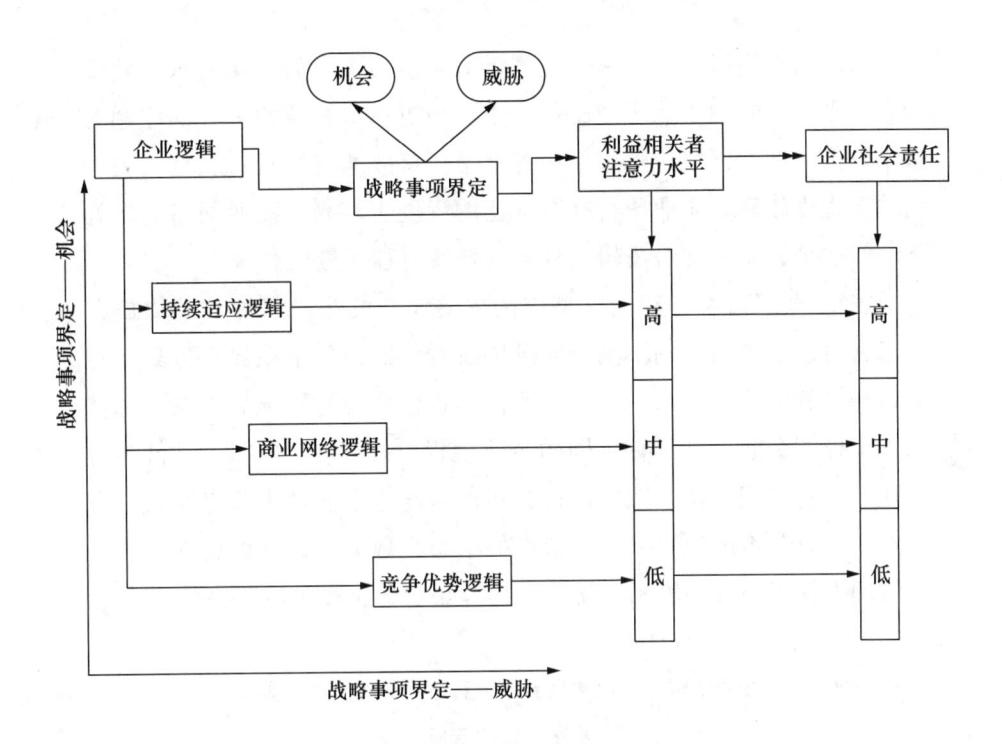

图 6-6 企业逻辑、战略事项界定、利益相关者的注意力
水平与企业社会责任整体模型

意力水平上产生了显著的差异。模型的最后一层涉及对利益相关者的注意力水平与企业社会责任的关系。我们也提到将其纳入模型是希望为主导逻辑与利益相关者注意力的关系研究提供一个实质性的理论落脚点。这层关系是非常明显的，因为从利益相关者理论的视角来探讨企业社会责任的研究已经非常成熟。具体来说，本书根据基于环境的战略目的、互动模式和关系网络结构这三个关键点将企业逻辑划分为竞争优势逻辑、商业网络逻辑和持续适应逻辑三种类型，在战略事项界定过程中，竞争优势逻辑倾向于将利益相关者以及其他环境要素看作是对企业的威胁，而持续适应逻辑倾向于将利益相关者等要素看作是企业的机会，商业网络逻辑则处于竞争优势逻辑与持续适应逻辑之间，界定利益相关者与环境要素时既不倾向于发现机会也不倾向于认定威胁，或者说商业网络逻辑在机会与威胁之间寻求一种平衡。结果

是，倾向于发现机会的持续适应逻辑对利益相关者的注意力水平处于较高水平，而倾向于认定威胁的竞争优势逻辑对利益相关者的注意力水平较低，商业网络逻辑处于中等水平。持续适应逻辑对利益相关者的关注程度较高，企业履行社会责任的程度也较高，商业网络逻辑处于中间水平，竞争优势逻辑的社会责任履行程度最低。

表6-8将对本书理论模型中的主要元素的测量与评估结果放在一起，可以清晰地看到不同企业逻辑所对应的战略事项界定方式、对利益相关者的注意力水平以及企业社会责任的履行情况。本书所选择的三个样本企业分别具有不同的企业逻辑。我们在UCINET软件中对访谈、问卷与相关调查数据进行分析，并通过企业逻辑节点图的形态特点、中心节点的位置以及各节点的中心度数值，再辅以访谈中的高层管理者描述与文字材料，确定了样本企业的企业逻辑。另外，本书

表6-8　　企业逻辑、战略事项界定、利益相关者的注意力水平与社会责任

企业名称	HUJE	WY	YCM
企业逻辑	竞争优势逻辑	商业网络逻辑	持续适应逻辑
威胁—机会比率	2.87	1.23	0.76
战略事项认知	侧重考虑威胁	既关注机会，又不忽视威胁	侧重考虑机会
平均关注范围	4.5	6.2	7.3
关注的利益相关者	股东、管理当局、雇员、顾客	股东、管理当局、雇员、顾客、商业合作伙伴、政府及官员、工会、媒体	股东、管理当局、政府及官员、雇员、顾客、商业合作伙伴、行业协会、媒体、大学、非政府组织、环保机构
注意力配置水平	低	中等	高
利益相关者的注意力配置	低	中等	高
企业社会责任水平	低	中等	高

注：普遍关注的利益相关者我们这里罗列了关注某一特定利益相关者的人数占所访谈人数的1/2及以上的那部分。

用威胁—机会比率来测量战略事项界定的方式，这个比率是通过被访谈对象对四个与关注利益相关者所存在的威胁与机会相关的陈述性命题分数分配所得；如果这个比率相对较高（与数值1进行比较），那么企业的战略事项界定方式则侧重于考虑威胁；如果比率相对较低（与数值1进行比较），则侧重于考虑机会。本书用简单的算术平均法测算了每个企业被访谈高层管理者对利益相关者的平均关注范围，并通过访谈中的高层管理者描述与文字材料辅以验证。最后，通过分层分析法与直接提取访谈资料予以解释说明的方式确定了每个企业的社会责任履行情况，从而呈现出了如表6-8所示的对应关系，进而验证了本书的理论框架。

二 理论贡献

第一，本书解决了为什么在相同的环境中运营的企业在对利益相关者注意力上表现出较大差异这个问题，并且通过延伸，讨论了为什么企业社会责任的履行也出现差异的问题。我们提出了不同于传统盛行的对利益相关者问题"由外至内"的解释的另一种解释，说明了对利益相关者注意力水平高低是管理和组织认知的结果，在这种解释中，企业逻辑扮演了一个至关重要的解释性作用。这种"由内至外"的视角针对大量利益相关者理论学者所提出的"谁对于企业来说是至关重要的"这一问题提供了新的研究方法。

第二，本书对企业逻辑这一包含认知性、企业植根性与社会嵌入性等特点的概念进行了尝试性的分类，从而代表了不同类型企业的战略思维方式以及企业管理者对企业与社会关系所进行的概念化的方式。这一概念不仅能够反映在同一背景下运作的不同企业之间的异质性，也提供了一种思考企业内部特质的新方式。

第三，我们将注意力这一概念直接套入企业构建自身利益相关者的过程之中，更能反映企业关注利益相关者的内在思维模式。注意力配置是指决策者把自己有限的时间和精力分配给特定要素的过程，包括关注、编码、解释和聚焦四个过程。在利益相关者的现有研究的基础上，我们提出了对利益相关者注意力配置这一概念，很大程度上反映了企业关注利益相关者的内在嵌套过程。

三 管理启示

第一，企业逻辑是作为企业内部的共享认知而存在的，它反映了高层管理团队的特点、共同经验以及组织发展的历史。企业逻辑从"由内至外"的视角来对"谁对于企业来说是至关重要的"这一问题进行回答，并且做出符合企业现下发展水平的战略决策、发展路径和注意力方向。企业逻辑作为"信息过滤器"存在时，类似于选择性认知这一概念，因而在高层管理团队进行重大决策时，应该主动地对所在企业以及自身的主导逻辑进行识别与界定，从而提前考虑到这种思维定式或者认知偏见的作用，防止做出缺乏客观的决策。当然，企业逻辑的识别基于对企业逻辑进行正确以及合理的划分，本书将企业逻辑划分为竞争优势逻辑、商业网络逻辑和持续适应逻辑三种，可以作为一种思考企业特质的方法上的参考。更重要的是，企业高层管理者应该意识到企业逻辑的存在，并根据企业自身特质从不同方面来进行主导逻辑定位，就好比苹果公司引领了整个市场从商品主导逻辑向服务主导逻辑的转型。当然，这种定位必须基于对企业逻辑进行正确和合理的划分。除了认识到企业逻辑的存在，企业管理者还可以有针对性地去构建适合企业某一发展阶段的企业逻辑。在企业成立之初，鉴于企业逻辑可能对战略决策所产生的重大影响，在日常经营活动中，企业管理者应当强调"效率""市场力量"或者是"信任""承诺""可持续性"等适合企业发展过程中某一特定阶段的关键点，从而有效地塑造某一种与本企业所契合的企业逻辑。企业进入高速发展期或成熟期之后，特别是企业一旦开始考虑进军多元化业务领域，应该考虑是否需要在不同的细分领域构建不同的企业逻辑，从而适合特定业务类型的发展。

第二，内外环境分析以及机会和威胁的判断与处理已经成为企业经营的定期要求，而且随着环境变动的加速而日益频繁。本书初步探讨了企业逻辑与战略事项认知之间的关系，通过引入企业案例分析，说明了具有不同类型的主导逻辑的企业有着不同的战略事项认知模式。管理者要主动地认识到这种关系的存在，并清楚地了解主导逻辑的特点，将基于利益相关者的战略事项分析纳入企业日常决策工具中。在实际操作过程中，应当全方位地把握机会中可能存在的威胁以及威胁中可能凸显的机会，对于机会与威胁的识别，既不能过于冒进，也不能过于保守。

第三，利益相关者这一概念基本上可以涵盖大部分企业的具体环境要素，而利益相关者也是既可能给企业带来机会也可能带来威胁的关键要素，那么判断某一利益相关者的属性并清楚地了解其利益要求非常重要。显然，利益相关者类型广泛，而企业的注意力是有限的，企业不能对所有利益相关者"等量齐观"。传统理论认为，企业需要根据利益相关者掌握的资源去选择重点关注那些在"主动性、重要性、紧急性"维度的划分下被判定为核心利益相关者的群体。而本书的理论侧重点决定了对利益相关者给予关注的差异性。企业逻辑是高层管理者对企业与社会环境要素以及各方参与者之间关系所进行的概念化，通过战略事项认知，从而影响企业与相关方关系的建立与维系。企业逻辑提出了对利益相关者关注范围的内在要求，高层管理者既应当正确识别企业的主导逻辑，也应当对企业逻辑所要求的利益相关者予以重点关注，从而避免产生冲突。

第四，企业不是存在于真空之中，而是处于各关系方紧密联系的网络之中。随着企业逐渐地嵌入利益相关者环境之中，与各利益相关者之间的关系维护也日益重要。因为在关系节点繁复交错的社会网络中，即使处于企业关系网的边缘，也有可能在特定社会活动中对企业带来重大的影响。社会责任一直是企业绩效评价中非常重要的方面，而社会责任的履行情况则是依据对不同类型的利益相关者的关注程度予以衡量的，因此，企业应当重视对各个层次利益相关者的关注。随着时代的快速变迁，网络媒体和社会舆论的影响与波及范围都逐渐扩大，管理者应当注重企业社会责任的培育，在企业运营过程中，注重创新、协作与沟通，培育互相信任的工作氛围，关注企业的可持续性，从而建立持续适应型、商业网络型的逻辑，使企业更能适应环境变化的要求。

四 研究的不足与未来的研究方向

本书研究存在的不足与未来的研究方向主要体现在以下三个

方面：

第一，本书在样本的选择上限定了地区（制度差异）和企业规模两个因素，但是，选择了来自不同行业以及具有不同所有制的三个企业，这便于我们从整个社会视角来研究企业逻辑这一认知层面的组织形式与企业利益相关者注意力及社会责任之间的关系，所抽象出的理论命题虽然具有普遍性，但缺乏针对性，从而无法比较同一行业或者同一类型的企业的社会表现情况。后续对于主导逻辑所进行的研究可以对所选择的样本进行行业的限定，从而提出针对某个具体行业的相关建议。

第二，企业社会责任的履行情况在某种程度上反映了企业社会绩效的问题，为了突出企业逻辑的影响机制，本书的研究仅仅进行到利益相关者注意力与企业社会责任这个方面，后续的研究可以进一步抽离出本书模型中的关键要素，从而研究主导逻辑与社会绩效问题，进而使本书更具有实践意义。

第三，虽然主导逻辑为利益相关者问题的研究提供了一个新的内部研究视角，但是，目前关于主导逻辑的研究是远远不够的，我们在本书中也仅仅是对企业逻辑做了简单的划分，这种划分也仅仅只是从某一个层面进行的。在今后的研究中，可以更进一步地研究企业逻辑的起源与演化过程。

附录1　企业逻辑类型识别调研问卷

尊敬的领导，您好！

  非常感谢您参与这次访谈，本次访谈的所有资料将仅用于学术研究。为节省访谈过程的时间，下面一张表格可以由您本人完成，由此表格获得的数据也是与此次访谈主题相关的，恳请您结合企业实际情况给予填写。

  在下面的表格中，总共涉及 16 个概念，它们都是企业在经营过程中非常关注或者重视的一些要素，请您在这 16 个要素中选出您觉得是您重视或者关注的（不限个数），如果还有一些您认为很重要的关于企业整体经营思路或者其他方面的关键要素但又没有在下表中体现，您可以加入表格最右端的三列和最下端的三行中。

  所列出来的 16 个元素在第一列和第一行中是完全相同和对称的，如果有您需要补充到表格中的要素，也需要您在行和列对称的位置上分别填写一个。如果某个元素您不关注或者不看重，那么这个元素所在的那一整行和那一整列都不需要填写，您可以用横线划掉。剩下的格子都是需要您填写的，填写的内容为"0""1""-1"三者之一，填写"0"表示这个格子所对应的那一行中的要素与其所对应的那一列中的要素是无关的，即两个要素之间不存在关联性，既无促进作用，也无抑制作用（关注一种要素代表着不能更好地实现另一要素），填写"1"表示这个格子所对应的行和列中的要素是正相关的，即存在促进作用；相反，"-1"表示负相关，即抑制作用。

  希望您在填写时能够稍加思考，再次感谢您的配合！

	经济效益	竞争优势	市场力量	效率	市场知识	契约	声誉	创新	协作	遵守法规	承诺	沟通	信任	环境	可持续性	社会发展
经济效益	■															
竞争优势		■														
市场力量			■													
效率				■												
市场知识					■											
契约						■										
声誉							■									
创新								■								
协作									■							
遵守法规										■						
承诺											■					
沟通												■				
信任													■			
环境														■		
可持续性															■	
社会发展																■

附：对若干名词的解释：

市场力量——企业控制市场、主导市场的能力

效率——企业内部运作的效率

市场知识——关于行业以及市场的知识与信息

契约——企业遵循与利益相关者之间的各种契约和规则办事

协作——企业内部各部门及员工之间合作

承诺——企业遵照并实现与利益相关方之间的协议

沟通——企业内部沟通渠道健全以及沟通充分

信任——企业内部各部门及各员工之间的信任感

环境——企业在做决策时考虑环境保护等问题

可持续性——企业注重实现自身的可持续性及长远发展

社会发展——企业关注整个社会的长远发展，并在做决策时越是

关注影响整个社会发展的因素

考虑到上表中所列变量的正反影响以及数据的有效性，上表最后仅用来统计以及输入 UCINET 软件进行分析，并未直接呈现给被访谈者。取而代之的是 120 个陈述性语句让被访谈者进行判断。此处列举前 10 个陈述，具体如下：

（填写"0"表示您对后面的陈述赞同，填写"1"表示您对后面的陈述持怀疑态度）

1.（　）企业具有一定的竞争优势能够为企业带来更好的经济效益。

（　）企业获得良好的经济效益能为企业带来一定的竞争优势。

2.（　）企业拥有控制整个市场的力量能为企业带来更好的经济效益。

（　）能获得更好的经济效益的企业拥有更强的控制市场的力量。

3.（　）企业内部更高的效率能够促进企业获得更高的经济效益。

（　）经济效益的提升能够促进企业内部运作效率。

4.（　）拥有更多市场以及行业的知识与信息对于获得更高的经济效益是非常必要的。

（　）企业经济效益越好，就越容易获得关于行业以及市场的知识与信息。

5.（　）企业经济效益越好，就越会遵守与各利益相关者之间的契约。

（　）企业遵循与利益相关者之间的各种契约和规则办事能够使企业获得更好的经济效益。

6.（　）企业良好的经济效益能为企业带来良好的声誉。

（　）企业良好的声誉能够促使企业获得良好的经济效益。

7.（　）企业良好的经济效益能促进创新。

（　）企业通过创新能为企业带来更好的经济效益。

8. （　）企业良好的经济效益能够促进企业内部的协作。
　　（　）企业内部的协作能为企业带来更好的经济效益。
9. （　）企业经济效益越好，企业就越会遵守各种法律法规。
　　（　）企业按法律法规办事，能使企业获得更好的经济效益。
10. （　）企业经济效益越好，就越会遵照并实现与利益相关者之间的承诺。
　　（　）企业越是看重与利益相关者之间的承诺并以此为原则行事，就越能获得更好的经济效益。

附录2　访谈提纲

1. 公司是否有通过引进一些技术或尝试一些方法而使公司对环境的影响降低，您认为这种投资是否必要？如果企业产生了污染，您是否愿意花钱改善，如何制定这个"花钱"的限度？

2. 有没有具体成文的企业文化？阐述并作适当说明。

3. 在企业决策中，是否将顾客作为主要考虑对象？如果是，能否通过例子来说明。（比方说设分销点首先考虑顾客购物等交易过程如何给顾客方便、使交易过程更有效率、节省顾客时间等，而不是先考虑销售渠道的选择。）

4. 公司是否有完善的售后服务体系？（针对公司特有的产品，如果出现消费者投诉的问题，是如何处理与解决的？）

5. 如果发生灾难，公司是否愿意对受灾地区及人民捐款？是否愿意匿名捐助呢？公司会不会组织员工进行募捐？

6. 您觉得如何实现企业的长久不衰？您认为胡锦涛同志提出的科学发展观及可持续发展战略应用到企业层面是否有意义？如果有，有怎样的意义？

列出您认为与企业可持续性相关的重要因素并排序。这些因素包括：A. 战略联盟　B. 战略规划　C. 品质与服务管理　D. 内部制度建设　E. 快速响应环境变化从而抓住市场机会　F. 知识管理，等等。重要因素不局限于这里列举的几个，写下您认为重要的要素并排序即可，列出2—8个。

1	2	3	4
5	6	7	8

7. 您觉得利益相关者是什么？利益相关者与企业有多大的关系？

下面列举了一些主要利益相关者，请您选出您认为重要的利益相关者并按照重要性顺序罗列出来。

（A. 股东 B. 顾客 C. 雇员 D. 管理当局 E. 非政府组织 F. 政府及官员 G. 社会大众 H. 供应商 I. 经销商 J. 商业合作伙伴 K. 大学 L. 工会 M. 行业协会 N. 债权人 O. 本地居民及社区 P. 媒体 Q. 环保机构及环保主义者）（在下表中填入英文字母即可）

1	7	13
2	8	14
3	9	15
4	10	16
5	11	17
6	12	18

8. 如您刚才的列举和排序，排名第一位的是您较为看重的利益相关者，而第十位（根据第7问中的结果进行选择）是您较不看重的，您如何权衡企业与这两者之间的关系？

9. 我们通常认为对股东过分关注一定会忽视满足商业合作伙伴的利益，您是怎样看的？您是觉得他们之间是相互削弱只能满足其一的关系还是可以同时促进？

10. 企业选择合作伙伴有什么标准？

在正式的股东大会讨论中是否会涉及选择合作伙伴的商议？对于具体的标准比较看重哪些方面？如合作伙伴的声誉？或者合作能够带来的对社会的贡献？或者伙伴的价值创造能力？

11. 就您而言，有哪些商业中的个人关系是您觉得非常重要的？您目前正在发展的关系又有哪些呢？

12. 您觉得维护与合作伙伴之间的关系是像诸如"金砖四国"这样的互帮互助的联盟关系吗？还是所有的企业行为只是为了获得企业

自身的利益？

13. 公司员工（包括高层管理者）是如何学习政府对行业设定的一系列法律法规的？是否有定期交流讲座或培训？

14. 您觉得有一种方式可以满足所有利益相关者的需求吗？

比方说一些我们能明显看到的例子，我们的第一个问题就涉及股东与环境的冲突，为了更好地维护自然环境，一些技术的引进有时是非常必要的，但是这又要耗费资金。还有，在经济不景气的时候，我们为了减少支出（为了股东的利益），会采取裁员行动（这关系到员工和社会公众），这其中就存在不可避免的冲突。您觉得针对这种冲突您有更好的解决办法吗？

如果这样的例子发生到您的企业，只是说如果，您会采取您说的这种办法吗？

再比如，针对经销商，我们的一些产品采取了控价措施，即拒绝还价，全市或者全省统一价，但是，有些经销商为了吸引更多顾客（从别的经销商那里把顾客吸引过来）而自己将价格调低而获得更大的销售量，或者在一笔交易中赚取更大的利润而把价格调高，您觉得这对于企业来说有哪些危害？您觉得怎么解决这种冲突？

15. 在过去的经营中，您的企业是否有一些举措来保障利益相关者的利益？

如为了社会就业问题和社会稳定仅仅压低工人的工资而不裁员，或者不仅不裁员而且维持现有工资水平而采取其他激励措施？或者企业劳工政策中，企业是否把保障劳动者利益落实到位？

再如一些小方面的，企业的供应商或者经销商出现了问题，资金链断裂或者其他问题，您的企业有没有对其给予帮助？

16. 您觉得声誉重要吗？有没有一些实际的行动来提高声誉？

17. 目前当地一些特殊的社会环境或者一些经济、政治和技术上的限制有没有对企业经营带来一些困扰？（这些社会环境和限制，诸如社会大众比较强势、不允许企业在附近建立工厂或者扩大企业占地面积；再如周边各种配置不完善、原有的近距离合作伙伴迁移，等等）

18. 企业与政府之间有哪些合作？在合作过程中，最后的利益分配更倾向于哪一方？您觉得这种合作模式好吗？政府对本企业有哪些支持性举措？

19. 相比于竞争对手，您认为本企业的优势在哪里？（如更加关注创新、更快响应消费者需求等）

20. 刚才在您对利益相关者的重要性排序中，对于处于中间靠后位置的某个利益相关者，您能举出一些明显的事例来说明您或者说贵公司曾经关注过它吗？您认为关注它是否有必要？为什么？这种关注使企业得到了利益还是造成了损失？

21. 企业高层管理者有多少人？是怎样的结构？各位高层管理者分别分管什么部门？关注什么问题？在股东大会上是否有表现出不同的高层管理者关注的问题的差异，是否会产生争论？如果发生争论，一般是怎么解决的？

22. 企业对于如此多的利益相关者都要给予关注，企业内部有没有出现分歧？如何解决分歧？（是直接从中选择一些普遍认为重要的因素？还是进行分化——就是不同的管理者关注不同对象，但都列为考虑，使不同的管理者关注的侧重点不同，然后再达成一致，进而消除分歧？）

23. 企业内部沟通的渠道有哪些？企业对员工有哪些监管和控制机制？员工是否有充分的自主权去做自己认为正确的事？一些重要的会议举行时是否有普通员工参与？

附录 3 访谈内容要点提取

HUJE 公司访谈内容要点提取

提问：首先介绍一下您公司的基本情况，包括规模、组织结构、经营业务、历史等。

总经理：总公司于 1984 年成立，中美合资企业，中方母公司是 M，美方是 N 公司，成立之后早期致力于技术引进，因为目前我们国内的工程辅助设计是通过 HUJE 这个平台引进的，引进之后由我们辅助其他工程咨询企业，我们自己也在做。

提问：公司人员设置是怎样的？

总经理：总公司加上分公司一共 190 多人，包括管理人员、技术人员等。

提问：有几个子公司呢？

总经理：总公司在北京，没有子公司，只有分公司，我们总公司是 L 公司第三级子公司，不允许再设子公司了。一共 4 个分公司，除了我们，其他 3 个分公司成立不久，还没有开展什么业务。我们武汉分公司于 2009 年成立。总公司有 7 个事业部，3 个专业室，还有 4 个分公司。

提问：您说只有四五个行政人员在武汉分公司，其他人都是去外地出差，他们跑什么呢？

营业部总经理：我们要到甲方现场去提供现场服务。我们要编制一些招标文件、工作清单、技术条款、做报价，以及合同期间的纠纷处理。

提问：在业务方面，有没有一些很难做出的决策？比方说在勘察设计方面，要考虑很多问题，诸如成本、效益、环保标准，等等。你们的决定过程是怎样的？还是说只要有业务来就去做？

副总经理：我们还是会考虑很多问题的，最重要的就是如果对企业声誉会造成不利影响的，我们是坚决抵制的。有一些甲方，特别是民营投资项目，它会通过中介组织或者咨询服务来达到目的，可能有些方面违反了国家的法规或者标准，但是，我们在这方面是绝对不会做的。做了可能没人觉察，我们也不会去做。有时候会有利益上的诱惑，但是我们坚决不做。

提问：你们公司有没有专门设定一些资金来做与社会责任相关的事情，比方说捐款等。

总经理：这个相对来说比较难，因为我们的中方母公司的原因，对于资金的使用完全是按照上级规定。可以倒是可以，但是，非常麻烦，手续比较多。因为让企业捐10元可能比我们个人捐2000元都难。

提问：总公司呢？

总经理：总公司也一样，上头还有管着的。在这一点上，民营企业可能比我们灵活很多。而且我们是上市公司，资金方面都会在年报上体现出来的。

提问：您觉得要实现企业的长久不衰应该怎么做？从战略层面来说。

总经理：首先，我觉得企业的声誉非常非常重要，特别在我们这个行业。就像我们作为中介组织，必须做到中立，如果不中立，甲乙双方都不信任我。声誉是摆在第一位的。第二个是企业的发展方向是否符合社会发展的需要。如果企业的发展方向落后了，肯定也不能长久。

提问：社会的发展需要是什么意思呢？

总经理：比方说我们总公司早期是搞软件引进的，现在我们又转向软件的应用了，后来又发现应用领域还可以扩展到可行性研究、安全评价、勘察设计和招投标，而且在招投标过程中，我们发现发展方向还在变化，我们国家的公路通车里程现在已经是世界第一了，超过美国一万多千米，甚至明后年还会超过两三万千米，路的规模建设已经到头了，所以我们现在又要转变了。

提问：那还有呢？内部方面呢？

总经理：企业在内部治理方面必须节约成本，在信息化上得跟上。不过，这都算是小点了。我前面刚说的两点比较重要一些。另外，在人才培养方面是比较重要的，前面有再好的方向，人才跟不上也不行。

提问：听说过利益相关者这个词吗？就您的理解说说它是什么？

总经理：就像我们总公司、母公司都是我们的利益相关者，以及我们所服务的甲方、乙方还有下游公司、我们的员工都是利益相关者。

提问：你们是如何看待员工的？

副总经理：我们的企业发展、运营、维护靠员工，员工也靠企业，企业是员工施展才能的舞台，这个是息息相关的。

提问：社会大众呢？

副总经理：接触得比较少。

提问：供应商呢？

副总经理：也比较少，可能也就是办公用品。经销商也没有。

提问：商业合作伙伴呢？

副总经理：这个有，基本上都是同行企业，上下游也可以形成合作伙伴，即使竞争对手也可以形成伙伴。

提问：你们和商业合作伙伴联系紧密吗？是不是需要接触一些商业合作伙伴？

副总经理：需要，就像我们自己根据国家的方向也一直在调整变化。

提问：你们是工程咨询公司，跟别的工程咨询公司联合做一些项目的情况多吗？

总经理：也会跟别人联合接项目，这个也有。我们总公司和母公司提供的设计与咨询服务可以和下游的承包商做一个总包服务。我们的企业专业划分比较细，参考苏联的专业划分，但是，这个社会发展越来越靠向欧美，所以，我们跟上下游结合起来，也就跟欧美相似，这样也就更容易在市场竞争中获取项目。

提问：您说的上下游指的是什么？

总经理：上游就是接近于政府的事业单位，它们是最靠近项目的开端的。下游就是承包商。

提问：大学这个利益相关者接触得比较少是吧？

副总经理：一般就是作为人力资源来源，招收学生的。

提问：有来实习的吗？

副总经理：我们每年都有一大批高校学生。

提问：工会呢？

副总经理：工会有。但力量不大，就涉及一些福利发放。

提问：行业协会呢？影响大吗？

副总经理：行业协会有，但是行业协会比较空，比较松散，没有什么比较有意义的事情。无论是民间组织还是政府组织，都比较散，没什么价值。

提问：债权人？你们有负债吗？

副总经理：没有。

提问：本地居民和社区？

副总经理：相对少一点。

提问：在设计过程中有没有考虑对本地社区及居民的影响？

副总经理：一般没有延伸到那个程度。

提问：媒体呢？

副总经理：媒体有，我们每次招标结束后都要发一个公示，跟媒体就这方面进行招标。

提问：那提倡环保的非政府组织呢？

副总经理：就没什么关系了。

提问：问卷上对于利益相关者的梳理与排序，排名第一的是哪个？

总经理：股东。

提问：第十个呢？

总经理：前7个是认真排的，从第八个之后就无所谓了。第一股东；第二管理当局，就是上级的管理机构；第三是员工；第四是顾客；第五是政府；第六是行业协会；第七是合作伙伴。其他的就没有了。

提问：您把股东排第一位，商业合作伙伴排在靠后，是第七位。当然，在这两个之间您肯定更看重，但是如果这两个之间出现了冲突，一般情况下，自身利益和伙伴之间的利益是会有冲突的，那怎么权衡呢？

总经理：首先，我们在市场上竞争是很少与别人合作的，但一旦有合作，追求的都是共赢的合作，在这种情况下，我们肯定更多考虑股东。

副总经理：股东和合作伙伴两个没有可比性，如果说两个挨在一起的我们还可以考虑一下。

提问：那就说雇员和股东呢？

总经理：雇员跟股东也没法比的，因为雇员都是服务于股东的。

提问：那在雇员报酬上呢？股东也关注成本，其中就有人力成本、人员的报酬。怎么权衡呢？

总经理：股东利益至上，但是，这跟雇员的利益也是不矛盾的。因为雇员为股东服务，如果把雇员报酬提高了，可以吸引更优秀的雇员，对企业创造的价值更高。并不能说看重员工利益就牺牲了公司利益，关注雇员也还是在为股东服务。

提问：顾客呢？顾客的利益怎么照顾？

营业部总经理：那个不用说照顾，即使不想照顾也要照顾。作为客户可能会直接就给你提了，我们现在有点困难，汇款能不能推迟一下。不过，总的来说，现在对商业合作伙伴的照顾不太多，都是自身难保，先顾自己。

提问：对于合作伙伴，应该看重他们是否能创造利益吧？

总经理：对，一定要给双方带来利益和价值。合作关系也都是建立在共同利益之上的。而且，比较这些，基本上是股东的利益最为重要，其他方面都是为了利益而结合在一起，所以，没那么深厚的感情，股东才是真正的衣食父母。

副总经理：我觉得我们选择商业合作伙伴，不是指客户，指平行的。第一个看价值，第二个看信誉。如果信誉再好，但这个和你的要求不匹配，不能创造价值，那我们也是不考虑的。

提问：如果您的商业合作伙伴遇到了问题，或者经历了困难，怎么办呢？

总经理：我会尽可能回避。不能叫回避，叫规避，回避不了，我们只能尽可能规避。如果实在不行，我会换掉。

提问：在平时的业务中，您认为关系的维护是否重要？比方说与政府、项目投资方打交道等。

总经理：这个很重要，关系是企业资源很重要的方面。

提问：非政府组织、环保机构、社会大众等，您觉得他们是资源吗？是否应该关注他们呢？是否关注过？还是很少？

总经理：他们不找我们，我们也不会关注他们。

提问：您是觉得如果企业投入资源去关注他们会给企业带来损失吗？

总经理：我觉得没必要去关注他们。

提问：您所列的前面7个利益相关者，您觉得可以满足所以这些利益相关者的利益吗？还是说会有冲突。

总经理：一般是尽量满足，不可能全部满足。有时候也会有矛盾，比方说管理当局找我开会，行业协会也找我开会，我肯定以我们的上级主管为主。基本按照之前排序的顺序来，排在前面的优先考虑。

副总经理：在为非股东利益相关者服务方面，我们也做了很多事情，但是，经常超出我们自身能够承担的限度，对我们也造成了一些负担。任何事情都是有成本的，企业存在的最终目的就是为股东创造利益。

提问：有没有具体的例子说明企业曾经关注过、保障某个利益相关者的利益，诸如涉及社会宏观经济环境以及就业问题。有没有说为了保障员工的利益而在企业遇到困难的时候不裁员之类的事？

总经理：这个例子对于我们企业不适用，因为我们的员工不多，相对比较稳定，养活这些员工一年两年没有业务也能养活，而且他们的薪酬对我的影响不大。

提问：那您有没有遇到这样的情况，您的甲方乙方，甲方竞标团队要做一个工程，您这边是提供咨询服务，那么如果甲方遇到了资金方面的问题或者一些其他与运营本身无关的问题，您会提供怎么样的帮助？

总经理：最早也提到了，我们在甲方乙方之间都要保持中立的态度，即使甲方对我们生气发火，但是，我们该坚持原则的还是要坚持自己的原则。

提问：对于你们这个行业来说，声誉是非常重要的。有没有一些实际的提升声誉的表现？有一些行业可能通过做广告，但是，你们不用做，那通过哪些途径呢？

副总经理：首先，我们作为中介组织，一定要做到中立，对于双方一定要保证公平，也不能触犯法律法规，这个我们排在第一位；第二，我们要保证我们的服务品质，比方说，我们编造价，不能有太大的偏差，对他合同的后期执行造成影响。

提问：你们与政府有什么合作？

总经理：有，比方说政府的规划、政府制定的政策。

提问：就是您说的一些行业法规的制定，对吧？

总经理：对，还有就是政府购买服务。

提问：利益分配呢？你们向政府收取相关费用吗？

总经理：政府有的会有一部分费用，但是，他们付费都是有限的。政府在服务付费这方面的资金比较紧。

提问：你们的高层管理者有多少人啊？从总公司层面来说。

副总经理：总公司有6个。

提问：6个高层管理者分管什么呢？

副总经理：管招标的有一个，管设计的有一个，管运筹规划有一个,交通安全评价的有一个,行政的一个,还有一个就是一把手。

提问:相当于是按业务划分的,每个业务领域有一个高层管理者,就是你们分公司层面就是自己负责。那他们的关注点都是不一样的吧?

副总经理:跟每个人所负责的内容相关,这就是跟他的职责分工有关,肯定每个人都关注他分管的那一块。

提问:您有没有了解到引起高层管理者之间争论的差异呢?因为人员、资源的投入都是有限的,分配也是不等的。

总经理:有时候还是非常有冲突的。就拿我们子公司来说,我们从事这个项目的招标代理工作,我们就不能再去接他们的设计业务了。

提问:据你了解,高层管理者平时在开会的时候会不会有冲突呢?

总经理:任何企业,不管怎么分工,领导层之间肯定有争论。

提问:怎么解决呢?一把手拍板?

总经理:对,也可以民主投票,或者由党组织解决。

提问:刚才所列的利益相关者比较关注的有股东、雇员、管理当局、商业合作伙伴、行业协会这几个,他们之间在企业的高管层中本身有没有分歧?

总经理:有。如果按照我的角度来说是这样,但是,换一个公司的高管层过来排序,可能又是一个样。比方说,如果让一个负责公司资质的人过来排序,可能他会把行业协会看得很重要,因为这跟评奖非常相关。

WY公司访谈内容要点提取

提问:公司总共大概有多少人?

总经理:900人。我的界定是劳动密集型行业。

提问:公司创立多长时间了?

总经理：12 年。2003 年创立的。从保洁保安开始做起的。定位就是产业链上的一些工作。

提问：公司主要经营哪些业务？

总经理：公共区域的清洁服务。可能你们对保洁和家政的定义有一些混淆。我们的专业界定是：保洁是做清洁服务的，做公共区域的清洁服务。家政刚好跟保洁互补，做私人的。以小区为例，做保洁的就是楼道和其他小区公共区域的清洁卫生，而家政主要是家里面，物业、保洁、保安、工程。

提问：公司有这么多人。公司的架构是怎样的？

总经理：管理模式是项目负责制。比如，武汉大学经济管理学院是我们的一个项目，我的管理层有副总经理、项目负责人。主要是项目负责制，一个小区为一个项目部。基本管理模式就是项目部制。

提问：你们这个行业对环境污染严重吗？

总经理：这个行业造成的污染不严重。要涉及污染的话，主要是生活垃圾的外运和处理。

提问：小区产生的垃圾，你们怎么处理？

总经理：处理垃圾应该分成前期和后期，我们的处理处于前期，相当于收集垃圾。比如，收集到垃圾中转站，那我们公司的任务就完成了。后期主要是环卫，他们要把垃圾按政府的要求运输到指定地方进行处理。

提问：是否有环卫工人反映你们垃圾收集不够及时的情况？

财务经理：环卫比较少，主要是业主。比如像楼道，业主看到垃圾没有清理，会报告到物业处。环卫这边，有一个合同或者约定，你来一次，我给一次钱，跟频率和费用有关。

提问：这个费用是你们公司出吗？

财务经理：是的，业主交物业管理费，其中一部分主要是垃圾处理费用。

提问：你们企业发展已经将近 12 年，您作为创始人，在建立企业的文化上有没有一个比较成熟的思路？

总经理：有。因为我是做办公室主任出身的，所以说，在创业之初,我们就一直很注意文化的沉淀,包括学习国外的文化。比如说,我们后来形成一个"态度体现专业,细节决定成败","细节决定专业,态度体现品质"等类似这样的文化。

提问:公司对于保洁工、保安等员工的要求,有没有形成一个制度方面的规定或者理念?

人力资源经理:有。我们在培训过程中不管是党群还是党工,我们都会灌输一些理念。灌输的具体方式可能就会体现在培训的过程中,比方说对业主的态度。我们把培训分成三类:第一,技术培训;第二,管理培训;第三,生态培训。通过这三个层面对员工进行多渠道、多形式的进行培训。培训的员工从基层到管理层都有,我们主要是通过内部培训师培训,也有送出去接受培训的。

提问:平时您在做一些事情的时候,可能会做一些涉及事关顾客利益的重大决策,当决策执行受阻时您怎么办?或者您觉得做得已经很成熟了,就一直在按部就班地做,比如说我要采购一些扫地这样一些机械设备,做一些会引起物业费增加的决策,业主不同意怎么办?

总经理:可能我们在管理一些小区的时候,因为人工成本增加,我们下一年度费用可能会增加,这样会出现一些决策,比如说物业管理费,我今年收一块八毛钱,明年员工最低工资增加了,我要增加费用。增加费用是对业主的一个期望,我们得和业主进行沟通。我们通过预算、调整人员工资增加,(向业主)说明原因,按照程序来说,我们是要同业主委员会沟通的。在沟通的过程中可能会有一些分歧,比方说业主以前觉得我们(承包的)很合适,现在却要增加费用。这个问题首先主要是协商。其次是理解。业主委员会可能会理解,合作可能会继续,不理解的话,后退一步,如果通过协商能够达成一致的话,我们就继续合作;达不成,我们退出,另外一家物业公司可能会出面。

提问:在小区内,你们物业公司有没有和业主之间的一些明显的冲突?

总经理:个别的有一些,大面积的没有,服务行业也涉及许多个项目,一些稀有化的项目也在不断完善,这些项目大大小小的有30

多个，这 30 多个项目由于管理不同、管理复杂等，一些重大事情我会亲自做决定，这些事情一般分为几类，比如服务投诉，投诉主要表现在服务的质量、服务人员的素质，主要是这一块，其他的不多，因为都是项目负责制，都在一个合同，很多都是常态的，常态基本上就是在维持以前的做法，只有当他们遇到一些处理不了的服务投诉时，可能才需要由我处理。像这样的项目一般有两种解决途径：第一，我来处理。第二，副总和项目部来对接完成。需要我处理的有合同的续约、费用的增加等涉及资金和职务上的一些事情；还有就是人身安全方面的，比如在保安和保洁项目中可能会出现工伤意外等情况。

提问：有 30 多个项目，每个项目可能要真正做起来的话，一定要考虑好多因素，您是如何决定要不要介入这个项目？这个过程是怎样的？

总经理：首先是要符合市场规律，我们常说"你情我愿"，对我来说，有投标价值，要有利润；同时业主委员会会问开发商，考虑是否符合他们的要求。同时，我会衡量项目的规模、甲方的信用等因素。做到现在这个规模，我希望有些风险能够主动掌控，并不是不顾后果和成本地去接。

提问：您觉得作为一个企业，怎样做才能长久不衰？

总经理：长久不衰，我个人觉得：第一，我一直关注这个话题，从我原来打工的时候，比如中国为什么没有百年企业，体制比较重要，作为比较大的物业公司，物业公司一般规模都不大，物业公司大的有几千个到一万个员工，劳动密集型行业没有规模，不会产生规模效应，长久不衰，在我们国家，体制是一方面，再有就是模式也是一个方面，民营企业的老总不像国有企业一样经常在换，如果他的决策科学合理的话，能够坚持往前走，这个可能是内在的一个长久不衰的一个主要原因。

提问：您下一步有怎么样的打算啊？再说一说你们公司现在存在哪些问题？

总经理：这些（问题）我一直在思考，我先说一下我的打算，首先说明，从原来创业到现在，当我们企业超过中国企业平均寿命 2.7

的时候，我是很欣慰的，这个欣慰绝对不是我当了老总以后赚了多少钱后的欣慰，而是觉得我做这个事对我来说很有意义，对我信心的一个塑造是很有帮助的。这是一个（打算）。再还有一个打算，这个（打算）与我自身的学习、想法、意识有关系，人无远虑必有近忧，只有你经常去考虑公司生存和发展的问题，可能你的路才能走得更长一点，如果你不考虑，你肯定是闭门造车，你肯定活不了多久，可能会沾沾自喜，或者说会故步自封。在我们公司有一个习惯，我们五年会做一个规划，叫作中短期规划，会对下一个五年进行规划。因为我们是11年了，也就是对第三个五年计划进行规划，我们现在已经做了（第三个"五年规划"），并且已经形成了。

项目经理：我认为，无论是做我们这个行业还是其他行业，各行各业都存在产品同质化问题。我是这样认为的：在各行各业产品同质化的今天，企业想生存，第一，差异化，差异化真正要做的其实就是创新，我的理解是这个创新不是海阔天空，而是在结合本行业的一些实际情况和特点进行创新。我下一步的打算，用几句话来说，首先是拉长产业链条，再结合互联网对传统行业进行创新，而这个创新是基于互联网的。

提问：基于互联网我感觉就是为居民、业主提供比较便利、快捷的服务。我的意思是说，你想进这些高端小区，如果适当地提高物业管理费的话，就要相应地提高物业管理品质，包括成本，品质上的创新需要相关便利化的技术，毕竟高端小区的利润相对来说也是较高的。

项目经理：我原来也是这么理解的，但是，后来我觉得不完全是这样，比方说我们现在正在和有关单位合作，我们准备用刚才我说到的互联网的方式，或者说移动互联的方式来做家政服务，现在做家政可能找家政公司会在网上搜，可能我要做一个APP的话，我可以直接通过手机，第一像滴滴打车一样，找周边的家政员，通过点支付等这种快捷、体验式的服务方式，来对我们的传统进行创新，这个我们正在进行研究。

提问：这样是一种思路，比如我要做清洁，需要这样一种服务，通过物流公司的基础建立这样一个平台，快捷地找到合适的家政服务。

项目经理：对，一个是这个创新，还有一个创新，就是深度挖掘需求，不仅仅做清洁，比方说可能会要厨师、家里的绿色植物养护，可能还要购买一些生活用品，我们形成一个数据以后，比方说你想要什么，代购、日用品，这些品牌肯定是跟客户消费能力及品牌无缝对接的。可能我们会挖掘这方面的一些思路，作为我们的创新，我们是延续客户的需求或者说研究客户的需求，对客户进行一种挖掘。

总经理：我们企业存在的问题呢，我觉得，比方说从业人员的素质，包括国家的政策比方说在社保、政策性的一些东西，我们作为民营企业是享受得很少，政策支持很少。

提问：行业大部分是民营的？

总经理：大部分是民营的，国有的相当少。

提问：您指的政策是什么？

总经理：相关的税收、财税，包括临时出台的一些政策。

提问：这个影响大吗？

总经理：可能有一些影响，比方说，以我们这个行业为代表，很多从业人员的社保这一块可能会因为我们的投标价格原因或者其他方面的原因，我们作为投标方，如果说我要考虑社保，我就没有竞争力；如果我不考虑社保，我就要承担风险。比方说保洁和保安，这两类人群，甚至我们餐饮企业，原来啊，这两年有些变化，它的服务员，是没有社保的，你要有，可以，很简单，加价呗，加完价以后，我就没有竞争力啦。或者说餐饮服务员，加价可以啊，我把菜品的价格提高。我不是餐饮行业的，我不以餐饮为例，我就以我们为例，我们就存在这种风险，用人的话，我们承担过多的社会责任。

提问：也就是员工的社保，这一块的投资是比较大的。

人力资源经理：这一块的投入很大，因为很多行业最大的成本是员工成本，我们听说其他省份，针对我们这个行业出台了一系列相关政策，但是我们武汉市，这一块针对我们民营企业的就相对少一些，甚至没有。

提问：您知不知道利益相关者的概念？

总经理：知道啊。

提问：什么意思呢？

总经理：就是和你企业发展有关系的各种主要因素。

提问：就是有利害关系、有利益关系的一些人、群体，对于您这个企业，有哪些利益相关者？股东、顾客、员工、管理当局、非政府组织、政府官员、社会公众、经销商、大学、工会、行业协会、本地居民、社区、媒体、环保机构，等等。

提问：这么多与您利益有关的，您觉得哪些与您关系比较大？

总经理：以我现在的企业状况来说，我觉得第一是员工，第二是股东。

提问：你们与政府打交道多不多？

总经理：不多。

提问：政策层面对物业公司影响大不大？

总经理：这几年这个行业刚性需求太大了，城市开发快了，那么多小区出来了，市场机会和市场需求很大，政府这种利害关系就淡化了。

提问：有没有社会公众对物业公司有影响的报道呢？

总经理：有，不大，比方说有些报道对保安、保洁不良的行为也有报道，但比例不是很大。我觉得企业在不同的规模，它的利益相关者是不一样的，小公司是个人的，中型公司是股东的，做大了才是社会的。我们这个八九百人的规模在整个物业行业来说算中型企业。

提问：有没有一些合作伙伴呢？

总经理：有合作伙伴。我下一个就准备说说合作伙伴，就是上下游的供应链，比方说工具、设备，一些大型的物业服务配套的设备。

提问：您都是租来的还是买的？

总经理：买啊，采购啊。

提问：采购大的物管设备？

总经理：物管设备，应该叫物管配套设备，比方说清洁设备、安防监控，它们有专门的安防公司，比方说还有专门的保安公司。

提问：有没有一些大型项目两个物业公司去一起做？

总经理：没有，只有它可以分包的，比方说你接到整个武汉大学的，你可能把经管院这一小块业务给我一点。

提问：多不多呢？

总经理：有，在我们这个行业，比方说万达，它有一家物业公司在做，它的子公司可能会把保洁业务分包给我。另外，因为这个行业节点比较多。比方说 A 业务，我现有的能力可能做不了，但是，整个项目中的 B 业务是我在做，所以，我需要找一个有能力承接 A 业务的合作伙伴来与我合作。

提问：工会呢？你们公司有没有工会？

人力资源经理：暂时没有，但是，人力资源部有分管员工权利和福利这一块的，也在努力去做一些事情。一些福利发放，保障员工的权利，对于员工提出的需求我们都会好好考虑。

提问：行业协会呢？

总经理：行业协会就是刚才我说的正在成立。

提问：正在成立保洁行业协会，物业管理行业协会已经有了，对你们有没有影响？

总经理：有，但这种关系不紧密。

提问：要交会费什么的，就是交会费找你一下？

总经理：会费呀，可能行业培训会有一些通知。

提问：行业协会会有一些培训，培训什么呢？

总经理：培训行业内的管理知识，比方说执业资格、执业资格证书、知识管理，都有一些。

提问：债权人有吗？

财务经理：没有。

提问：基本上没有负债？

财务经理：没有。

提问：本地居民、社区会影响吗？

总经理：有，不大。

提问：媒体呢？也不大。环保呢？

总经理：环保基本没涉及。

提问：按重要性排序，请您把它罗列一下子吧，最重要的放在最前面，次要的或者根本没有什么关系的、根本很少打交道的放到最后就行。

总经理：我列的是这样的，第一是雇员，第二是股东，第三是顾客，第四是供应商，第五是行业协会，第六是商业合作伙伴，第七是经销商，第八是本地居民和社区。基本上是从这个后面就没什么太大关系了。

提问：拿员工和股东利益来说的话，您把员工放在第一位，就是说想尽量满足员工的利益，但是，您也提到没办法去满足员工的社会保障。

总经理：不是，你理解错了。以员工和股东两者关系为例，这个是这样的，没有员工，股东利益是没法实现的。你股东再有钱，没有团队来实施，你的钱也不能最大化，投资也不会有产出，所以，我认为，第一是员工。

提问：如果在员工跟股东之间权衡的话，您还是更偏向于员工？

总经理：是的，肯定偏重员工。

提问：商业合作伙伴呢？在这个过程中，您怎么平衡利益呢？

总经理：要做大做强的话，肯定要横向联合。我对商业合作伙伴的理解就是这样。前面提到战略联盟，我的排序是放在第七位，战略联盟是建立在有一定的行业地位和品牌基础上的，无论是主动联盟别人还是别人来联盟你，都要有地位和品牌，才有合作的可能性。但是，我刚刚创业，我想联盟，谁也不敢跟我联盟，因为我没有实力和抗风险能力。

提问：您与商业合作伙伴的利益分成是怎么样的？您有没有获得过大的项目希望和别人结成战略联盟还是别人来跟你求合作？

总经理：都有。因为这个行业节点比较多。比方说，外墙清洗，我做不了，但是，这个物业管理是我在做，所以，我需要找专做清洗的合作伙伴来合作。

提问：如果说我把经管院的物业管理交给您，但是需要做外墙清洗的时候您做不了，您会请人来做，那么我这个费用也是直接给您，具体您请人花多少钱就涉及利润分配问题了，那您是怎么做的？

项目经理：利润分成是这样的，第一个原则是我们都有钱赚，他愿意做。我认为，是分包业务也是分包风险，基于这个原则，这个合作是建立在他愿意做，也有钱赚，又不脱离我的成本控制基础。

提问：您在选择这种合作伙伴时有什么标准？除了这种物业和外墙的关系，还有哪些形式的合作呢？

总经理：还有监控、安防的施工等。

提问：那你们怎么选择他们呢？

总经理：第一，要看人，看人品。第二，要有抗风险能力，首先是你能做这件事情，这是个门槛，而且你有多大的实力，就有多大的抗风险能力。

提问：人品就是这个人在行业中的声誉吗？

总经理：对，看诚信，为人处世的风格。

提问：他的实力吗？

总经理：看啊，就是看这个企业的规模。

提问：本身对价值的创造呢？

总经理：因为这是一个服务行业，做得好跟科技含量等都关系不大，关键是人用心的态度，对这个项目的重视度高不高。你的公司太大了，可能觉得这个项目无所谓；公司太小了，我又担心你做不好，我要承担责任。要选择一个相匹配的一个项目。

提问：那是不是可以这样理解，选择合作伙伴说到底都是为了自身的利益吗？

总经理：也不是。作为一种理想化模式，如果是我自身的合作伙伴，我也还是希望最后我和我的伙伴能够对行业达到一种精通，从而上升到一种高度，并不是一定为了利益，可能只是为了提升自己的一种资历、实力以及社会公信力。

提问：在合作方声誉和价值方面，就是他们能为公司股东创造利润这两个方面是怎么权衡的呢？

总经理：即使是股东利益最大化，但还是会有社会责任和道德问题，只是首先考虑股东利益，但是也要考虑一个均衡。不能说为了一点利益，而丢了名声。

提问：是否会有一些战略联盟呢？

总经理：会有，战略联盟是建立在有一定的行业地位和品牌的基础之上的，无论是主动联盟别人还是别人来联盟你，都是要有地位和品牌，才有合作的可能性。

提问：业务的开展有没有涉及具体的政府官员？

总经理：没有，没有。我是草根。

提问：媒体呢？也不需要有什么关系对吧。

总经理：对对。

提问：声誉对你们这个公司很重要吗？

项目经理：重要，因为这已经不是一个封闭的社会，它是个开放社会。

提问：您现在缺什么呢？缺人？

项目经理：主要是缺人。我缺人，不缺业务。

提问：就是相对来说的，您不缺业务？

总经理：我可以很自信地说不缺业务。不是说市场大，包括我们现在的品牌形成，我们不缺业务。

提问：怎么形成品牌呢？

总经理：应该说，第一是沉淀，第二是做出品质和差异化，创新啊，你的基础，基础要做好。

提问：技术上有没有障碍，经济上有没有障碍？

总经理：经济上，银行嫌贫爱富。

提问：您不需要贷款吗？

总经理：不是需要贷款，因为从我们这个结算周期上看，我们肯定也是有资金需求的。而我们民营企业是不受政府、银行青睐的，再加上我们是轻资产行业、服务行业。

提问：您在创业过程中，有没有获得政府方面的支持？无形的、有形的都可以。

总经理：我觉得如果说完全没有，界定是不准确的。但说有呢，也很含糊。为什么呢？我觉得媒体对我们的报道，2007年的《长江日报》、去年的《长江商报》、今年的《武汉经报》，我认为算是，我把媒体和政府划在一个范围里面。

提问：《长江商报》为什么要报道您，是因为政府起了作用吗？

总经理：嗯，直接作用没有，间接作用还是有的。比方说，工商局评定我们为诚信企业，我认为，这个是政府的作用。他是政府的职能部门。

提问：主要是这种无形的？

总经理：对，无形的。我觉得我现在是知足了。

提问：它对您的声誉是有一个提升的是吧。

总经理：对，我觉得应该是综合声誉的提升。

提问：这么多竞争对手，创业12年，您为什么会生存下去？

总经理：因为我们关注创新。

提问：例如，什么创新呢？

总经理：客户差异化创新。我们基本上做到了人无我有，人有我新，人新我变。不是说在一些大的投资方面，只是说在一些微小、细节的方面。比方说，我会非常注重培训，我觉得通过加强我们的内部培训来提升我们的品质，我认为这也是创新。从服务行业来说，人是服务的关键节点，把他们培训好了，品质自然能够提升。

提问：任何地方人都是很关键因素，而且像服务行业人的门槛本身就比较低，不像一些高新技术产业，是吧。

总经理：对对，主要在于如何把人管好，把服务意识提高。

提问：其他的呢？还有哪些优势呢？

总经理：主要就是这个，人的因素是最重要的，内部加强培训，品质提升之后，沟通会变得更畅通，客户对我们的认可也会因此而提升，就形成了一种良性的循环。而且不仅是对员工的培训，还有对项目负责人的培训，我们会更关注。

提问：你们需不需要与开发商营造良好的关系呢？

总经理：这个关系已经形成了。

提问：就是说，您在这12年的创业过程中已经跟某些开发商形成了良好的关系?

总经理:不是,开发商和物业公司是一起形成的。开发商开个楼盘,都有一个固定的物业公司。就以万科和万达为例,别的公司做得再好,成本再低,它也不会选你。

提问:那您这边合作的开发商是怎么跟你们形成的固定关系呢?

总经理:因为我们公司有一块比较大的业务就是开发商下面有一些保洁、保安、绿化的业务会承包给我,他是单独分包给我的。我只是做他们分包的业务。但是有些关系,像他跟我关系好一些,他不会考虑万达或者万科的公司,而是会直接找我,让我来看,说明他的成本是多少,万科万达做不到,让我们来做。这个关系已经就形成了。我觉得是个资源型的。我把商业项目分成三类:第一,技术型的,你有技术优势,可以做一个商业项目;第二,市场型的,市场需求太大了;第三,资源型的,主要靠关系。我们的一个项目,无非就是这三种类型的综合,只是比例不一样而已。

YCM 公司访谈内容要点提取

提问:首先介绍一下你们公司的基本情况、经营的产品、公司人员结构、基本状况、股权等。

总经理:我们是一家广告传媒公司,隶属于文化传媒这个大的板块,公司是一家广告集团,旗下有几家广告公司,针对不同的客户群体和媒体类型进行有差异的单独运营。我负责的这一家公司主要运营户外媒体,另外就是为顾客提供整合营销服务,包括广告设计、广告策划、创意、物料制作和媒体的代理服务。我们自己有一些户外自有媒体,由公司买下来,拥有独家经营权。我现在只负责这一个公司的业务。

提问:那你们整个集团有多少个公司呢?

总经理:目前有 34 个子公司,业务量我们公司是第二大的。第一的是一家汽车营销传播机构,是一家营销传播机构,但客户全部是汽车公司，营销对象是汽车公司，公司 1999 年成立，现在已经 15 年了。这家公司人员是五六十人，上一年营业规模是 7000 多万元。我负责经营的这个公司成立 6 年，人员也接近 50 个人，上一年度规模是 5000 多万元。

提问：你们是民营企业、国有企业还是外资企业？

总经理：我们是一家外资企业。

提问：你们广告行业是否会有新的技术引进呢？

总经理：我们现在也在尝试，我们集团也在尝试一些新的业务板块，包括旗下还有一家科技公司。在新的技术方面，我们也在关注，但是，我们主要关注户外板块，就是会关注一些新的科技、新的媒体形式对于我们户外媒体的影响，比方说户外的 LED 大屏等。

提问：能不能简要地说一说公司有没有成文的企业文化？

总经理：企业文化，我们一直都在尝试着做，但是，我们作为一个外资广告公司，我们的企业文化可能跟传统的不一样。

提问：那有没有具体的呢？

总经理：我们只做一件事，在企业内部，要专心、专注。所以，能够感觉到公司工作强度非常高，但是，稳定性还是很高的。公司成立 6 年，工作五年以上的员工占公司 60% 以上，相对于广告业这类员工流动性大的行业来说，我们的员工稳定性还是比较高的。

提问：谈一谈你们目前针对的顾客群体。

销售经理：大部门的客户都是大企业，所以，单笔合作金额比较大，我们客户群体集中在汽车、金融及地产和白酒等领域，也都是国内外知名的企业。

提问：你们的业务主要集中在武汉吗？

销售经理：我们是区域性广告公司，在湖北，尤其是武汉居多，还有一些涉及华中三四个省，我们的业务主要在这些地方，但是，我们的付款方在北上广的也很多。

提问：你们在年初或者年末有没有计划？还是有业务过来我们就做？

总经理：我们有计划，集团旗下公司在年底都会有上一年度的总结,包括下一年度的指标、业务量计划,还细分到季度计划、月计划,每个员工、每一次都有 KPI 考核,都有任务量考核。

提问:在你们做计划过程中是否有客户参与其中?

总经理:我们行业可能跟一些生产性企业不同,我们的客户不直接参与其中,这个过程是保密的。我们也不能让客户知道我们的营业额、利润情况。

提问:寻找新客户是顾客主动来找还是去找客户?

销售经理:都有,是一个相互过程,广告行业,差不多有一个标准,30%的是客户主动找我们,70%是我们去找客户。

提问:客户其实可以不止通过你们来做宣传,还可以通过网络、报纸、电视来推广,为什么客户会找你们呢?你们提供了哪些便捷的服务?

副总经理:就我们公司的业务而言,这也是我们很多员工消极的一些想法,新销售经理业务做得不好时比较沮丧,因为没有一个媒体可以说是不可或缺的。再好的媒体,客户可以选择你,但也可以不选择你,并不是不选你就达不到他想要的效果,媒体投放都是谈组合的,内容也很关键。目前我们公司所做的,服务就是一个方面。所以,客户可以看行业内的口碑怎么样,他的服务怎么样,包括他的维护、契约精神等方面。另外,对我们做媒体运营来说,服务的重要性占30%,媒体本身的价值占更多的比重。像我们公司几个重要的媒体,普通消费者也好,客户也好,其实走一走,看一看,他就知道这个媒体的价值怎么样。比如龟山电视塔,一般人都会觉得是好的,因为每天有那么多的客流量,又是在地标媒体上。决定客户选这个媒体,他的广告价肯定高,有些公司的预算就不够,全年的广告费用就只够投这一个地方,因此就不会选。那就选个短期的,偶尔做一做。

提问:有没有遇到投诉的情况?类似于广告牌投放时间不够或广告牌破损之类?

总经理:你说的投诉,我们公司也发生过,是两种类型。第一种,你说时间不够,我们公司从来没有出现过这类投诉。在公司经营层面,我们的契约精神是很强的。无论是代理投放或自有媒体,比如我们答应你发布一年，这个时间是不会短的，或者说一年给你播365次，任何时候去监测这个数据都是不会有问题的，除非是有临时检修或设备有问题，这个我们在合同里都会约定，当我们遇到故障或大面积停电，我们会补偿客户一定时间，一般是1∶2，坏一天补两天。

提问：有没有遇到顾客投诉和不满意情况？

总经理：偶尔有。由于我们主观原因的基本上没有，我们主观上不做这个事。

提问：或者他认为没有达到本身预期的效果，导致心理上的不满？

总经理：这个有一点，但我们一定会竭尽全力来提升客户满意度，甚至不惜一切代价帮助客户提升宣传效果。

提问：广告画面设计是由你们来做还是由对方公司来做？

总经理：我们有做一部分，有的客户做好画面直接给我们。有时我们看到画面会提一些建议，我们见得多一些，广告画面实际投放效果我们更清楚。有的是客户自己做好画面后，我们直接帮客户安装，有的是给我们一个需求，客户要什么样的效果，我们帮客户设计。

提问：这要另外收费，是吧？

总经理：我们提供免费服务。

提问：像你们公司有没有一些什么捐款、公益性活动？有没有这样定期支出项？

总经理：没有定期的，是不定期的。

提问：我的意思是定期的有没有？在你们公司日常支出中有没有这样一块？

总经理：没有。广告行业都没有这样的支出，都很少。但是，我们公司的文化稍有差异，企业嗅觉也比较灵敏。跟其他企业不一样，我们做这个并不是在哪里宣传什么，相对于企业文化建设，我们告诉大家都要有社会责任感，有回报心，有感恩心，企业会带着员工一起去捐钱，基本上几次大的事件发生，我们公司都有捐过钱，但公司并没有规定一定要捐款或怎么样。政府也不会来找我们，我们都是自发的。或者说哪个小学捐款，公司就会自发去。跟政府部门没有关系。

提问：同业竞争怎么样？

总经理：同业竞争是这样的。我认为，同业竞争目前还好，因为每一家生存都是有其道理。广告行业目前市场细分很厉害，虽然我们集团也有几家广告公司，但基本上是不竞争的，是互补的。比如说我们做汽车行业，那么集团的其他公司做其他行业的。我们集团汉口公司就做报纸媒体，那我们就不做报纸媒体，做户外行业。相同的道理，我们公司所在的文化产业园里，有很多广告公司，每家广告公司做的都不一样，有的做地下停车场的媒体，有的做报纸媒体代理，报纸媒体又分汽车版、房地产版等，他会做不同的行业。还有的是公关公司，有的会做地产公司的公关活动，有的会做汽车公司的公关活动。所以，每家公司的存在都有他的道理，不是同质化。也有同质化的，比如说报纸，《楚天都市报》《武汉晨报》《武汉晚报》，这三家报纸都是一样的，也存在普遍竞争，有市场份额之说，但经过多年的运营和博弈，客户群体也不太一样，《楚天都市报》倾向于做总部厂家的广告，《武汉晨报》偏重于区域、大区的广告和经销商的广告。运营时间长了，大家都找到了自己的方向，找到了自己的服务点，在广告行业间有一些相对同业间竞争，但不是绝对竞争。

提问：听说过利益相关者这个名词没有？到底什么是利益相关者？

总经理：听说过。股东、顾客、商业合作伙伴、政府、行业协会，指的就是这些。

提问：你们有哪些合作伙伴？

总经理：主要是上游供应商。比如说《湖北日报》、湖北广电，我们花钱买他的资源进行经营；还有我们做了很多对外采购的媒体代理，那些公司和我们都有紧密的交往，都希望我们能多代理，多给他们下广告订单；还有一些活动供应商，我们每年都要采购几千万元的产品，像灯光、音响、舞台等以及材料供应商，如喷绘、写真公司，还有模特礼仪公司、各种场地提供商，都是我们的商业合作伙伴。此外，还有下游的广告客户。

提问：将利益相关者按重要性排序！您觉得经常和您打交道，决定您企业生存的利益相关者放到前面,将很少打交道的放到后面。

总经理:第一位是"股东";股东决定公司存不存在;第二位是"员工";第三位是"顾客";第四位是"供应商",如广电、《湖北日报》,或好的供应商;第五位是"商业性合作伙伴";第六位是"管理当局";第七位是"债权人";第八位是"政府及官员";第九位是"媒体";第十位是"本地居民及社区";第十一位是"经销商",我理解的经销商是我们的分销商;第十二位是"社会大众";第十三位是"行业协会",第十四位是"非政府组织";第十四位是"大学",我们和一些大学的新闻传播学院会有一些交流和请教,因为行业具有很强的专业性的,也有一些优秀的员工来自大学;第十五位是"公会",我们会成立工会来维护员工利益;第十六位"环保阻力",我们这个行业涉及得不多,但会力所能及地去做。

提问:您最看重的是股东。第十二位是社会大众,您怎么权衡这两者之间的关系?有没有这样一种情况:当您要进行一些经营决策、经营活动,遭到大众不认可,形成媒体反应。

总经理:不会。因为我们行业可能与他们无关,我们行业完全是纯生态的,无污染,我们办公很少用纸。很少有对环境的负面影响。另外,我们也很注重节能环保的,像我们办公室这一整层采用的这种节能灯,初期投资非常高,但是相信一两年内就会看到效益。在装修这方面,我们办公室墙上用的板材、胶,都是用的档次非常高的。

提问:不是对环境,而是对社会公众,比如对广告牌的位置有些人提出反对意见,这些会影响你们经营,有没有这个可能性?比如网络上说全是白酒广告。

总经理:有一点。可能我们公司的方向不太一致。这些评价我们会开玩笑提一下,但对我们经营不会有太大影响。

提问:第九位"媒体"在不在意呢?媒体有没有负面影响?

总经理:没有负面影响。媒体是我们公司合作的媒体,比如我们公司去采购他的媒体。我们指的是广告层面上的媒体,可能和您描述的媒体不太一样。

提问:或者说媒体对你们公司的评价!就是媒体对你们广告公司

的评价。

　　总经理：到目前为止，他们对我们没有什么评价。第九位的"媒体"应该归纳为我们的合作伙伴。像我们集团汉口一家广告公司，他与几百家媒体打交道。我们企业受政策影响比较大，那么我们能不能拿到他们的媒体资源，或者说跟他们有更深入的合伙或代理他们媒体某个板块某个行业，我们是要给他们留下好印象的。比如说，我们经营能力很强、行业的好评度比较高，他们把这个行业交给我们非常放心，就愿意跟我们合作了。

　　提问：这个媒体相当于你们商业上的合作伙伴，不是舆论媒体。

　　总经理：舆论媒体跟我们没有太多关系，对我们影响不大，所以，排在本地居民之后。

　　提问：毕竟你们和商业合作伙伴有一种利害关系，行业合作是怎么谈的？你们有没有考虑到商业合作伙伴的一种利益关系？

　　总经理：肯定是要考虑利益的，如果不是"双赢"，是做不好事情的。我们的合作都是"双赢"的，拿媒体购买来说，我们代理一个客户，需要在华南市场投放广告，但我们公司在华南市场没有一手资源，没有独家经营的媒体，那么我们就要去华南广告市场，如果某个广告牌特别适合我们的客户，这个广告牌是别的公司在经营，我们就需要去和他们谈：我们有一个客户需要在这里投放广告，你们公司是什么样的报价。有合作意愿的公司会告诉我们他们的价格，这个挺好问的，他们在报给客户最终价值时会给我们公司类似于代理佣金的费用，让一部分利润出来，我给我们客户的报价也是他们给客户直接的价格。客户找我们买还是找他们买都是一个价，然后媒体给我们的是行业价。

　　提问：毕竟商业合作伙伴当中总是有一方处于天然的老大的地位，我有这样的媒体资源，别人找我来谈，我就处于谈判中的主动地位，有一些小的公司也想获得，对于这样的问题，您是怎样处理的？

　　总经理：你指的是我们代理一个客户，客户想做这个媒体，他肯定想我就不让给你，我就不做了，或者说我不给你利润。这种情况也有，但不太多，原因是既然这个客户来找我做代理，那我的代理权还是蛮重要的，客户喜欢你这个媒体有两种：一种是客户真的看好了就委托我们下个单，那我们就和你们公司谈，可能谈得下来，也可能谈不下来，谈不下来的原因就是除非这个广告媒体跟这个客户已经建立了直接联系，那他们之间已经说好了，那我们就下个单，他们给我们一点代理费。这种情况就是他们已经谈好了，迫于程序的要求必须经过我们公司，这种情况是这样子的。还有一种情况就是，客户压根儿就没见过这个媒体或对这个媒体没什么印象，通过提案，我们推荐过去的，那我们就两手准备：一般在提案的时候，跟这个媒体谈好这个价，如果他们给我们的价格不满意，那我们就不提他，跟他就没关系了。

提问：除客户外，其他的，如视频广告、活动租借，你们和他们之间有没有一个相互沟通的交流？

销售经理：行业内的很多客户，我们都相互认识。

总经理：我们一贯奉行"客户至上"原则，对客户，我们甚至可以提供免费服务，为了证明我们能够达到怎么样的一种服务水平和能力，哪怕只做完一笔业务，不会再做第二笔也没关系，只要客户满意了，我们的名声和影响至少不会差。

提问：是不是行业本身就有一个标准，如做一段小视频多少钱，活动租用您的场地，租用您的道具大概是多少钱，会有一个利润的分成。

销售经理：大概会有这样的标准。比如一条横幅，10块钱左右1米，包装好。出厂价大概是5元/米，另外5元就是共服务的，5元属于做横幅企业分出来的价格，如果客户自己安排人去拿，去张贴，那可以5元/米；如果是打个电话叫广告公司将横幅装好，那广告公司要开发票，要安排人会拿，去量尺寸，挂好，那这5元就是人家的服务费了，那大家对此比较认同，比如像我们媒体，直接客户一般做什么价格，我们对外报价一般都是这个价格。

提问：高层的会议有没有一些商业合作伙伴参与一起讨论？

总经理：有，比如说，涉及某些大媒体买卖的时候，尤其是买进来时，我们会与各个行业比较好的合作伙伴交流对这个媒体的看法，对它预期的评价。会有一些,但也不是特别正式。

提问:不是正式邀请,只是说咨询他们的意见。

总经理:会单独约见,可能会到办公室或外面坐一坐。也会慎重、深入地聊一聊,形式上仪式感不太强,但实质内容都有。

提问:就您目前觉得在经营活动中,股东、雇员、顾客、政府部门、社会大众、商业合作伙伴、行业协会等关系维护重不重要。

副总经理:广告行业关系维护非常重要,我甚至觉得广告行业就是一个关系网。

提问:一般商业上的关系都是能同甘但不能共苦,如果你们的商业合作伙伴经营上遇到了困难,你们是怎么处理的?

总经理:有啊,行业里起起落落的肯定都有。如果是遇到了经营困难,不影响给我们提供服务,我们也没关系。因为对这种长期合作供应商来说,除国有媒体之外,如果我们的合作伙伴是民营的,我只能这样归类。国家的是不能欠它的,纳税、买媒体是不能欠钱的,是先给钱,再给你媒体。那么很多行业跟我们同质化的媒体、供应商,我们也都和他们签了协议,如果对方遇到了困难,只要不影响对方继续提供服务,我们也会继续帮对方做事件,甚至可能会倾斜一部分业务给对方,做得比较好的,会帮助对方渡过业务难关。但是,对方的经营问题导致对方的服务质量下降,长期处在我们不可控的情况下,我们会更换。

副总经理:一般都是我们跟合作伙伴形成利益共同体为第三方服务,如果伙伴出现了问题,我们也一定要承担本来由合作双方共同承担的义务。如果商业合作伙伴出现其他难题,责任我们全部扛下来都可以。总之,我觉得我们还是非常有社会责任感的一家公司。

提问:您所谓的社会责任体现在哪些方面?

副总经理:不拖欠员工工资,不破坏市民视觉审美,尽量把广告做得美观,不发布违法信息。在社会公益方面,我们形成了一个常态,组织员工到贫困山区做一些公益。我们每年都会对山区贫困学生进行捐赠,还在一些山区贫困学校捐赠物资。我们是湖北省内的企业,希望通过努力发展壮大了,也能力所能及地造福整个湖北省。

提问：其实合法经营就是社会责任的一种体现。企业会不会利用一些合作伙伴维持一种互利、互相帮助这种关系？这样一种关系会采取什么样的方式呢？

总经理：会。联盟的方式。

提问：也会选择一些固定的商业合作伙伴？

总经理：我们这个产业是相对固定的。

提问：比如说，哪些活动有固定的伙伴给你们提供媒体供应商、活动供应商、视频制作供应商。加上礼仪、演出，相当于形成一个圈子吧？

总经理：对，像一根链条。

提问：员工呢？你们是如何看待员工呢？会经常加班吗？员工是否会有抱怨？

副总经理：我们认为，企业的发展源于每个员工的劳动和创造，而员工实现自我价值的过程，也就是企业蓬勃发展的过程，员工的发展与企业的发展是相辅相成的。经常加班。广告行业加班是常态。有项目要赶进度。最基本的员工关系，对于现存的状态，我敢说，员工已经完全不需要去鞭策，都主动完成工作任务。

提问：您觉得对你们广告行业来说声誉重不重要？为什么？

总经理：声誉非常重要。我们甚至这样想：有些回报是自然而然的，多关注他人的利益则可能为你带来声誉或者品牌，最显著的好处就是公众的信任，或者可以由此获得吸引优秀人才的机会。

提问：有没有实际提高声誉的做法？还是在公司平时日常经营活动中去积累？

总经理：突然性的声誉提高，有，但不太现实。除非是你突然做了惊人之举，而且你做成功了，否则就会一败涂地。

提问：您认为，在广告行业什么效果是惊人之举？

总经理：就是你名不见经传，突然拿了很大的行业代理、很大的营业额，然后运营得特别好。就这种惊人的事情，像一匹黑马突然出来，我觉得行业内偶尔有，但还是太少。一般说，还是企业经营的思路，我们对客户一定要专心专业，对员工一定要关心关爱，这种贯穿在日常工作生活中，契约精神也好，哪怕你赔了，也不要欠媒体下家的钱,该还的得还。像这种机会来了,人家还愿意给你,那么这种契约精神,包括对员工,对客户服务的口碑需要日常的点滴来建立。

提问:你们公司的文化很注重精神层面的东西吗?

总经理:是的,除了契约精神,格局也很重要。我们在经营公司过程中希望能跟做人一样,讲究"格局",做人要有格局,做企业也要有格局。股东很重要,各个利益相关者也都很重要,我甚至不太愿意说哪些比另外一些更重要,更愿意说我们在为股东做事、为股东思考的过程中要有"格局",目光更加长远,有格局的人更容易成功,有格局的企业也更能为股东谋利益。

提问:您刚才列了一些重要的利益相关者。有一些比较靠后的利益相关者,或者中间靠后的利益相关者。对于您来说或公司来说,您觉得有没有必要关注他们?例如社会公众,与社会公众营造比较好的关系,例如政府,有没有必要,有必要就有,没必要也无所谓。还有工会。

总经理:有必要,虽然说可能没有重大影响,也跟企业实际运转关系没有那么紧密,但关注一下也好,平时工作的重心、精力被更多地涉及正业经营活动。对于利益相关者的关系,我觉得是这样的,在我的心目中,排名靠后的是与企业的经营发展阶段有关系的。比如企业发展处在早期阶段,对与企业有直接经济利益的关注得多一些,企业发展到一定阶段以后,比如处在业务比较稳定,希望提高企业的声誉和形象,就是解决了目前的经营问题以后,可能会对靠后的更关注一些。因为在我所待过的两个企业,感知是很明显的,比如汽车营销公司,可以会对后者,能腾出精力来的时候更关注一些,社会责任、公众评价关注得多一点,我们现在的公司成立的时间不长,可能我会把更多的精力放在企业经营上。目前做得更多的是将企业的规模做大做强,可能做到稳定的状态以后,我会增大关注公益的力度。就我而言,现在其实已经也关注了很多,我是中国老年事业基金会敬老志愿者湖北服务中心的志愿者。

提问:为什么您选择以个人的方式来做公益呢?

总经理:我觉得公益呀,是能够提高一个人思想境界的方式。虽然说做慈善是会花费,但是我会觉得更充实。

提问：作为企业高层管理者，在整个集团之间，高层管理者成员有多少人？

总经理：高层管理者，2—3人，我指的是副总经理以上的人。

提问：他们分管几个部门？

总经理：分别分管几个方面吧，比如说，我管全局，有一个副总分管财务，还有一个人主管业务。

提问：关注的问题有没有差异呢？

总经理：有差异。

提问：那有没有争论呢？

总经理：会有。

提问：如何达成一致呢？

总经理：因为大家都是为了企业做大做强，这个都没有问题。只是站在各自的角度，对本部门的事情考虑得更多一点。如果发生争论的话，他们两个部门能调和就调和，比方说一个部门是要把客户做得更多，一个是把成本控制得更好。可能他们两个部门会有一些争议，如果他们自己能够协调就他们自己进行沟通，如果不行就在我这个层面来进行沟通。那么，我会从对公司最有利的角度来进行判断。

提问：你们会关注到商业合作伙伴的利益、股东的利益、顾客的利益，还有行业协会、媒体，既然关注这么多利益相关者，就像您会关注公司长期的发展，比较注重股东的利益，做市场的可能比较关注顾客，关注的点不一样，有没有这种分化呢？

总经理：有分化，但是相对分化，不是绝对分化。像股东利益，大家都认为要关注，任何有损公司经营结果的事情大家都会直接筛选掉了。但是，有短期的决策，比方说一个副总有一块业务，他希望以一个低价来出售一个媒体，财务就不会通过，公司要求的最低利润额没达到。就会来分析这是什么原因，或者来寻求一个折中点。要么提高价格，要么最近少卖一点，都会平衡一下。包括你说的媒体的利益或者其他利益相关者的利益，包括我排在中间偏后的这些利益相关者，如果不太过分，不是特别影响公司的发展，都是可以平衡的。

参考文献

[1] Aaltonen, K., Sivonen, R., "Response Strategies to Stakeholder Pressures in Global Projects", *International Journal of Project Management*, 2009, 27(2), pp. 131–141.

[2] Abrahamson, E., Hambrick, D. C., "Attentional Homogeneity in Industries: The Effect of Discretion", *Journal of Organizational Behavior*, 1997, 18(S1), pp. 513–532.

[3] Adams, M., Hardwick, P., "An Analysis of Corporate Donations: United Kingdom Evidence", *Journal of Management Studies*, 1998, 35(5), pp. 641–654.

[4] Adger, N. W., Brooks, N., Bentham, G. et al., "New Indicators of Vulnerability and Adaptive Capacity", *Tyndall Centre Technical Report*, 2004, 23(7), pp. 67–72.

[5] Agle, B. R., Mitchell, R. K., Sonnenfeld, J. A., "Who Matters to CEOs? An Investigation of Stakeholder Attributes and Salience, Corporate Performance, and CEO Values", *Academy of Management Journal*, 1999, 42(5), pp. 507–525.

[6] Aguilar, F. J., 1967, *Scanning the Business Environment*, Macmillan.

[7] Amit, R., Schoemaker, P. J., "Strategic Assets and Organizational Rent", *Strategic Management Journal*, 1993, 14(1), pp. 33–46.

[8] Anderson, E., Jap, S. D., "The Dark Side of Close Relationships", *MIT Sloan Management Review*, 2005, 46(3), pp. 75–82.

[9] Anderson, J. C., Gerbing, D. W., "Structural Equation Modeling in Practice: A Review and Recommended Two-step Approach", *Psychological Bulletin*, 1998, 103(3), pp. 411-423.

[10] Ansoff, H. I., *Corporate Strategy: An Analytic Approach to Business Policy for Growth and Expansion*, McGraw-Hill Companies, 1965.

[11] Ansoff, H. I., "Strategic Issue Management", *Strategic Management Journal*, 1980, 1(2), pp. 131-148.

[12] Bagozzi, R. P., Yi, Y., "On the Evaluation of Structural Equation Models", *Journal of the Academy of Marketing Science*, 1988, 16(1), pp. 74-94.

[13] Barney, J., "Firm Resources and Sustained Competitive Advantage", *Journal of Management*, 1991, 17(1), pp. 99-120.

[14] Baron, R. M., Kenny, D. A., "The Moderator-mediator Variable Distinction in Social Psychological Research: Conceptual, Strategic, and Statistical Considerations", *Journal of Personality and Social Psychology*, 1986, 51(6), pp. 1173-1182.

[15] Barr, P. S., Stimpert, J. L., Huff, A. S., "Cognitive Change, Strategic Action, and Organizational Renewal", *Strategic Management Journal*, 1992, 13(S1), pp. 15-36.

[16] Barreto, I., Patient, D. L., "Toward a Theory of Intraorganizational Attention Based on Desirability and Feasibility Factors", *Strategic Management Journal*, 2003, 34(6), pp. 687-703.

[17] Baumard, P., "From Noticing to Making Sense: Using Intelligence to Develop Strategy", *International Journal of Intelligence and Counter Intelligence*, 1994, 7(1), pp. 29-73.

[18] Beck, T. E., Plowman, D. A., "Experiencing Rare and Unusual Events Richly: The Role of Middle Managers in Animating and Guiding Organizational Interpretation", *Organization Science*, 2009, 20(5), pp. 909-924.

[19] Beekun, R. I., "Badawi, J. A., Balancing Ethical Responsibility

Among Multiple Organizational Stakeholders: The Islamic Perspective", *Journal of Business Ethics*, 2005, 60(2), pp. 131 – 145.

[20] Bendheim, C. L., Waddock, S. A., Graves, S. B., "Determining Best Practice in Corporate – Stakeholder Relations Using Data Envelopment Analysis An Industry – Level Study", *Business & Society*, 1998, 37(3), pp. 306 – 338.

[21] Bettis, R. A., Prahalad, C. K., "The Dominant Logic: Retrospective and Extension", *Strategic Management Journal*, 1995, 16(1), pp. 5 – 14.

[22] Blum, T. C., Fields, D. L., Goodman, J. S., "Organization – level Determinants of Women in Management", *Academy of Management Journal*, 1994, 37(2), pp. 241 – 268.

[23] Bosse, D. A., Phillips, R. A., Harrison, J. S., "Stakeholders, Reciprocity, and Firm Performance", *Strategic Management Journal*, 2009, 30(4), pp. 447 – 456.

[24] Bouquet, C., Birkinshaw, J., "Weight Versus Voice: How Foreign Subsidiaries Gain Attention From Corporate Headquarters", *Academy of Management Journal*, 2008, 51(3), pp. 577 – 601.

[25] Bouquet, C., Morrison, A., Birkinshaw, J., "International Attention and Multinational Enterprise Performance", *Journal of International Business Studies*, 2009, 40(1), pp. 108 – 131.

[26] Bourgeois, L. J., "On the Measurement of Organizational Slack", *Academy of Management Review*, 1981, 6(1), pp. 29 – 39.

[27] Bowman, C., Ambrosini, V., "How the Resource – based and the Dynamic Capability Views of the Firm Inform Corporate – level Strategy", *British Journal of Management*, 2003, 14(14), pp. 289 – 303.

[28] Brammer, S., Millington, A., "The Development of Corporate Charitable Contributions in the UK: A Stakeholder Analysis", *Journal of Management Studies*, 2004, 41(8), pp. 1411 – 1434.

[29] Brammer, S., Millington, A., "Firm Size, Organizational Visibility and Corporate Philanthropy: An Empirical Analysis", *Business Ethics: A European Review*, 2006, 15(1), pp. 6–18.

[30] Brickson, S. L., "Organizational Identity Orientation: Forging a Link Between Organizational Identity and Organizations' Relations with Stakeholders", *Administrative Science Quarterly*, 2005, 50(4), pp. 576–609.

[31] Buckle, P., Marsh, G., Smale, S., "Assessing Resilience and Vulnerability: Principles, Strategies and Actions: Guidelines Emergency Management Australia", *Department of Defence*, 2001.

[32] Budescu, D. V., Yu, H. T., "Aggregation of Opinions Based on Correlated Cues and Advisors", *Journal of Behavioral Decision Making*, 2007, 20(2), pp. 153–177.

[33] Bundy, J., Shropshire, C., Buchholtz, A. K., "Strategic Cognition and Issue Salience: Toward an Explanation of Firm Responsiveness to Stakeholder Concerns", *Academy of Management Review*, 2013, 38(3), pp. 352–376.

[34] Burgelman, R. A., "A Process Model of Internal Corporate Venturing in the Diversified Major Firm", *Administrative Science Quarterly*, 1983, pp. 223–244.

[35] Burton, B. K., Dunn, C. P., "Feminist Ethics as Moral Grounding for Stakeholder Theory", *Business Ethics Quarterly*, 1996, 6(2), pp. 133–147.

[36] Buysse, K., Verbeke, A., "Proactive Environmental Strategies: A Stakeholder Management Perspective", *Strategic Management Journal*, 2003, 24(5), pp. 453–470.

[37] Carroll, A. B., "A Three-dimensional Conceptual Model of Corporate Social Performance", *Academy of Management Review*, 1979, 4(4), pp. 497–505.

[38] Carter, S. M., "The Interaction of Top Management Group, Stake-

holder, and Situational Factors on Certain Corporate Reputation Management Activities", *Journal of Management Studies*, 2006, 43(5), pp. 1145 – 1176.

[39] Charkham, J. P., "Corporate Governance: Lessons From Abroad", *European Business Journal*, 1992, 4(2), p. 8.

[40] Chattopadhyay, P., Glick, W. H., Huber, G. P., "Organizational Actions in Response to Threats and Opportunities", *Academy of Management Journal*, 2001, 44(5), pp. 937 – 955.

[41] Chen, W. R., Miller, K. D., "Situational and Institutional Determinants of Firms' R&D Search Intensity", *Strategic Management Journal*, 2007, 28(4), pp. 369 – 381.

[42] Child, J., "Organization Structure and Strategies of Control: A Replication of the Aston Study", *Administrative Science Quarterly*, 1972, pp. 163 – 177.

[43] Chiu, S. C., Sharfman, M., "Legitimacy, Visibility, and the Antecedents of Corporate Social Performance: An Investigation of the Instrumental Perspective", *Journal of Management*, 2001, (37), pp. 1558 – 1585.

[44] Cho, T. S., Hambrick, D. C., "Attention as the Mediator between Top Management Team Characteristics and Strategic Change: The Case of Airline Deregulation", *Organization Science*, 2006, 17(4), pp. 453 – 469.

[45] Choi, Y. R., Shepherd, D. A., "Stakeholder Perceptions of Age and other Dimensions of Newness", *Journal of Management*, 2005, 31(4), pp. 573 – 596.

[46] Clarkson, M. E., "A Stakeholder Framework for Analyzing and Evaluating Corporate Social Performance", *Academy of Management Review*, 1995, 20(1), pp. 92 – 117.

[47] Clarkson, M., Starik, M., Cochran, P., Jones, T. M., "The Toronto Conference: Reflections on Stakeholder Theory", *Business

and Society, 1994, 33(1), p. 82.

[48] Clarkson, P. M., Simunic, D. A., "The Association Between Audit Quality, Retained Ownership, And Firm - specific Risk in US vs Canadian IPO Markets", *Journal of Accounting and Economics*, 1994, 17(1), pp. 207 - 228.

[49] Clemens, B. W., Douglas, T. J., "Understanding Strategic Responses to Institutional Pressures", *Journal of Business Research*, 2005, 58(9), pp. 1205 - 1213.

[50] Cowan, D. A., "Developing a Process Model of Problem Recognition", *Academy of Management Review*, 1966, 11(4), pp. 763 - 776.

[51] Crilly, D., "Stakeholders: Threat or Opportunity", *Business Strategy Review*, 2012, 23(4), pp. 59 - 61.

[52] Crilly, D., Sloan, P., "Enterprise Logic: Explaining Corporate Attention to Stakeholders from The 'Inside - out'", *Strategic Management Journal*, 2012, 33(10), pp. 1174 - 1193.

[53] Crilly, D., Sloan, P., "Autonomy or Control? Organizational Architecture and Corporate Attention to Stakeholders", *Organization Science*, 2014, 25(2), pp. 339 - 355.

[54] Cyert, R. M., March, J. G., "A Behavioral Theory of the Firm", *Englewood Cliffs*, NJ, 1963, 2.

[55] Daft, R. L., Weick, K. E., "Toward a Model of Organizations as Interpretation Systems", *Academy of Management Review*, 1984, 9(2), pp. 284 - 295.

[56] Darnall, N., Henriques, I., Sadorsky, P., "Adopting Proactive Environmental Strategy: The Influence of Stakeholders and Firm size", *Journal of Management Studies*, 2010, 47(6), pp. 1072 - 1094.

[57] D'Aveni, R. A., MacMillan, I. C., "Crisis and the Content of Managerial Communications: A Study of the Focus of Attention of top

Managers in Surviving and Failing Firms", *Administrative Science Quarterly*, 1990, pp. 634 – 657.

[58] Davis, K., Blomstrom, R. L., *Instructor's Manual to Accompany Business and Society: Environment and Responsibility*, McGraw – Hill, 1975.

[59] Delmas, M., Toffel, M. W., "Stakeholders and Environmental Management Practices: An Institutional Framework", *Business Strategy & the Environment*, 2004, 13(4), pp. 209 – 222.

[60] Denison, D. R., Dutton, J. E., Kahn, J. A., Hart, S. L., "Organizational Context and the Inierpretation of Strategic Issues: A Note on Ceos' Iinterpretations of Foreign Investment", *Journal of Management Studies*, 1996, 33(4), pp. 453 – 474.

[61] DiMaggio, P., Powell, W. W., "The Iron Cage Revisited: Collective Rationality and Institutional Isomorphism in Organizational fields", *American Sociological Review*, 1983, 48(2), pp. 147 – 160.

[62] Donaldson, T., Preston, L. E., "The Stakeholder Theory of the Corporation: Concepts, Evidence, and Implications", *Academy of management Review*, 1995, 20(1), pp. 65 – 91.

[63] Driscoll, C., Starik, M., "The Primordial Stakeholder: Advancing the Conceptual Consideration of Stakeholder Status for the Natural Environment", *Journal of Business Ethics*, 2004, 49(1), pp. 55 – 73.

[64] Durand, R., "Predicting a Firm's Forecasting Ability: The Roles of Organizational Illusion of Control and Organizational Attention", *Strategic Management Journal*, 2003, 24(9), pp. 821 – 838.

[65] Dutton, J. E., "Interpretations on Automatic: A Different View of Strategic Issue Diagnosis", *Journal of Management Studies*, 1993, 30(3), pp. 339 – 357.

[66] Dutton, J. E., Duncan, R. B., "The Creation of Momentum for

Change Through the Process of Strategic Issue Diagnosis", *Strategic Management Journal*, 1987, 8(3), pp. 279 – 295.

[67] Dutton, J. E., Jackson, S. E., "Categorizing Strategic Issues: Links to Organizational Action", *Academy of Management Review*, 1987, 12(1), pp. 76 – 90.

[68] Dutton, J. E., Fahey, L., Narayanan, V. K., "Toward Understanding Strategic Issue Diagnosis", *Strategic Management Journal*, 1983, 4(4), pp. 307 – 323.

[69] Dutton, J. E., Stumpf, S. A., Wagner, D., "Diagnosing Strategic Issues and Managerial Investment of Resources", *Advances in Strategic Management*, 1990, 6, pp. 143 – 167.

[70] Dutton, J. E., Worline, M. C., Frost, P. J., Lilius, J., "Explaining Compassion Organizing", *Administrative Science Quarterly*, 2006, 51(1), pp. 59 – 96.

[71] Dyer, J. H., Hatch, N. W., "Relation – specific Capabilities and Barriers to Knowledge Transfers: Creating Advantage Through Network Relationships", *Strategic Management Journal*, 2006, 27(8), pp. 701 – 719.

[72] Edwards, J. R., Lambert, L. S., "Methods for Integrating Moderation and Mediation: A General Analytical Framework Using Moderated Path Analysis", *Psychological Methods*, 2007, 12(1), pp. 1 – 22.

[73] Eesley, C., Lenox, M. J., "Firm Responses to Secondary Stakeholder Action", *Strategic Management Journal*, 2006, 27(8), pp. 765 – 781.

[74] Eggers, J. P., Kaplan, S., "Cognition and Renewal: Comparing CEO and Organizational Effects on Incumbent Adaptation to Technical Change", *Organization Science*, 2009, 20(2), pp. 461 – 477.

[75] Eisenhardt, K. M., "Building Theories from Case Study Research", *Academy of Management Review*, 1989, 14(4), pp.

532 – 550.

[76] Epstein, E. M., "The Corporate Social Policy Process: Beyond Business Ethics, Corporate Social Responsibility, and Corporate Social Responsiveness", *California Management Review*, 1987, 29(3), pp. 99 – 114.

[77] Farjoun, M., Starbuck, W. H., "Organizing at and beyond the Limits", *Organization Studies*, 2007, 28(4), pp. 541 – 566.

[78] Fernández, Gago R., Nieto, Antolín M., "Stakeholder Salience in Corporate Environmental Strategy", *Corporate Governance: The International Journal of Business in Society*, 2004, 4(3), pp. 65 – 76.

[79] Fineman, S., Clarke, K., "Green Stakeholders: Industry Interpretations and Response", *Journal of Management Studies*, 1996, 33(6), pp. 715 – 730.

[80] Fiske, S. T., Taylor, S. E., *Social Cognition Reading*, MA: Addison – Wesley, 1984.

[81] Floyd, S. W., Lane, P. J., "Strategizing Throughout the Organization: Managing Role Conflict in Strategic Renewal", *Academy of Management Review*, 2000, 25(1), pp. 154 – 177.

[82] Fornell, C., Larcker, D. F., "Structural Equation Models with Unobservable Variables and Measurement Error: Algebra and Statistics", *Journal of Marketing Research*, 1981, (18), pp. 382 – 388.

[83] Freeman, L. C., "A Set of Measures of Centrality based on between Ness", *Sociometry*, 1997, pp. 35 – 41.

[84] Freeman, R. E., *Strategic Management: A Stakeholder Approach*, Cambridge University Press, 1984.

[85] Freeman, R. E., *Strategic Management: A Stakeholder Approach*, Cambridge University Press, 2010.

[86] Frooman, J., "Stakeholder Influence Strategies", *Academy of Management Review*, 1999, 24(2), pp. 191 – 205.

[87] Gavetti, G., Levinthal, D., "Looking Forward and Looking Back-

ward: Cognitive and Experiential Search", *Administrative Science Quarterly*, 2000, 45(1), pp. 113 – 137.

[88] Gavetti, G., Rivkin, J. W., "On the Origin of Strategy: Action and Cognition Over Time", *Organization Science*, 2007, 18(3), pp. 420 – 439.

[89] Gebauer, H., "An Attention – based View on Service Orientation in the Business Strategy of Manufacturing Companies", *Journal of Managerial Psychology*, 2009, 24(1), pp. 79 – 98.

[90] George, E., Chattopadhyay, P., Sitkin, S. B., Barden, J., "Cognitive Underpinnings of Institutional Persistence and Change: A Framing Perspective", *Academy of Management Review*, 2006, 31(2), pp. 347 – 365.

[91] George, G., "Slack Resources and the Performance of Privately held Firms", *Academy of Management Journal*, 2005, 48(4), pp. 661 – 676.

[92] Ginsberg, A., "Connecting Diversification to Performance: A Sociocognitive Approach", *Academy of Management Review*, 1990, 15(3), pp. 514 – 535.

[93] Ginsberg, A., Venkatraman, N., "Institutional Initiatives for Technological Change: From Issue Interpretation to Strategic Choice", *Organization Studies*, 1995, 16(3), pp. 425 – 448.

[94] González – Benito, J. and González – Benito, "A Study of Determinant Factors of Stakeholder Environmental Pressure Perceived by Industrial Companies", *Business Strategy and the Environment*, 2010, 19(3), pp. 164 – 181.

[95] Goodstein, J., "Employer Involvement in Elder Care: An Organizational Adaptation Perspective", *Academy of Management Journal*, 1995, 38(6), pp. 1657 – 1671.

[96] Goodstein, J. D., "Institutional Pressures and Strategic Responsiveness: Employer Involvement in Work – family Issues", *Academy of*

Management Journal, 1994, 37(2), pp. 350 – 382.

[97] Granovetter, M., "The Impact of Social Structure on Economic Outcomes", The Journal of Economic Perspectives, 2005, 19(1), pp. 33 – 50.

[98] Granovetter, M., Granovetter, M., "The Sociological and Economic Approaches to Labour Market Analysis: A Social Structural View", 1992.

[99] Grant, R. M., "On 'Dominant Logic', Relatedness and the link Between Diversity and Performance", Strategic Management Journal, 1998, 9(6), pp. 639 – 642.

[100] Greenley, G. E., Hooley, G. J., Rudd, J. M., "Market Orientation in a Multiple Stakeholder Orientation Context: Implications for Marketing Capabilities and Assets", Journal of Business Research, 2005, 58(11), pp. 1483 – 1494.

[101] Greve, H. R., "A Behavioral Theory of Firm Growth: Sequential Attention to Size and Performance Goals", Academy of Management Journal, 2008, 51(3), pp. 476 – 494.

[102] Gulati, R., Nohria, N., Zaheer, A., "Strategic Networks", Strategic Management Journal, 2000, (21), pp. 201 – 215.

[103] Hambrick, D. C., Mason, P. A., "Upper Echelons: The Organization As a Reflection of Its Top Managers", Academy of Management Review, 1984, 9(2), pp. 193 – 206.

[104] Hansen, M. T., Haas, M. R., "Competing for Attention in Knowledge Markets: Electronic Document Dissemination in A Management Consulting Company", Administrative Science Quarterly, 2001, 46(1), pp. 1 – 28.

[105] Harrison, J. S., Freeman, R. E., "Stakeholders, Social Responsibility, and Performance: Empirical Evidence and Theoretical Perspectives", Academy of Management Journal, 1999, 42(5), pp. 479 – 485.

[106] Harrison, J. S., John, C. H. S., *Strategic Management of Organizations and Stakeholders: Theory and Cases*, West Group, 1994.

[107] Harvey, B., Schaefer, A., "Managing Relationships with Environmental Stakeholders: A Study of UK Water and Electricity Utilities", *Journal of Business Ethics*, 2001, 30(3), pp. 243 – 260.

[108] Helfat, C. E., Finkelstein, S., Mitchell, W., *Dynamic Capabilities: Understanding Strategic Change in Organizations*, Blackwell Publishing, Malden, MA, 2007.

[109] Henriques, I., Sadorsky, P., "The Relationship Between Environmental Commitment and Managerial Perceptions of Stakeholder Importa", *Academy of Management Journal*, 1999, 42 (1), pp. 87 – 99.

[110] Heugens, P. P., Van Den Bosch, F. A., Van Riel, C. B., "Stakeholder Integration Building Mutually Enforcing Relationships", *Business & Society*, 2002, 41(1), pp. 36 – 60.

[111] Hoffman, A. J., Ocasio, W., "Not all Events are Attended Equally: Toward a Middle – range Theory of Industry Attention to External Events", *Organization Science*, 2001, 12(4), pp. 414 – 434.

[112] Hosmer, L. T., Kiewitz, C., "Organizational Justice: A Behavioral Science Concept with Critical Implications for Business Ethics and Stakeholder Theory", *Business Ethics Quarterly*, 2005, 15 (01), 67 – 91.

[113] Hosseini, J. C., Brenner, S. N., "The Stakeholder Theory of the Firm: A Methodology to Generate Value Matrix Weights", *Business Ethics Quarterly*, 1992, 2(2), pp. 99 – 119.

[114] Howard R. Bowen, *Social Responsibilities of the Business*, New York: Harpar, 1953, 52.

[115] Howard – Grenville, J. A., "Inside the 'Black Box' How Organizational Culture and Subcultures Inform Interpretations and Actions

on Environmental Issues", *Organization & Environment*, 2006, 19(1), pp. 46 – 73.

[116] Huse, M., Eide, D., "Stakeholder Management and the Avoidance of Corporate Control", *Business and Society*, 1996, 35(2), pp. 211 – 243.

[117] Ingram, P., Simons, T., "Institutional and Resource Dependence Determinants of Responsiveness to Work – family Issues", *Academy of Management Journal*, 1995, 38(5), pp. 1466 – 1482.

[118] Ireland, S. J., "Origin of 5 – hydroxytryptamine – induced Hyperpolarization of the Rat Superior Cervical Ganglion and Vagus Nerve", *British Journal of Pharmacology*, 1987, 92(2), pp. 407 – 416.

[119] Jackson, S. E., Dutton, J. E., "Discerning Threats and Opportunities", *Administrative Science Quarterly*, 1988, pp. 370 – 387.

[120] Jacobides, M. G., "The Inherent Limits of Organizational Structure and the Unfulfilled Role of Hierarchy: Lessons from a Near – war", *Organization Science*, 2007, 18(3), pp. 455 – 477.

[121] Jawahar, I. M., McLaughlin, G. L., "Toward a Descriptive Stakeholder Theory: An Organizational Life Cycle Approach", *Academy of Management Review*, 2001, 26(3), pp. 397 – 414.

[122] Jensen, M. C., "Value Maximization, Stakeholder Theory, and the Corporate Objective Function", *Business Ethics Quarterly*, 2002, 12(2), pp. 235 – 256.

[123] Johnston, W. A., Dark, V. J., "Selective Attention", *Annual Review of Psychology*, 1986, 37(1), pp. 43 – 75.

[124] Jones, T. M., "Instrumental Stakeholder Theory: A Synthesis of Ethics and Economics", *Academy of Management Review*, 1995, 20(2), pp. 404 – 437.

[125] Julian, S. D., Ofori – Dankwa, J. C., Justis, R. T., "Understanding Strategic Responses to Interest Group Pressures", *Strategic*

Management Journal, 2008, 29(29), pp. 963 – 984.

[126] Kacperczyk, A., "With Greater Power Comes Greater Responsibility? Takeover Protection and Corporate Attention to Stakeholders", *Strategic Management Journal*, 2009, 30(3), pp. 261 – 285.

[127] Kahneman, D., *Attention and Effort*, Englewood Cliffs, NJ: Prentice – Hall, 1973.

[128] Kaler, J., "Evaluating Stakeholder Theory", *Journal of Business Ethics*, 2006, 69(3), pp. 249 – 268.

[129] Kanfer, R., Ackerman, P. L., "Motivation and Cognitive Abilities: An Integrative/aptitude – treatment Interaction Approach to Skill Acquisition", *Journal of Applied Psychology*, 1989, 74(4) p. 657.

[130] Kaplan, S., "Cognition, Capabilities, And Incentives: Assessing Firm Response to the Fiber – optic Revolution", *Academy of Management Journal*, 2008, 51(4), pp. 672 – 695.

[131] Kaplan, S., Henderson, R., "Inertia and Incentives: Bridging Organizational Economics and Organizational Theory", *Organization Science*, 2005, 16(5), pp. 509 – 521.

[132] Karau, S. J., Kelly, J. R., "The Effects of Time Scarcity and Time Abundance on Group Performance Quality and Interaction Process", *Journal of Experimental Social Psychology*, 1992, 28(6), pp. 542 – 571.

[133] Karau, S. J., Kelly, J. R., "Time Pressure and Team Performance: An Attentional Focus Integration", *Research on Managing Groups & Teams*, 2003, (6), pp. 185 – 212.

[134] Kassinis, G., Vafeas, N., "Stakeholder Pressures and Environmental Performance", *Academy of Management Journal*, 2006, 49(1), pp. 145 – 159.

[135] Kates, R. W., Clark, W. C., Corell, R., Hall, J. M., Jaeger, C. C., Lowe, I. et al., "Environment and Development. Sustain-

ability Science", *Science*, 1999, 292(5517), pp. 641 – 642.

[136] Kelly, J. R., Karau, S. J., "Group Decision Making: The Effects of Initial Preferences and Time Pressure", *Personality and Social Psychology Bulletin*, 1999, 25(11), pp. 1342 – 1354.

[137] Kiesler, S., Sproull, L., "Managerial Response to Changing Environments: Perspectives on Problem Sensing from Social Cognition", *Administrative Science Quarterly*, 1982, pp. 548 – 570.

[138] Kirzner, I. M., "Competition and Entrepreneurship", *Southern Economic Journal*, 1973.

[139] Knight, D., Pearce, C. L., Smith, K. G., Olian, J. D., Sims, H. P., Smith, K. A., Flood, P., "Top Management Team Diversity, Group Process, and Strategic Consensus", *Strategic Management Journal*, 1999, 20(5), pp. 445 – 465.

[140] Knox, S., Gruar, C., "The Application of Stakeholder Theory to Relationship Marketing Strategy Development in a Non – profit Organization", *Journal of Business Ethics*, 2007, 75(2), pp. 115 – 135.

[141] Kobrin, S. J., "Is There a Relationship Between a Geocentric Mind – set and Multinational Strategy?", *Journal of International Business Studies*, 1994, 25(3), pp. 493 – 511.

[142] Konrad, A. M., Mangel, R., "Research Notes and Commentaries the Impact of Work – life Programs on Firm Productivity", *Strategic Management Journal*, 2000, 21(12), pp. 1225 – 1237.

[143] Kotter, J. P., "General Managers are Not Generalists", *Organizational Dynamics*, 1982, 10(4), pp. 5 – 19.

[144] Krause, D. R., Handfield, R. B., Tyler, B. B., "The Relationships Between Supplier Development, Commitment, Social Capital Accumulation and Performance Improvement", *Journal of Operations Management*, 2007, 25(2), pp. 528 – 545.

[145] Kroll, M., Walters, B. A., Wright, P., "Board Vigilance, Di-

rector Experience, and Corporate Outcomes", *Strategic Management Journal*, 2008, 29(4), pp. 363 – 382.

[146] LaBerge, D., *Attentional Processing: The Brain's Art of Mindfulness*(Vol. 2), Harvard University Press, 1995.

[147] Lampe, M., "Mediation as an Ethical Adjunct of Stakeholder Theory", *Journal of Business Ethics*, 2001, 31(2), pp. 165 – 173.

[148] Lampel, J., Shamsie, J., "Probing the Unobtrusive Link: Dominant Logic and the Design of Joint Ventures at General Electric", *Strategic Management Journal*, 2001, 21, pp. 593 – 602.

[149] Lane, P. J., Lubatkin, M., "Relative Absorptive Capacity and Interorganizational Learning", *Strategic Management Journal*, 1998, 19(5), pp. 461 – 477.

[150] Lant, T. K., Milliken, F. J., Batra, B., "The Role of Managerial Learning and Interpretation in Strategic Persistence and Reorientation: An Empirical Exploration", *Strategic Management Journal*, 1992, 13(8), pp. 585 – 608.

[151] Lepak, D. P., Smith, K. G., "Taylor, M. S., Value Creation and Value Capture: A Multilevel Perspective", *Academy of Management Review*, 2007, 32(1), pp. 180 – 194.

[152] Levitt, B., March, J. G., "Organizational Learning", *Annual Review of Sociology*, 1988, pp. 319 – 340.

[153] Levy, O., "The Influence of Top Management Team Attention Patterns on Global Strategic Posture of Firms", *Journal of Organizational Behavior*, 2005, 26(7), pp. 797 – 819.

[154] Lewis, K., Belliveau, M., Herndon, B., Keller, J., "Group Cognition, Membership Change, and Performance: Investigating the Benefits and Detriments of Collective Knowledge", *Organizational Behavior and Human Decision Processes*, 2007, 103(2), pp. 159 – 178.

[155] Lotila, P., "Corporate Responsiveness to Social Pressure: An In-

teraction – based Model", *Journal of Business Ethics*, 2010, 94 (3), pp. 395 – 409.

[156] Luoma, P., Goodstein, J., "Research Notes, Stakeholders and Corporate Boards: Institutional Influences on Board Composition and Structure", *Academy of Management Journal*, 1999, 42 (5), pp. 553 – 563.

[157] Mahoney, J. T., Pandian, J. R., "The Resource-based View within the Conversation of Strategic Management", *Strategic Management Journal*, 1992, 13(5), pp. 363 – 380.

[158] March, J. G., Shapira, Z., "Behavioral Decision Theory and Organizational Decision Theory", *Decision Making: An Interdisciplinary Inquiry*, 1982, pp. 92 – 115.

[159] March, J. G. and Shapira, Z., "Variable Risk Preferences and the Focus of Attention", *Psychological Review*, 1992, 99(1), pp. 172 – 183.

[160] March, J. G., Simon, H. A., *Organizations*, 1958.

[161] March, J. G., Olsen, J. P., Christensen, S., *Ambiguity and Choice in Organizations*, *Ambiguity and Choice in Organizations*, University Etsforlaget.

[162] Marcus, A. A., Irion, M. S., "The Continued Growth of the Corporate Public Affairs Function", *The Academy of Management Executive*, 1987, 1(3), pp. 247 – 250.

[163] Marens, R., Wicks, A., "Gettingreal: Stakeholder Theory, Managerial Practice, and the General Irrelevance of Fiduciary Duties Owed to Shareholders", *Business Ethics Quarterly*, 1999, 9(2), pp. 273 – 293.

[164] Marginson, D., "McAulay, L., Exploring the Debate on Short – termism: A Theoretical and Empirical Analysis", *Strategic Management Journal*, 2008, 29(3), pp. 273 – 292.

[165] Margolis, J. D., Walsh, J. P., "Misery Loves Companies: Rethinking Social Initiatives by Business", *Administrative Science*

Quarterly, 2003, 48(48), pp. 268 - 305.

[166] Markóczy, L., "Measuring Beliefs: Accept no Substitutes", Academy of Management Journal, 1997, 40(5), pp. 1228 - 1242.

[167] Marton, F., Booth, S. A., Learning and Awareness, Psychology Press, 1997.

[168] McCaskey, M. B., "The Executive Challenge: Managing Change and Ambiguity", Harpercollins College Div, 1982.

[169] McMullen, J. S., Shepherd, D. A., Patzelt, H., "Managerial (in) Attention to Competitive Threats", Journal of Management Studies, 2009, 46(2), pp. 157 - 181.

[170] Meyer, J. W., Rowan, B., "Institutionalized Organizations: Formal Structure As myth and Ceremony", American Journal of Sociology, 1977, pp. 340 - 363.

[171] Miles, R. E., Snow, C. C., Miles, G., "The Ideology of Innovation", Strategic Organization, 2007, 5(4), pp. 423 - 435.

[172] Miller, C. C., Burke, L. M., Glick, W. H., "Cognitive Diversity Among Upper - echelon Executives: Implications for Strategic Decision Processes", Strategic Management Journal, 1996, pp. 39 - 58.

[173] Milliken, F. J., Dutton, J. E., Beyer, J. M., "Understanding Organizational Adaptation to Change: The Case of Work - Family Issues", Human Resource Plannin, 1992, 13(2), pp. 279 - 295.

[174] Milliken, F. J., Martins, L. L., Morgan, H., "Explaining Organizational Responsiveness to Work - family Issues: The Role of human Resource Executives As Issue Interpreters", Academy of Management Journal, 1998, 41(5), pp. 580 - 592.

[175] Mintzberg, H., "Managerial Work: Analysis from Observation", Management Science, 1971, 18(2), B - 97.

[176] Mitchell, R. K., Agle, B. R., Wood, D. J., "Toward a Theory of Stakeholder Identification and Salience: Defining the Principle of

Who and What Really Counts", *Academy of Management Review*, 1997, 22(4), pp. 853 – 886.

[177] Morrison, J. B., "The Right Shock to Initiate Change: A Sensemaking Perspective", Academy of Management Proceedings and Membership Directory, 2002, (1), F1 – F6.

[178] Murillo – Luna, J. L., Garcés – Ayerbe, C., Rivera – Torres, P., "Why do Patterns of Environmental Response Differ? A Stakeholders' Pressure Approach", *Strategic Management Journal*, 2008, 29(11), pp. 1225 – 1240.

[179] Murtha, T. P., Lenway, S. A., Bagozzi, R. P., "Global Mind – sets and Cognitive Shift in a Complex Multinational Corporation", *Strategic Management Journal*, 1998, 19(2), pp. 97 – 114.

[180] Nadkarni, S., Barr, P. S., "Environmental Context, Managerial Cognition, and Strategic Action: An Integrated View", *Strategic Management Journal*, 2008, 29(13), pp. 1395 – 1427.

[181] Nadkarni, S. and Narayanan, V. K., "Strategic Schemas, Strategic Flexibility, and Firm Performance: The Moderating Role of Industry Clockspeed", *Strategic Management Journal*, 2007, 28(3), pp. 243 – 270.

[182] Nickerson, J. A., Silverman, B. S., Trucking, U. S., "Economic Performance, Strategic Position, And Vulnerability to Ecological Pressure Among Interstate Motor Carriers", *Advances in Strategic Management*, 1998, 15, pp. 37 – 61.

[183] Nohria, N., Gulati, R., "Is Slack Good or Bad for Innovation?", *Academy of Management Journal*, 1996, 39(5), pp. 1245 – 1264.

[184] Ocasio, W., "Towards an Attention – based View of the Firm", *Strategic Management Journal*, 1997, pp. 187 – 206.

[185] Ocasio, W., "Attention to Attention", *Organization Science*, 2001, 22(5), pp. 1286 – 1296.

[186] Ocasio, W., Joseph, J., "An Attention – based Theory of Strategy Formulation: Linking Micro – and Macroperspectives in Strategy Processes", *Advances in Strategic Management*, 2005, 22 (18), pp. 39 – 61.

[187] Ocasio, W., Joseph, J., "Rise and Fall – or Transformation? The Evolution of Strategic Planning at the General Electric Company, 1940 – 2006", *Long range planning*, 2008, 41 (3), pp. 248 – 272.

[188] Ocasio, W., Lant, T. K., Shapira, Z., "How Do Organizations Think", *Organizational Cognition: Computation and Interpretation*, 2001, pp. 39 – 60.

[189] Oliver, C., "Strategic Responses to Institutional Processes", *Academy of Management Review*, 1991, 16(1), pp. 145 – 179.

[190] Oliver, S., "The Social Responsibility of Management", *The Philosophy of Management*, 1924.

[191] Osborne, R. J., Wittrock, M. C., "Learning Science: A Generative Process", *Science Education*, 1983, 67(4), pp. 489 – 508.

[192] Osterman, P., "Work/Family Programs and the Employment Relationship", *Administrative Science Quarterly*, 1995, pp. 681 – 700.

[193] Pajunen, K., "Stakeholder Influences in Organizational Survival", *Journal of Management Studies*, 2006, 43(6), pp. 1261 – 1288.

[194] Parent, M. M. and Deephouse, D. L., "A Case Study of Stakeholder Identification and Prioritization by Managers", *Journal of Business Ethics*, 2007, 75(1), pp. 1 – 23.

[195] Perretti, F., Negro, G., "Filling Empty Seats: How Status and Organizational Hierarchies Affect Exploration Versus Exploitation in Team Design", *Academy of Management Journal*, 2006, 49 (4), pp. 759 – 777.

[196] Pfeffer, J., Salancik, G. R., *The External Control of Organizations: A Resource Dependence Approach*, NY: Harper and Row Pub-

lishers, 1978.

[197] Podsakoff, P. M., MacKenzie, S. B., Lee J. Y., Podsakoff, N. P., "Common Method Biases in Behavioral Research: A Critical Review of the Literature and Recommended Remedies", *Journal of Applied Psychology*, 2003, 88(5), pp. 879 – 903.

[198] Porac, J. F., Thomas, H., Baden – Fuller, C., "Competitive Groups as Cognitive Communities: The Case of Scottish Knitwear Manufacturers", *Journal of Management Studies*, 1989, 26(4), pp. 397 – 416.

[199] Post, J. E., Preston, L. E., Sachs, S., "Managing the Extended Enterprise: The New Stakeholder View", *California Management Review*, 2002, 45(1), pp. 6 – 28.

[200] Prahalad, C. K., Bettis, R. A., "The Dominant Logic: A New Linkage Between Diversity and Performance", *Strategic Management Journal*, 1986, 7(6), pp. 485 – 501.

[201] Preble, J. F., "Toward a Comprehensive Model of Stakeholder Management", *Business and Society Review*, 2005, 110(4), pp. 407 – 431.

[202] Ramakrishnan, C. R., Sekar, R., "Model – based Analysis of Configuration Vulnerabilities", *Journal of Computer Security*, 2002, 10(1 – 2), pp. 189 – 209.

[203] Ramaprasad, A., Poon, E., "A Computerized Interactive Technique for Mapping Influence Diagrams (MIND)", *Strategic Management Journal*, 1985, 6(4), pp. 377 – 392.

[204] Randel, A. E., Jaussi, K. S., Standifird, S. S., "Organizational Responses to Negative Evaluation by External Stakeholders The Role of Organizational Identity Characteristics in Organizational Response Formulation", *Business and Society*, 2009, 48(4), pp. 438 – 466.

[205] Reger, R. K., Huff, A. S., "Strategic Groups: A Cognitive Per-

spective", *Strategic Management Journal*, 1993, 14(2), pp. 103–123.

[206] Rehbein, K., Waddock, S., Graves, S. B., "Understanding Shareholder Activism: Which Corporations are Targeted?", *Business and Society*, 2004, 43(3), pp. 239–267.

[207] Ren, C. R., Guo, C., "Middle Managers' Strategic Role in the Corporate Entrepreneurial Process: Attention–based Effects", *Journal of Management*, 2011, 37(6), pp. 1586–1610.

[208] Rerup, C., "Attentional Triangulation: Learning from Unexpected Rare Crises", *Organization Science*, 2009, 20(5), pp. 876–893.

[209] Reynolds, S. J., Schultz, F. C., Hekman, D. R., "Stakeholder Theory and Managerial Decision–making: Constraints and Implications of Balancing Stakeholder Interests", *Journal of Business Ethics*, 2006, 64(3), pp. 285–301.

[210] Rouleau, L., "Micro–practices of Strategic Sense Making and Sensegiving: How Middle Managers Interpret and Sell Change Every Day", *Journal of Management Studies*, 2005, 42(7), pp. 1413–1441.

[211] Rowley, T. I., Moldoveanu, M., "When will Stakeholder Groups Act? An Interest–and Identity–based Model of Stakeholder Group Mobilization", *Academy of Management Review*, 2003, 28(2), pp. 204–219.

[212] Rowley, T. J., "Moving Beyond Dyadic Ties: A Network Theory of Stakeholder Influences", *Academy of Management Review*, 1997, 22(4), pp. 887–910.

[213] Salancik, G. R., Pfeffer, J., "*The External Control of Organizations: A Resource Dependence Perspective*", New York, 1978.

[214] Savage, G. T., Nix, T. W., Whitehead, C. J., Blair, J. D., "Strategies for Assessing and Managing Organizational Stakeholders", *The Executive*, 1991, 5(2), pp. 61–75.

[215] Schwartz, M. S., "God as a Managerial Stakeholder?", *Journal of Business Ethics*, 2006, 66(2 -3), pp. 291 -306.

[216] Scott, S. G., Lane, V. R., "A Stakeholder Approach to Organizational Identity", *Academy of Management Review*, 2000, 25(1), pp. 43 -62.

[217] Simon, H A., *Administrative Behavior: A Study of Decision - making Processes in Administrative Organizations*, New York: Free Press, 1947.

[218] Simon, H. A., *Administrative Behavior: A Study of Decision - making in Organizations*, 1976.

[219] Simon, H. A., *The Sciences of the Artificial*, MIT Press, 1996.

[220] Souitaris, V., Maestro, B. M., "Polychronicity in Top Management Teams: The Impact on Strategic Decision Processes and Performance of New Technology Ventures", *Strategic Management Journal*, 2010, 31(6), pp. 652 -678.

[221] Sproull, L. S., "The Nature of Managerial Attention, Advances in Information Processing in Organizations", 1984, 1, pp. 9 -27.

[222] Stanwick, P. A., Stanwick, S. D., "The Determinants of Corporate Social Performance: An Empirical Examination", *American Business Review*, 1998, 16(1) pp. 86.

[223] Staw, B. M., Sandelands, L. E., Dutton, J. E., "Threat Igidity Effects in Organizational Behavior: A Multilevel Analysis", *Administrative Science Quarterly*, 1981, 26(4), pp. 501 -524.

[224] Stevens, J. M., Kevin Steensma, H., Harrison, D. A., Cochran, P. L., "Symbolic or Substantive Document? The Influence of Ethics Codes on Financial Executives' Decisions", *Strategic Management Journal*, 2005, 26(2), pp. 181 -195.

[225] Stevens, R., Moray, N., Bruneel, J. and Clarysse, B., "Attention Allocation to Multiple Goals: The Case of for Profit Social Enterprises", *Strategic Management Journal*, 2005, 36(7), pp. 1006 -

1016.

[226] Surroca, J., Tribó, J. A., Zahra, S. A., "Stakeholder Pressure on MNEs and the Transfer of Socially Irresponsible Practices to Subsidiaries", *Academy of Management Journal*, 2013, 56(2), pp. 549–572.

[227] Svendsen, A. C., Laberge, M., "Convening Stakeholder Networks: A New Way of Thinking, Being and Engaging", *The Journal of Corporate Citizenship*, 2005, (19), pp. 91–104.

[228] Swedberg, R., Granovetter, M. S. eds., *The Sociology of Economic Life*, Westview Press, 1992.

[229] Tan, J., Peng, M. W., "Organizational Slack and Firm Performance During Economic Transitions: Two Studies From an Emerging Economy", *Strategic Management Journal*, 2003, 24(13), pp. 1249–1263.

[230] Teece, D. J., "Explicating Dynamic Capabilities: The Nature and Microfoundations of (Sustainable) Enterprise Performance", *Strategic Management Journal*, 2007, 28(13), pp. 1319–1350.

[231] Teece, D. J., Pisano, G., Shuen, A., "Dynamic Capabilities and Strategic Management", *Strategic Management Journal*, 1997, pp. 509–533.

[232] Thomas, J. B., McDaniel, R. R., "Interpreting Strategic Issues: Effects of Strategy and the Information-processing Structure of Top Management Teams", *Academy of Management Journal*, 1990, 33(2), pp. 286–306.

[233] Thomas, J. B., Clark, S. M., Gioia, D. A., "Strategic Sensemaking and Organizational Performance: Linkages Among Scanning, Interpretation, Action, and Outcomes", *Academy of Management Journal*, 1993, 36(2), pp. 239–270.

[234] Titchener, E. B., "The Psychology of Feeling and Attention", *Yhologal Blln*, 1908, (12), 404.

[235] Tuggle, C. S., Schnatterly, K., Johnson, R. A., "Attention Patterns in the Boardroom: How Board Composition and Processes Affect Discussion of Entrepreneurial Issues", *Academy of Management Journal*, 2010, 53(3), pp. 550–571.

[236] Tuggle, C. S., Sirmon, D. G., Reutzel, C. R., Bierman, L., "Commanding Board of Director Attention: Investigating How Organizational Performance and CEO Duality Affect Board members' Attention to Monitoring", *Strategic Management Journal*, 2010, 31(9), pp. 946–968.

[237] Udayasankar, K., "Corporate Social Responsibility and Firm Size", *Journal of Business Ethics*, 2008, 83(2), pp. 167–175.

[238] Vissa, B., Chacar, A. S., "Leveraging Ties: The Contingent Value of Entrepreneurial Teams' External Advice Networks on Indian Software Venture Performance", *Strategic Management Journal*, 2009, 30(11), pp. 1179–1191.

[239] Von Krogh, G., Roos, J., "Research Notes and Communications: A Tale of the Unfinished", *Strategic Management Journal*, 1996, 17, pp. 729–737.

[240] Von Krogh, G., Erat, P., Macus, M., "Exploring the link between Dominant Logic and Company Performance", *Creativity and Innovation Management*, 2000, 9(2), pp. 82–93.

[241] Waller, M. J., Huber, G. P., Glick, W. H., "Functional Background as a Determinant of Executives' Selective Perception", *Academy of Management Journal*, 1995, 38(4), pp. 943–974.

[242] Walsh, J. P., "Managerial and Organizational Cognition: Notes from a Trip Down Memory Lane", *Organization Science*, 1995, 6(3), pp. 280–321.

[243] Walsh, J. P., *Taking Stock of Stakeholder Management*, 2004.

[244] Wegner, D. M., "Transactive Memory: A Contemporary Analysis of the Group Mind", In *Theories of Group Behavior*, 1987, pp.

185-208.

[245] Wheeler, D., Sillanpa, M., "Including the Stakeholders: The Business Case", *Long Range Planning*, 1998, 31(2), pp. 201-210.

[246] White, J. D., Carlston, D. E., "Consequences of Schemata for Attention, Impressions, and Recall in Complex Social Interactions", *Journal of Personality and Social Psychology*, 1983, 45(3), pp. 538-49.

[247] Whiteman, G., Cooper, W. H., "Ecological Sensemaking", *Academy of Management Journal*, 2011, 54(5), pp. 889-911.

[248] Williams, C., Mitchell, W., "Focusing firm Evolution: The Impact of Information Infrastructure on Market Entry By US Telecommunications Companies, 1984-1998", *Management Science*, 2004, 50(11), pp. 1561-1575.

[249] Winn, M. I., "Building Stakeholder Theory With a Decision Modeling Methodology", *Business & Society*, 2001, 40(2), pp. 133-166.

[250] Wood, D. J., Jones, R. E., "Stakeholder Mismatching: A Theoretical Problem in Empirical Research on Corporate Social Performance", *The International Journal of Organizational Analysis*, 1995, 3(3), pp. 229-267.

[251] Wu, L. Y., "Resources, Dynamic Capabilities and Performance in a Dynamic Environment: Perceptions in Taiwanese IT Enterprises", *Information & Management*, 2006, 43(4), pp. 447-454.

[252] Yadav, M. S., Prabhu, J. C., Chandy, R. K., "Managing the Future: Ceo Attention and Innovation Outcomes", *Journal of Marketing*, 2007, 71(4), pp. 84-101.

[253] Yang, K., Callahan, K., "Citizen Involvement Efforts and Bureaucratic Responsiveness: Participatory Values, Stakeholder Pressures, and Administrative Practicality", *Public Administration Re-*

view, 2007, 67(2), pp. 249 – 264.

[254] Yin, R. K., Case Study Research: Design and Methods 4th ed. In United States: Library of Congress Cataloguing – in – Publication Data, 2009.

[255] Yu, J., Engleman, R. M., Van de Ven, A. H., "The Integration Journey: An Attention – based View of the Merger and Acquisition Integration Process", *Organization Studies*, 2005, 26 (10), pp. 1501 – 1528.

[256] 蔡宁、沈奇泰松、潘松挺：《外部压力对企业社会绩效影响的机理与实证研究：新制度主义的视角》，《经济社会体制比较》2009年第4期。

[257] 曹大友、熊新发：《组织因素对公共部门管理者注意力分配的影响研究》，《社会科学辑刊》2008年第2期。

[258] 陈宏辉、贾生华：《企业社会责任观的演进与发展：基于综合性社会契约的理解》，《中国工业经济》2003年第12期。

[259] 陈宏辉、贾生华：《企业利益相关者三维分类的实证分析》，《经济研究》2004年第20期。

[260] 陈迅、韩亚琴：《企业社会责任分级模型及其应用》，《中国工业经济》2005年第9期。

[261] 戴维奇、林巧、魏江：《集群内外网络嵌入与公司创业——基于浙江省四个产业集群的实证研究》，《科学学研究》2011年第4期。

[262] 邓汉慧、赵曼：《企业核心利益相关者的利益要求——紫金矿业案例分析》，《中国工业经济》2007年第8期。

[263] 邓汉慧：《资源型企业核心利益相关者的界定》，《统计与决策》2007年第6期。

[264] 邓新明、田志龙：《企业制度反应策略模式研究：中国经验》，《经济管理》2009年第10期。

[265] 贺小刚、李新春、方海鹰：《动态能力的测量与功效：基于中国经验的实证研究》，《管理世界》2006年第3期。

[266] 贺远琼、田志龙：《外部利益相关者对企业规范化行为的影响研究》，《华东经济管理》2005年第11期。

[267] 黄俊、王钊、白硕、顾国伟、肖卫东：《动态能力的测度：基于国内汽车行业的实证研究》，《管理评论》2010年第1期。

[268] 焦豪、魏江、崔瑜：《企业动态能力构建路径分析：基于创业导向和组织学习的视角》，《管理世界》2008年第4期。

[269] 李怀斌：《经济组织的社会嵌入与社会形塑——企业社会嵌入及其对企业范式形成的自组织机制》，《中国工业经济》2008年第7期。

[270] 李维安、姜涛：《公司治理与企业过度投资行为研究——来自中国上市公司的证据》，《财贸经济》2007年第12期。

[271] 李心合：《面向可持续发展的利益相关者管理》，《当代财经》2001年第1期。

[272] 李志刚、汤书昆、梁晓艳、赵林捷：《产业集群网络结构与企业创新绩效关系研究》，《科学学研究》2007年第4期。

[273] 刘蓓蓓、俞钦钦、毕军、张炳、张永亮：《基于利益相关者理论的企业环境绩效影响因素研究》，《中国人口·资源与环境》2009年第6期。

[274] 刘俊海：《公司的社会责任》，法律出版社1999年版。

[275] 卢代富：《国外企业社会责任界说述评》，《现代法学》2001年第3期。

[276] 任胜钢、吴娟、王龙伟：《网络嵌入结构对企业创新行为影响的实证研究》，《管理工程学报》2011年第4期。

[277] 唐跃军、李维安：《公司和谐、利益相关者治理与公司业绩》，《中国工业经济》2008年第6期。

[278] 唐跃军：《行业差异、利益相关者治理机制与治理指数分析》，《证券市场导报》2005年第12期。

[279] 万建华：《内部控制视角下的公司治理及其优化》，《对外经贸》2008年第6期。

[280] 卫武、李克克：《基于政府角色转换的企业政治资源、策略与

绩效之间的相互影响》,《管理科学学报》2009 年第 2 期。

[281] 卫武、夏清华、贺伟、资海喜:《企业的可见性和脆弱性有助于提升对利益相关者压力的认知及其反应吗?——动态能力的调节作用》,《管理世界》2013 年第 11 期。

[282] 卫武:《中国环境下企业政治资源、政治策略和政治绩效及其关系研究》,《管理世界》2004 年第 2 期。

[283] 卫武:《企业非市场与市场资源、策略及其绩效的整合互动》,《中国工业经济》2008 年第 3 期。

[284] 卫武:《企业非市场与市场行为及其竞争特点对企业绩效的影响研究》,《南开管理评论》2009 年第 2 期。

[285] 吴玲、贺红梅:《基于企业生命周期的利益相关者管理战略》,《经济论坛》2005 年第 18 期。

[286] 席建国:《论中国企业的社会责任》,《上海企业》2006 年第 11 期。

[287] 徐金发、常盛、谢宏:《控制论视角的利益相关者分类》,《技术经济》2006 年第 8 期。

[288] 张方华:《网络嵌入影响企业创新绩效的概念模型与实证分析》,《中国工业经济》2010 年第 4 期。

[289] 张玲丽:《基于利益相关者理论的企业社会责任评价指标构建》,《现代经济·现代物业》(下半月) 2008 年第 5 期。

后 记

本书得到了国家自然科学基金"企业对利益相关者压力的感知及其反应研究：组织注意力的多层次视角"（71272231）和国家社会科学基金重点项目"众创空间培育机制及发展策略研究"（18AGL006）资助。

本书得以顺利出版，首先要感谢我的博士研究生赵鹤、赵旋以及硕士研究生彭鹏、何敏、资海喜、易志伟、王怡宇、倪慧。

本书在写作过程中参考并引用了一些国内外相关学者的研究成果，从中汲取了许多优秀的观点和思想，在此向这些学者致以最诚挚的谢意。笔者也尽了最大的努力在书稿中标注出所有参考文献的作者及出处，并将参考文献在书后列出。对于本书参考文献中出现的遗漏，或无意中的引用失当，笔者在此先表示歉意。

企业对利益相关者压力的认知及其反应基于注意力的视角是战略管理中的一个新领域，由于笔者的研究水平和掌握的资料有限，本书可能还存在一些不足之处，有待进一步的深化、推敲补充和修订。比如，数据收集的严谨性、假设过程的推导、案例材料的补充，等等。笔者会在今后的研究过程中对这些问题继续加以关注。本书的错讹之处在所难免，在此敬请各位专家学者以及同人批评指正。

最后，感谢中国社会科学出版社编辑卢小生编审。

卫　武
2018 年 9 月